잃어버린 **시간**

1938~1944

잃어버린 **시간**

1938~1944

이경분 지음

Humanist

일러두기

1. 인용문의 띄어쓰기나 외래어 표기법, 맞춤법은 사실성을 강조하기 위하여 현행 맞춤법에 맞지 않더라도 원문을 수정하지 않는 원칙을 고수했다. 또한 인용문에서 저자가 중요하다고 판단한 부분은 진한 명조체를 사용했다.
2. 인쇄 허락을 받은 자료의 출처를 다음과 같이 밝혀둔다.

리하르트 슈트라우스 문서보관소의 인쇄 허락을 받은 자료

- 〈일본 축전곡〉 동경 초연 연주회 프로그램의 표지
- 1940년 슈트라우스가 일본 대사에게 〈일본 축전곡〉 악보를 전달하는 사진
- 1942년 3월 19일 에하라가 베를린에서 슈트라우스에게 보낸 편지
- 1942년 3월 24일 안익태가 슈트라우스에게 보낸 편지
- 1942년 5월 28일 에하라가 슈트라우스에게 보낸 편지
- 1942년 7월 2일 에하라가 슈트라우스에게 쓴 편지
- 1942년 8월 에하라가 스위스를 여행하면서 슈트라우스에게 보낸 한시
- 1944년 2월 23일 안익태가 슈트라우스에게 쓴 편지
- 1947년 새해에 안익태가 슈트라우스에게 보낸 편지
- 1948년 9월 11일 작성한 슈트라우스의 추천서

독일 국립문서보관소의 인쇄 허락을 받은 자료

- 한스 아들러의 팸플릿(BA Kobl R 64 IV/180권, 340 양면)
- 슈트라우스와 안익태가 의논하는 사진(BA Kobl R 64 IV/209권).
- 3국 동맹 연주회에 안익태가 일본 대표로 참가한 사진(BA Kobl R 64 IV/180권, 339면)
- 안익태의 제국음악협회 회원 증명서(베를린 국립문서보관소 BA RKK)
- 1939년 12월 19일 오타카 지휘의 베를린 필하모니 프로그램(BA Kobl R 64 IV/69권, 34면)

- 1941년 9월 23일자 일독회 빈 지부의 편지(BA Kobl R 64 IV/209권, 77면)
- 1942년 안익태의 빈 연주회 재정 예산서(BA Kobl R 64 IV/209권, 50면)
- 1942년 1월 19일 일독회 빈 지부의 총무가 베를린 본부에 쓴 편지(BA Kobl R 64 IV/209권, 63면)
- 1942년 2월 3일 빈 연주회를 연기한다는 내용의 편지(BA Kobl R 64 IV/209권, 58면)
- 1942년 3월 14일 〈노이에스 비너 타게블라트(Neues Wiener Tageblatt)〉 기사(BA Kobl R 64 IV/209권, 40면)
- 1942년 6월 11일 고노에에 관한 신문 기사(BA Kobl R 64 IV/82권, 69면)
- 1942년 12월 2일 일독회 빈 지부의 편지(BA Kobl R 64 IV/210권, 34면)
- 1943년 4월 28일 안익태가 일독회 함부르크 지부 총무 베커에게 보낸 편지(BA Kobl R 64 IV/180권, 262면)
- 1943년 5월 3일 베스터만이 일독회 베를린 본부 총무에게 쓴 편지(BA Kobl R 64 IV/81권, 27면)

빈 심포니 오케스트라 문서보관소의 인쇄 허락을 받은 자료

- 1942년으로 추정되는 안익태 사진 9점
- 1943년 2월 11일 빈 연주회 프로그램

베를린 필하모니 문서보관소의 인쇄 허락을 받은 자료:

- 1943년 8월 18일 베를린 필하모니 연주회 프로그램

독립기념관의 인쇄 허락을 받은 자료

- 1943년 5월 21일의 안익태와 이탈리아 작곡가 마스카니 사진(독립기념관 분류 번호 759-6)
- 1954년 〈코리아 판타지〉 안익태 자필 악보의 첫 장(독립기념관 분류 번호 760-3)

* 이 책은 문화예술위원회로부터 일부 지원을 받아 출판되었습니다.

지은이의 말

1

가브라스(Costa Gavras) 감독의 〈뮤직박스(Music Box)〉(1990)라는 미국 영화가 있다.

변호사인 딸 앤과 함께 행복한 노년을 보내던 헝가리 이민자 라즐로는 러시아에서 제2차 세계대전의 비밀문서가 공개되면서 1944년 헝가리의 나치 친위대 대원이었다는 혐의를 받게 된다. 그를 기소한 검사는 라즐로가 유대인을 잔혹하게 학살한 과거를 숨기고 미국 시민권을 얻었다고 주장하지만 그의 변호를 맡은 딸 앤은 이를 믿지 않는다. 사랑하는 아버지가 유대인 여자를 강간하고 죄 없는 많은 사람들을 무차별 총살했다니! 그것도 즐기면서. 앤으로서는 도저히 상상할 수 없는 일이었다. 그러나 앤은 재판 과정을 통해 증인들의 진술을 들으면서 아버지 라즐로에 대한 의혹이 점차 커져갔지만 반신반의한다.

아버지의 결백을 확신하며 증언을 확보하기 위해 부다페스트로 간 앤은 미국에서 사망한 옛날 아버지의 친구 졸탄의 집을 찾아간다. 앤은 그의 누이로부터 미국의 한 전당포에 남긴 졸탄의 유품을 찾아달라는 부탁을 받는다. 앤은 아버지가 무혐의 판정을 받았다는 신문기사에는 신경도 쓰지 않고 비행기에서 내리자마자 졸탄의 유품을 찾으러 전당포로 향한다. 졸탄이 남긴 유품은 다름 아닌 뮤직박스였다. 뮤직박스를 열자 음악이 흐르면서 헝가리 전통의상을 입고 춤추는 인형이 나타났다 사라지는 듯하더니 곧이어 태엽이 감기면서 라즐로가 학살에 가담했던 끔찍한 흑백사진들이 하나 둘씩 나타난다. 당시 다뉴브 강이 시뻘겋게 물들었다는 한 증인의 말이 거짓이 아니었던 것이다.

고민 끝에 앤은 진실을 밝힐 것을 호소하지만 자신의 과거를 뉘우치기보다 큰소리치는 아버지를 보며 절망한다. 무죄 판결을 축하하는 파티가 열리는 날, 각오를 하듯 앤은 증거 사진이 들어 있는 편지를 검사 앞으로 보낸다.

안익태를 연구하면서 오래전에 보았던 이 영화가 다시 생각났다. 나치 전범인 헝가리계 아버지 라즐로를 변호사인 그의 딸 앤이 고발해야 하는 기막힌 상황에서의 갈등 묘사가 오랫동안 뇌리에 남아 있었던 모양이다. 이 영화를 보면서 어둠과 침묵 속에 묻혀 있는 일제강점기의 우리의 문화 엘리트와 예술인들의 과거 활동을 연구하는 것은 어찌 보면 앤의 입장과 비슷한 것이 아닌가 하는 생각을 했다. 사랑하는 아버지를 변호하기 위해 증거를 수집하다가 결국에는 아버지를 잃게 된 앤처럼 존경하고 우러러보던 인물을 연구함으로써 오히려 존경심을 잃게 될 위험을 안고 있다는 점이 그러하다.

그러나 영화에서와 달리 실제 역사 연구에 있어서 다행인 것은 연구자 개인의 주관적인 감정보다는 사실을 밝혀내는 작업이 훨씬 더 중요하다는 점이다. 또한 객관적인 자료를 바탕으로 복잡하게 얽혀 있는 사실을 다층적이고 복합적으로 해석할 수 있는 것도 연구의 매력이다.

2

내가 안익태의 이름을 에키타이 안(Ekitai Ahn)[■]으로 처음 접하게 된 것은 나치 시기의 음악인에 대해 연구하던 독일 유학 시절이다. 나치 시기에 슈트라우스(Richard Strauss)의 음악활동을 좀더 깊이 연구하기 위해 빌헬름(Kurt Wilhelm)이 쓴 슈트라우스 전기(傳記)를 살펴보다 일본 황제의 위촉으로 〈일본 축전곡(Japanische Festmusik)〉을 작곡한 그가 일본 대사에게 악보를 전달하는 사진을 보았다.

사진과 함께 설명되어 있는 글을 앞뒤로 유심히 살펴보니 안익태가 지휘한 빈 연주회에 대해서도 언급이 되어 있었다. 그리 긍정적인 서술은 아니었지만 타향에서 고향 사람을 만난 듯 반가움이 앞섰다. 그러나 주중에는 독일 아이들에게 피아노 레슨을 해주고 주말에는 카페에서 피아니스트로 아르바이트를 했던 유학 시절, 박사학위 논문과 직접 관련된 테마를 연구하는 것만으로도 시간이 벅찼던 상황이었다. 누가 나치 독일에 머물렀고, 누가 왜 어디로 망명을 했으며, 그들의 작품이 어떻게 변했는지 등 독일 음악인을 다루는 박사학위 논문이 무엇보다도 우선이었다. 안익태에 대한 호기심과 어떻게 그가 슈트라우스 전기에

■ 안익태의 영문명은 'Ekytai Ahn'이지만 독일에서는 'Ekitai Ahn'으로 사용했다.

1940년 슈트라우스가 일본 대사에게 〈일본 축전곡〉의 악보를 전달하고 있다(리하르트 슈트라우스 문서 보관소 제공).

언급되어 있는지에 대한 의문은 당분간 덮어둘 수밖에 없었다.

귀국 후 《망명음악, 나치음악》이라는 책을 집필하면서 그동안 미루어놓았던 안익태와 슈트라우스의 관계에 대한 의문을 다시 떠올렸다. 제2차 세계대전 중 유능한 음악인들이 독일을 떠나 미국과 영국으로, 아르헨티나와 일본으로까지 살길을 찾아 망명했을 때, 오히려 나치 독일의 중심부 베를린으로 가서 음악적 성공을 꾀했던 안익태. 아리아인도 아닌데 어떻게 이것이 가능했을까? 1942년 빈에서 일본 천황을 기리는 〈일본 축전곡〉을 지휘했다면, 나치 관료와 일본 관료가 모인 자리였을 터인데 어떻게 조선인인 안익태가 지휘하게 되었을까? 히틀러도 함부로 대할 수 없었던 막강한 음악 권력자 슈트라우스와는 어떻게 알게 되었으며 실제 어떤 관계였는가?

독일에서의 안익태는 내게 나치 시기의 음악 연구가 결코 우리와 상관없는 일이 아님을 직접 가르쳐주는 듯했다. 일본에서 서양음악을 공부하고 미국과 헝가리를 거쳐 독일에 이르는 그의 발자취를 따라가다 보면 일제강점기의 우리 음악 연구와 나치 시기의 음악 연구가 통하는 지점을 발견할 수 있으리라 손짓하는 듯했다. 안익태를 통해 20세기 초반의 우리 음악사 한 귀퉁이를 내 눈으로 직접 보고, 이것이 어떻게 나치 독일로까지 연결되는지 더듬어보고 싶어졌다. 하지만 나치음악에 대해 질문할 때보다 우리 음악에 대해 질문을 던질 때 한 치 앞을 내다볼 수 없는 짙은 어둠과 안개 속에서 헤매야 할 것 같은 불안함이 느껴지는 것이 솔직한 나의 심정이다.

일제가 통치하던 한반도에서는 실제 어떤 일이 있었을까? 서양음악이 제대로 소개도 되지 않은 식민지 조선에서 어떻게 베를린 필하모니를 지휘한 안익태와 같은 지휘자가 배출되고, 김순남이나 윤이상과 같은 뛰어난 작곡가가 탄생할 수 있었는가? 일본제국은 홍난파, 현제명, 안기영을 비롯한 우리 음악가들에게 과연 어떤 존재였으며, 식민지 상황은 어떤 복잡한 문제들을 안고 있었는가?

21세기가 된 지금, 20세기 초반의 역사에 대한 때늦은 질문이 여전히 새롭게 느껴지는 것은 결코 자랑스러운 일이 아님은 분명하다.

3

전체 6장으로 되어 있는 이 책은 새로 발굴한 자료를 토대로 해석한 결과와 안익태의 독일 자료를 발굴하기까지의 여정을 그리는 보고서가 이중으로 얽혀 있다. 전체적으로 보면 이 책은 독일에서 보여준 안익태의 실제 음악활동과 애국가 작곡가로서의 안익태 이미지가 상충되는 모순을 보여준다. 컬러사진으로만 알고 있던 안익태의 모습에 새로 나타난 흑백사진의 충격적인 모습이 강한 대조를 이루는 것과 비슷하다. 책의 각 부분은 이 모순의 디테일을 하나하나 조명하고 이를 어떻게 해명할 수 있는지 그 답을 찾을 수 있는 방향으로 나아가고자 한다.

제1장에서는 제2차 세계대전 중의 안익태를 서술하기 전에 음악가 안익태를 큰 테두리에서 살펴보았다. '애국가'와 〈코리아 판타지〉의 작곡가로서, 또 지휘자로서 안익태의 전반적인 활동에 비해 제2차 세계대전 중 독일 시기는 4, 5년이라는 비교적 짧은 기간이므로 자칫 왜곡될 수 있음을 인정하기 때문이다.

제2장에서는 1941~44년까지 제2차 세계대전 동안의 그의 연주활동을 재구성하여 원거리 샷에서 전체 윤곽을 그려보았다. 그동안 공란이나 다름없었던 이 시기의 안익태 활동은 지금까지 안익태 연구에서 단 한 번도 언급되지 않았던 일독회(Deutsch-Japanische Gesellschaft, 日獨會)▪라는 단체와 밀접한 관련이 있었다. 안익태가 독일과 빈에서 지휘한 연주회는 모두 일독회가 관여한 것으로 스승 슈트라우스와는 직접적인 상관이 없었다. 제2차 세계대전 중 안익태의 음악활동에서 골수 나치와 일본 관료들이 주도하는 일독회와 일본 지휘자 고노에 히데마로(近衛秀磨), 만주국 관료 에하라 고이치(江原鋼一)의 존재가 오히려

▪ 제3장을 참조하라.

중요해 보인다. 그동안 강하게 주장되어왔던 〈코리아 판타지〉의 존재와 슈트라우스의 역할은 여기에 대비되어 미미하게 나타난다.

제3~5장까지는 이런 부분들을 클로즈업하여 살펴보았다. 즉 제3장에서는 안익태가 독일에서 연주활동을 하도록 적극 지원한 일독회에 초점을 맞추어 그의 문화·정치적 역할에 대해 살펴보았다. 일본 대사관 및 총영사관과 밀접한 관계에서 운영되는 일독회의 존재는 심상치 않은 문제들을 암시한다.

제4장에서는 이 시기에 존재가 묘연한 〈코리아 판타지〉의 수수께끼를 풀기 위해 독일에서 보도된 안익태 연주회 비평 자료를 근거로 그의 레퍼토리가 가지는 의미를 집중적으로 분석해보았다. 이런 과정에서 일본 음악가이자 안익태의 동경 시절 스승이었던 고노에가 어렴풋이 모습을 드러내는데, 그와 안익태의 관계를 조명한다.

이어 제5장에서는 스승 슈트라우스를 둘러싼 의문들을 새로 수집한 자료를 근거로 언제 어떤 경로를 통해 안익태가 제자로 인정받았는지를 추적해보았다. 안익태와 슈트라우스 사이에서 만주국의 외교 공사인 에하라가 중요한 역할을 한다.

앞의 서술을 모두 아우르는 장은 제6장이다. 1938년까지만 해도 민족의 독립을 걱정하던 애국자 안익태와 1942년 만주국의 음악 대사로, 또는 일본제국 관료와 협력하는 안익태의 모순 된 현상을 설명할 수 있는 연결고리를 찾아보았다. 또한 이것은 단순히 안익태에게서만 나타나는 현상이 아닌 일제강점기 시대 음악인 연구가 당면하는 문제이므로 친일/애국의 이분법을 넘어서는 다른 접근방법을 제안해보았다.

이 책은 순서대로 읽는 것이 이해하는 데 수월하지만 각 장을 따로 읽어도 무리가 없도록 어떤 사실은 맥락상 어쩔 수 없이 반복해서 언급했다. 이 책의 또 다른 차원인 기행 보고서는 기대했던 곳에서 자료를 얻지 못했을 때의 실망과 안익태를 독일 문서에서 발견했을 때의 기쁨, 그리고 그에 못지않은 두려움을 독자도 공감할 수 있도록 퍼즐처럼 흩어놓아 서술했다. 중간중간에 등장하는 자료 발굴 과정을 음미하는 것도 책 읽는 재미를 더해줄 것이다.

4

자료 발굴에서부터 책이 나오기까지 일일이 언급하기 어려울 정도로 많은 사람들과 기관의 도움을 받았다. 이 과정은 한일문학연구회 및 비교역사문화연구소를 비롯한 국내 학자들과 국내 기관에만 국한되지 않는다. 독일인, 루마니아인, 오스트리아인, 일본인을 포함한 국제적인 차원의 도움이 없었다면 이 연구는 불가능했으리라. 안익태의 탄생 100주년을 맞이하여 사라진 안익태의 독일 자료를 발굴하자는 의도에서 시작한 연구였으나, 결과적으로 안익태가 일제에 협력한 사실을 밝히는 작업이 되었다. 성숙한 사회는 한 인물을 기릴 때 찬양하고 미화하는 방법만 있는 것이 아니라, 아프지만 진실을 밝히는 방법도 있음을 수용하는 사회일 것이다. 한 독일 대학에서 475년 개교 기념으로 그 대학에서 나치활동을 했던 교수들의 행적을 연구, 출판하도록 지원했던 일이 남부러운 일로만 여겨지지 않기를 간절히 바란다.

끝으로 이 연구를 지원해준 문화예술위원회에 감사드리고, 안익태 편지 및 에하라의 편지를 인쇄하도록 허락해준 리하르트 슈트라우스 문서보관소, 안익태 연주회 프로그램을 인용하도록 허락해준 베를린 필하모니와 빈 심포니 오케스트라, 또한 안익태 관련 문서를 열람하고 사용하도록 해준 베를린과 코블렌츠 국립문서보관소, 그리고 안익태 자필 악보와 연주회 프로그램을 사용하도록 해준 독립기념관에도 감사를 표한다. 무엇보다도 논문 같았던 원고가 멋진 책으로 나올 수 있도록 독창적인 아이디어로 격려해준 선완규 주간과 박민영 편집장 그리고 휴머니스트 출판사에 특별한 감사를 드린다.

2007년 2월

이 경 분

차 례

Ⅰ. 표상

그는 어떤 음악가로 기억되고 있는가?

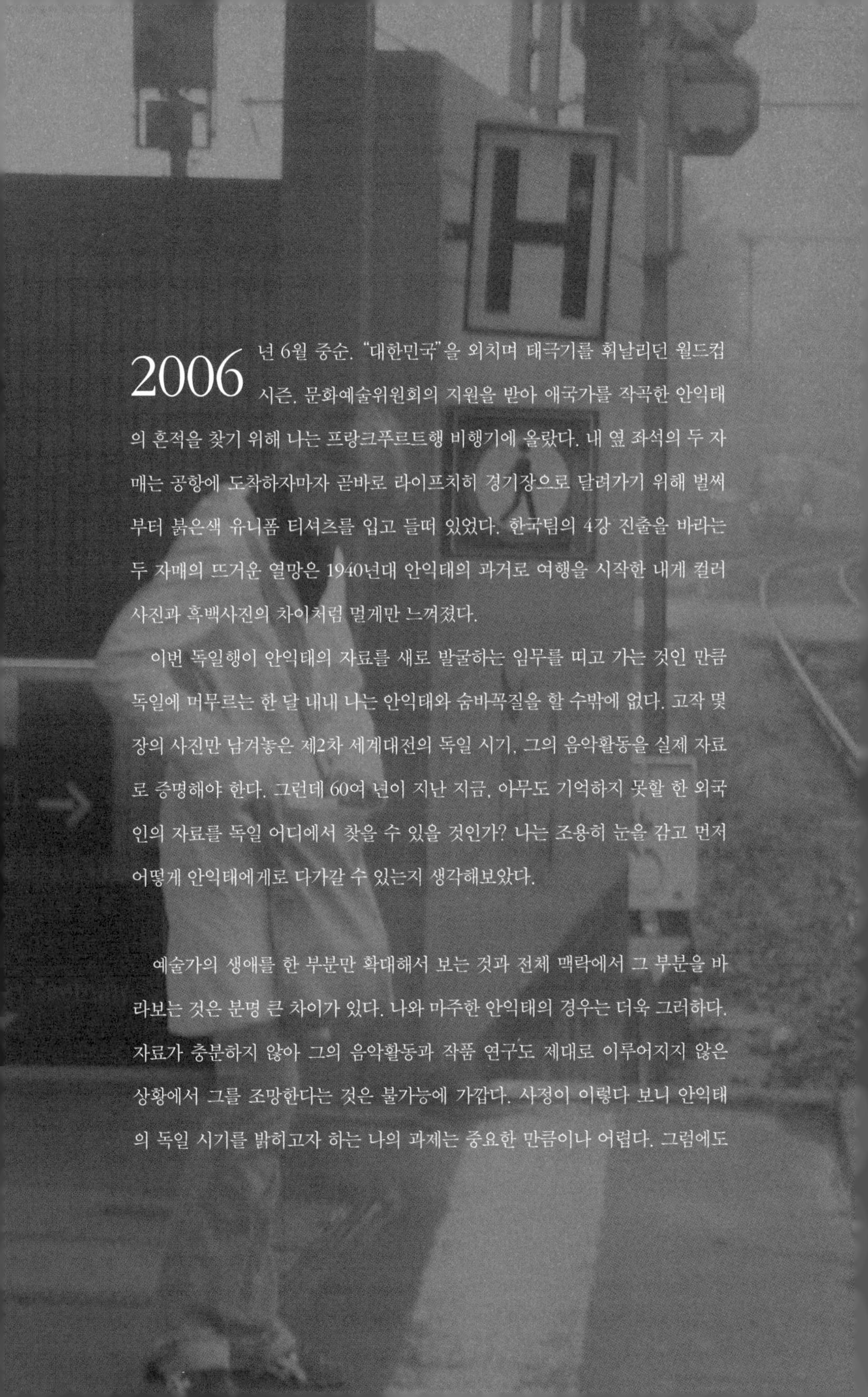

2006년 6월 중순. "대한민국"을 외치며 태극기를 휘날리던 월드컵 시즌. 문화예술위원회의 지원을 받아 애국가를 작곡한 안익태의 흔적을 찾기 위해 나는 프랑크푸르트행 비행기에 올랐다. 내 옆 좌석의 두 자매는 공항에 도착하자마자 곧바로 라이프치히 경기장으로 달려가기 위해 벌써부터 붉은색 유니폼 티셔츠를 입고 들떠 있었다. 한국팀의 4강 진출을 바라는 두 자매의 뜨거운 열망은 1940년대 안익태의 과거로 여행을 시작한 내게 컬러사진과 흑백사진의 차이처럼 멀게만 느껴졌다.

이번 독일행이 안익태의 자료를 새로 발굴하는 임무를 띠고 가는 것인 만큼 독일에 머무르는 한 달 내내 나는 안익태와 숨바꼭질을 할 수밖에 없다. 고작 몇 장의 사진만 남겨놓은 제2차 세계대전의 독일 시기, 그의 음악활동을 실제 자료로 증명해야 한다. 그런데 60여 년이 지난 지금, 아무도 기억하지 못할 한 외국인의 자료를 독일 어디에서 찾을 수 있을 것인가? 나는 조용히 눈을 감고 먼저 어떻게 안익태에게로 다가갈 수 있는지 생각해보았다.

예술가의 생애를 한 부분만 확대해서 보는 것과 전체 맥락에서 그 부분을 바라보는 것은 분명 큰 차이가 있다. 나와 마주한 안익태의 경우는 더욱 그러하다. 자료가 충분하지 않아 그의 음악활동과 작품 연구도 제대로 이루어지지 않은 상황에서 그를 조망한다는 것은 불가능에 가깝다. 사정이 이렇다 보니 안익태의 독일 시기를 밝히고자 하는 나의 과제는 중요한 만큼이나 어렵다. 그럼에도 나는 음악학 연구자로서 내 역할에 충실하고자 제2차 세계대전 시기 사라진 안익태의 흔적을 찾아내어 그의 한 부분이나마 조명해보기로 마음을 다졌다. 나치 시기의 음악을 연구하여 학위를 받은 그간의 공부에 기대면서 안익태에게로 조심스럽게 다가섰다.

그 첫걸음은 지금까지 그가 우리에게 어떤 음악가로 수용되었는지 알아보는 일이다. 우선 안익태는 우리에게 애국가를 작곡한 음악가로 잘 알려져 있는 인물이다. 순수 음악적 측면보다 정치성을 띤 애국가의 작곡가로서 이미지가 강하다고 할 수 있다. 하지만 그는 서양음악의 불모지와 같은 식민지 조선에서 태어났음에도 불구하고 버르토크(Béla Bartók)를 배출한 헝가리에서 코다이(Zoltan Kolday)와 도나니(Ernst von Dohnanyi)에게 사사하고 서양음악의 중심지 베를린, 빈에서 슈트라우스(Richard Strauss)와 같은 위대한 음악가들과 교류한 국제적인 역량을 갖춘 음악가였다. 이것은 당시의 상황에서 볼 때 안익태의 남다른 면모를 보여주고도 남는다.

안익태의 이미지가 애국가의 작곡가로 한정된 현실은 우리가 넘어야 할 과제가 되었다. 작곡가로서, 그리고 지휘자로서 그에 대한 평가를 새로이 하기 위해 그에 대한 연구는 활발히 계속되어야 한다. 먼저 애국가의 작곡가로서 안익태를 살펴본 후 지휘자로서, 교향시 작곡가로서의 안익태를 만나보자.

1. 애국가의 작곡가

음악이 정치에 너무 가까이 다가가면 위험해진다는 말은 일리가 있다. 상황이 바뀌면 음악은 쉽게 퇴색되어 잊혀지고 버려지기 때문이다. 나치 시기 동안 히틀러를 찬양하는 정치적 음악은 2만 점이나 작곡되었지만 나치제국의 패망과 함께 모두 잊혀졌다.

그러나 다른 한편으로 음악이 정치를 업으면 혼자서는 생각하기 힘든 엄청난 위력을 발휘할 수 있는 것도 사실이다. 그 대표적인 예는 각 나라의 국가(國歌)일 것이다. 프랑스의 국가가 된 혁명가 '라 마르세예즈', 독일의 국가가 된 하이든의 현악 사중주 '황제 찬가', 그리고 우리나라의 국가인 안익태의 '애국가'가 그렇다.

다른 나라의 국가와 마찬가지로 '애국가'도 실용성이 높은 음악으로 인기 있는 그 어떤 대중음악보다 더 자주, 그리고 오래 불리는 대히트곡인 셈이다. 국빈 방문, 국경일 행사는 물론이고 올림픽 경기에서 메달을 땄을 때, 스포츠 경기를 시작할 때, 매일 모든 방송의 시작과 끝에서 등등, 60여 년 동안 끊임없이 연주되어온 곡 중 이런 인기곡도 없을 것이다. 그런 만큼 '애국가'의 작곡가 안익태도 유명한 것은 당연하다.

하지만 잘 알려진 안익태 이름과 달리 그의 생애와 음악활동은 많은 의문으로 남아 있다. 출생연도를 밝히는 것부터 연구가 필요했다. 공식 문서에는 1911년생으로 되어 있으나 연구결과 1906년생이 신빙성이 있는 것으로 밝혀졌다.[1)] 처음으로 안익태에 관한 학술서를 발표한 전정임의 연구를 바탕으로 하면 안익태는 숭실학교 2학년이었던 1919년에 3·1운동에 가담하고 퇴교를 당하는데, 그 이유는 아직 정확하게 모른다.[2)] 그러나 분명한 것은 1921년 일본으로 건너가 1930년 동경국립음악학교(동경고등음악원)에서 첼로 전공으로 졸업하기까지 오로지 음악에 정열을 쏟아 부었던, 집념이 강하고 재능이 뛰어난 음악도였다는 사실이다. 졸업 후 동경에서나 서울에서의 연주회가 성공적이었음에도 불구하고 그는 안주하지 않고 미국으로 유학을 갔으며, 1936년에는 클래식 음악의 중심지인 빈으로 향했다. 서양음악의 변방이었던 조선에서 출발하여 결국에는 서양음악의 중심지이자 권력의 중심지인 독일 베를린에 도착하게 되는데, 이러한 그의 음악적 행로는 그가 음악적 재능만 가진 것이 아니라 음악적 열정과 강한 자기 성취욕의 소유자임을 잘 보여준다.

안익태가 애국가를 작곡한 때는 미국 유학 시절 한인교회와의 유대관계 속에서였는데, 자료를 근거로 한 허영한의 연구가 있기 전까지 여러 가지 설이 많았다. 허영한에 따르면 애국가는 '1935년 11

월 미국, 필라델피아'에서 작곡되었고, 1936년 3월 전에 출판되었으리라 추정된다.[3)] 미주의 〈한인학생회보〉와 〈신한민보〉의 자료를 근거로 한 그의 연구로 '1936년 6월 초 베를린'에서 작곡했다는 김경래의 주장은 수정되었다. 특히 애국가의 표절 시비 때문에 애국가가 작곡된 정확한 시점은 연구에서 중요한 근거 자료가 되었다.

처음 표절 시비가 대두된 것은 1964년 제3회 국제음악제에 초청된 불가리아의 지휘자 니콜로프(Peter Nicoloff)가 '애국가'의 몇 소절이 불가리아 민요 '오 도브루잔스키 크라이(O! Dobrujanski Krai)'와 비슷하다고 주장하면서이다. 니콜로프는 "만약 불가리아 성악가들이 한국에 와서 '오 도브루잔스키 크라이'를 불렀다면, 한국 청중은 아마도 자리에서 일어섰을 것이다"라고 강조했다.[4)] 멜로디의 유사성에도 불구하고 안익태가 1936년 전까지는 유럽을 여행한 적이 없으므로, 불가리아 민요를 듣고 의도적으로 표절하지 않았다는 주장도 팽팽하여 이 문제는 확실한 결론을 내리지 못하고 그 이후에도 기회가 있을 때마다 불거져 나왔다.▪ 하지만 여기서는 맥락상 자세한 설명은 생략한다.

어쨌든 김경래는 《안익태의 영광과 슬픔. 코리아 판타지》에서 안익태가 애국가를 작곡하기 위해 필라델피아 유학 시절 "무려 40여 개국의 국가를 수집했고, 세계 각국의 민요, 가곡, 성가곡을 모아 애국가 작곡을 위한 기초 자료로 삼았다."[5)]라고 서술하고 있으므로, 정확한 사료에 근거하여 안익태가 애국가를 작곡하게 되기까지의 과정은 앞으로 학문적으로 더 연구해야 할 것이다.▪▪

2. 첼리스트에서 오케스트라 지휘자로

지휘자는 악기나 목소리를 사용하지 않고 맨손으로 음악을 만들어내는 음악인으로 자주 '마술사'에 비유된다.[6] 지휘봉 하나로 수십 명의 단원을 화합시켜 자신이 원하는 총제적인 음향을 구현해야 하므로 탁월한 음악성은 물론이고 지도력과 권위가 필요하다. 훌륭한 지휘자로 성공하기 위해서는 더없이 중요한 전제조건이기도 하다. 이런 이유에서 지휘는 음악 분야 중 여성이 접근하기 힘든 가장 남성적인 직업 분야로 알려져 있다. 물론 1850년쯤 빈 출신의 여성, 로스트호른(Edle von Rosthorn)이 드레스덴에서 지휘를 하여 큰 반

■ 국가(國歌)에 문제가 생겨 금지되었다가 다시 불리는 우여곡절을 겪은 나라가 독일이다. 1922년 바이마르 공화국에서 공식 국가로 사용되고 나치 독일에서도 '호르스트 베셀 노래(Horst Wessel Lied)'와 함께 연주되었던 〈독일인의 노래(Lied der Deutschen)〉(1797년 하이든이 작곡한 '황제 찬가' 멜로디에 팔레슬레벤Heinrich Hoffmann von Fallersleben의 시를 가사로 사용)는 히틀러 패망 이후 심각한 존폐 위기에 처했던 적이 있었다. 나치의 음향적 상징이었던 피로 얼룩진 독일 국가는 '파시스트적'이라는 이유로 1945년 연합군에 의해 금지되었다. 1949년부터 동독에서는 나치의 흔적으로 더럽혀진 하이든 멜로디의 〈독일인의 노래〉 대신 시인 베허(Johannes R. Becher)의 시에 쇤베르크(Arnold Schönberg) 제자 아이슬러(Hanns Eisler)가 작곡한 "폐허에서 일어나(Auferstanden aus Ruinen)"로 시작하는 새 동독 국가를 불렀다. 하지만 서독과 동독이 통일되면서 1991년 8월 통합된 독일의 국가로 하이든 멜로디의 〈독일인의 노래〉 3절이 결정되었다. 물론 이렇게 되기까지 사회적으로 많은 의견이 있었는데 그 중 다음의 네 가지 의견이 논의의 대상이었다. 첫째, 하이든 멜로디의 〈독일인의 노래〉 3절을 그대로 부르자. 둘째, 동독 국가의 1절을 부르자. 셋째, 동독 국가도 서독 국가도 문제가 있으니 브레히트(Bertolt Brecht)의 이성적이고 차분한 〈어린이 찬가(Kinderhymne)〉(아이슬러 작곡)를 국가로 하자. 넷째, 기존 서독 국가와 동독 국가를 혼합하자는 것이었다. 모든 제안에 찬반 의견이 분분했지만, 이 네 가지 제안 중 가장 심도 있게 고려된 것은 첫 번째와 세 번째 제안이었다. 그 중 결국 첫 번째 제안이 대중적 지지를 얻어 결정되었다. Heike Amos, *Auferstanden aus Ruinen… Die Nationalhymne der DDR 1949 bis 1990*, Berlin, 1997 참고.

■■ 안익태의 애국가는 북미 〈대한민국임시정부 공보〉 1941년 2월 1일자에 국가로 사용하기로 허락되었다고 알리고 있고, 1948년 제헌국회에서 대한민국의 국가로 채택되었다.

향을 일으킨 적이 있었고,[7] 러시아나 구동독에도 여성 지휘자가 있었지만 오늘날까지도 세계적으로 성공한 여성 지휘자는 아직 배출되지 않았다. 그 이유는 여성주의 시각에서도 찾아봐야 하겠지만 아도르노(Theodor Wiesengrund Adorno)의 표현처럼 지휘자는 '원래 선동적인 정치가 같은' 성향이 필요하기 때문인지도 모른다.[8] 즉 여왕은 있었어도 여성 선동가는 보기 힘든 것과 비슷한 현상에 비유될 수 있을 것이다.

안익태가 지휘 공부를 시작한 것은 미국 유학 시절로 언제부터 지휘자의 원대한 꿈을 가졌는지 정확한 시기와 동기는 알 수 없지만, 김경래의《안익태의 영광과 슬픔. 코리아 판타지》에 따르면 이미 일본에서부터였다고 한다. 동경국립음악학교 친구들과 송별회를 하는 자리에서 안익태는 "미국에서 힘껏 노력하여…… 런던 필하모니를 지휘하고 오겠다"는 목표를 언급했다고 한다.[9] 이것도 실증 자료를 토대로 더 연구를 해야겠지만, 2004년에 출판된 야스모토 도쿠나가(徳永康元)의《부다페스트 일기(ブダペスト 日記)》에 서술되어 있는 것처럼 '대단히 외골수로 공부'[10]하고 음악적 재능만큼이나 집념과 개성이 강했으며 자신의 장점을 드러내는 능력이 뛰어났던 안익태가 첼리스트로서의 경력으로 만족하지 못하고 관심을 가지게 된 분야가 바로 지휘였던 것은 분명해 보인다.[11]

안익태가 본격적으로 지휘자로 활동하는 것은 미국을 떠나 1938년 유럽으로 거처를 옮기면서부터다. 물론 1936년 6월 빈에서 바인가르트너(Felix Weingartner)에게서 3개월 정도 사사한 후 같은 해 9월 부다페스트 심포니 오케스트라를 지휘한 적이 있지만,[12] 이때는 지휘자를 꿈꾸는 학생으로서 시험 단계였을 가능성이 크다. 그리고 1938~40년까지도 안익태는 아직 완전히 직업 지휘자가 되지 못한 듯하다. 새로 발굴된 38~41년까지 리스트 페렌츠 음악예술대학의 학적부 자료에 그가 학생으로 등록되었을 뿐만 아니라, 1940년 2월 7일 부다페스트에 교환학생으로 와서 41년 10월까지 안익태와 친하게 지냈던 야스모토 도쿠나가의 일기에도 안익태가 학생 신분과 직업 음악가 사이의 과도기에 있음을 암시하고 있다.

> 1940년 2월 20일. 밤늦게까지 안 군 방에서 동경음악계에 대해 이야기를 나누었다. 일본에서 베르크마이스터와 같이 안익태는 우에노에서 (구니다치) 국립음악학교로 옮겼단다. 1930년에 졸업해서 첼로 독주회를 하고 그해 미국으로 간 후 10년간 구미에서 살았다. 여기에는 2년 전(1938년)에 왔다 한다. 그는 **코다이, 도나니**에게서 배우고 있다고 한다. 안 군은 각지로 불려 다니며 자작곡을 지휘하기도 한다. 게다가 조금도 XX(원문에 이렇게 되어 있음-역주) 않고 공부하고 있는 것은 대단하다.[13)]

부다페스트에서의 과도기를 거쳐 안익태가 직업 지휘자로 본격적으로 활동하는 때는 1941년과 42년 사이 베를린으로 거처를 옮기면서다. 1942년 여름부터는 자신을 위한 홍보용 팸플릿[14)]도 제작하여 독일과 독일 동맹국을 중심으로 활발한 지휘활동을 벌였다. 일본 붐이 일었던 제2차 세계대전 중 일본 지휘자에 대한 수요가 커지는 베를린에서 안익태는 〈만주국 축전곡(Manschukuo)〉을 작곡, 지휘했고, 스승이었던 고노에 히데마로를 제치고 1943년 베를린 필하모니를 지휘하는 영광을 안게 되었다. 물론 고노에는 이미 여러 번 베를린 필하모니를 지휘한 적이 있었으므로 아직 그렇지 못한 안익태에게 기회가 주어졌을 수도 있으나, 음악적으로 안익태가 고노에보다 더 인정받았던 것은 사실이다.[15] 독일에서 안익태가 지휘한 연주회는 주로 독일과 일본의 문화교류 관련행사여서 사실 음악적인 측면이 중요한 것이 아니었는데도 안익태의 지휘는 비평가들의 감탄을 자아내기도 했다.[16] 또한 전쟁이 끝난 후 1960년에는 런던 필하모니 오케스트라를 지휘하여 안익태의 오랜 꿈이 실현되었다.

하지만 아쉽게도 음반 기록이 없으면 지휘자의 음악적 능력은 시간이 지나면서 말로만 전달될 뿐 실제로 확인할 방법이 없다. 푸르트뱅글러(Wilhelm Furtwängler)처럼 유명한 지휘자의 경우는 연주회 녹음이 남아 있어서 오늘날까지도 그의 탁월한 음악 해석에 감탄할 수 있지만, 안익태의 경우는 그렇지 못하다. 지금까지 전해지는 안익태 지휘의 음향 기록은 1942년 〈만주국 축전곡〉 연주회를 담은 선전영화 7분과 1961년 미국 로스앤젤레스 필하모니 오케스트라와 협연한 〈코리아 판타지〉 30분이 전부다. 지휘자 안익태를 제대로 평가하기 위해서도 자료 발굴은 더 적극적으로 이루어져야 할 것이다.

1942년 3월 12일 빈 심포니 오케스트라에서 리허설하는 안익태의 모습(빈 심포니 오케스트라 문서보관소 제공)

3. 〈코리아 판타지〉의 작곡가

지휘자와 달리 악보를 남기는 작곡가는 사후에 오히려 더 높게 평가되는 경우가 서양음악사에는 비일비재하다. 바흐(Johann Sebastian Bach), 모차르트(Wolfgang Amadeus Mozart), 쇤베르크(Arnold Schönberg)를 포함한 거의 모든 거장이 당대에서보다 후대에 더 인정을 받았다. 물론 이들이 음악적 천재였기 때문이기도 하지만 이들의 작품을 연구하고 해석하는 후대 음악학자들의 서술도 이들을 불멸의 거장으로 만드는 데 중요한 역할을 했다. 안익태를 비롯한 우리 작곡가에 대한 연구와 서술 작업은 한국음악학의 급선무가 아닌가 한다.

안익태의 생애에 대한 자료와 마찬가지로 악보로 남아 있는 그의 작품도 소수다. 미국에서 출판된 모음곡 〈한국의 생활〉과 안익태의 대표작 〈코리아 판타지〉, 교향시 〈논개〉를 포함하여 모두 10곡 안팎에 불과하다.[17] 악보 없이 제목만 언급된 작품도 10곡도 채 되지 못하니 작곡가로서 안익태는 부지런하지 않았던 모양이다.

하지만 2006년 봄, 악보 없이 언급만 되었던 교향시 〈마요르카〉와 〈포르멘토르의 로 피〉가 새로 발굴되었고,[18] 독일에서 작곡한 심포니적 판타지 〈만주국 축전곡〉, 〈토아〉, 〈에텐라쿠〉와 같이 그동안 안익태 관련 저술서에서 언급조차 되지 않았던 작품들이 더 있을지도 모르는 상황에서 성급하게 판단할 수 없다.

그런데도 안익태의 작품세계에 대해 한 가지만 언급하자면, 안익태는 현악 사중주나 첼로 소나타 등과 같은 절대음악보다 프로그램이 전제된 교향시나 심포니적 판타지를 선호했다는 점이다. 다만 이례적인 것은 유능한 첼리스트로서 이렇다 할 첼로곡을 작곡하지 않은 점이다. 자료 분실 때문은 아닌지 더 찾아 연구해봐야 할 것이다.

참고로 안익태가 구분하는 교향시(Sinfonische Dichtung)와 심포니적 판타지(Sinfonische Fantasie)는 심포니적 판타지 〈코리아 판타지〉나 스메타나(Bedřich Smetana)의 교향시 〈나의 조국〉이 장르적으로 큰 차이가 없는 것처럼 크게 다르지 않다. 굳이 차이점을 따지자면 교향시의 경우에는 작품의 배경이 된 특정 텍스트가 있거나 심포니적 판타지의 경우보다 프로그램이 훨씬 구체적으로 음악에 반영되었다는 정도다.

19세기 후반 민족적 동질성을 음악적으로 형상화하고자 실험했던 작곡가들이 민속적인 소재, 조국의 자연 등 음악 외적인 내용을 형식에 구애받지 않고 자유롭게 펼칠 수 있다는 장점 때문에 교향시를 선호했던 것과 비슷하게 안익태도 〈코리아 판타지〉를 대표작으로 내세우며 스메타나나 시벨리우스(Jean Sibelius)처럼 민족주의적 음악가의 대열에 서고자 했다.

이 점에 있어서는 리스트(Franz von Liszt)■ 이후 가장 중요한 교향시 작곡가로 알려져 있는 스승 슈트라우스와 차이를 보인다. 모두 10곡의 교향시를 작곡한 슈트라우스는 동유럽의 민족주의적 작곡가와 달리 〈차라투스트라는 이렇게 말했다(Also sprach Zaratustra)〉,

■ 원래 심포니 〈타소(Tasso)〉 서곡(1854)을 '교향시'라 칭하여 새로운 장르를 창조했던 음악가는 리스트로, 모두 13곡의 교향시를 작곡했다.

〈영웅의 생애(Das Leben des Helden)〉, 〈돈 후안(Don Juan)〉, 〈돈키호테(Don Quixote)〉 등 철학적·문학적 소재를 교향시 작곡의 동기로 삼았기 때문이다.

유독 교향시에 전념했던 안익태가 슈트라우스의 제자가 된 이후 스승의 다양하고 방대한 작품 중에서도 교향시를 주로 공부한 것은 당연해 보인다. 지금까지 발굴된 자료 내에서 보면 교향시 외에 스승의 다른 장르를 지휘한 흔적이 거의 보이지 않는다. 1944년 〈죽음과 정화(Tod und Verklärung)〉를 지휘했다는 기록이 있고, 마요르카 오케스트라 상임지휘자로 있을 때 기획한 스페인에서의 슈트라우스 연주회에도 교향시 〈영웅의 생애〉, 〈돈 후안〉, 〈죽음과 정화〉 등을 지휘할 예정임을 알리고 있다.■

안익태가 슈트라우스의 오페라 작품에는 전혀 관심이 없었는지, 또 안익태의 작품 장르가 다양하지 못한 데에는 어떤 사정이 있는지 등 아직 이에 대한 연구가 미비하다. 김동진의 회고에 따르면, 안익태는 마지막으로 한국을 방문했을 때 "한국에서 조용한 생활을 하며 창작에 힘쓰고 싶다"고 말하면서 "춘향전 가극을 작곡하고 싶다"는 희망을 비추었다고 한다.[19] 이에 김동진은 "춘향전 오페라가 나오기를 원하는 마음으로 채보한 춘향전 창(唱)을 주었다"[20]고 회고하고 있다. 그러나 안익태의 사망으로 오페라 춘향전이 탄생하지 못했을 뿐 아니라 작곡가로서 다양한 결실을 거둘 기회도 사라졌다.

■ 안익태가 슈트라우스에게 보낸 1948년 2월 8일자 편지와 슈트라우스가 안익태에게 보낸 1948년 2월 11일자 편지(리하르트 슈트라우스 문서보관소 제공). 그러나 이 연주회는 슈트라우스가 건강상의 이유로 취소하여 무산되었다.

작곡가로서 안익태에 대한 평가도 지속적인 자료 발굴과 연구가 전제되어야 가능할 터이지만, 무엇보다도 지금까지 안익태 연구에서 비어 있는 부분은 제2차 세계대전 중 독일에서의 음악활동이다. 간헐적으로 발굴된 이 시기의 자료 중에 가장 충격적인 것은 2006년 3월에 송병욱이 발굴해 소개한 동영상이다. 베를린 필하모니 연주홀에서 개최되었던 1942년 만주국 건립 10주년 기념행사에서 일장기가 내려져 있는 가운데 자작곡인 〈만주국 축전곡〉을 지휘하는 안익태의 열정적인 모습이 기존의 이미지와 너무 달랐기 때문이다. 민족주의적 음악가의 대열에 서서 한국이라는 나라에 대한 인식이 전혀 없었던 1930년대와 50년, 60년대에 외국에서 〈코리아 판타지〉를 연주함으로써 한국의 음악 대사(大使) 역할을 자처했던 그가 1942년 만주국의 음악 대사로 활약한 것을 어떻게 해명할 수 있을 것인가.

1938년 2월 20일 아일랜드에서 자작곡 〈코리아 판타지〉를 초연하고, 인터뷰에서는 조선의 독립을 염원했던 안익태였다. 또 같은 해 부다페스트 음악원의 학적부에 출생지를 '평양, 조선'[21]으로 기록했던 그가 아닌가. 하지만 1942년 9월 18일 만주국의 기념행사를 위해 〈만주국 축전곡〉을 작곡하고 지휘했던 사람도 분명 안익태였다. 이 상반되는 행위를 우리는 어떻게 설명할 수 있는가? 1938~42년 사이에 어떤 일들이 있었는가? 다음 장부터는 나치 독일에서 활약했던 안익태의 연주활동을 자료에 근거하여 살펴보고 이 의문점들을 설명하고자 한다.

Ⅱ. 발 견

1941~44년 어떤 일들이 있었는가?

2006년 6월 하순. 안익태의 자취를 따라 자료를 찾다 보니 어느덧 베를린에 도착했다. 1995년 내가 20세기 음악 학술대회에 참가하기 위해 방문했었던 베를린과는 다르게 너무 많이 변해 있었다. 이제 세계적인 도시로 재탄생했음을 새로 지은 베를린 중앙역에서부터 느낄 수 있었다. 하필 독일 축구팀의 4강 진출이 결정되는 경기가 있는 날이어서인지 베를린 중앙역은 인산인해를 이루어 지나갈 틈조차 없어 보였다. 대형 스크린이 준비되어 있는 브란덴부르크 광장으로 가려는 청소년들의 고함 소리와 호루라기 소리로 지하철 주위는 장날의 시장터 같았고, 올림픽 경기장으로 가려는 축구팬들로 빽빽한 지하철 안은 시큼털털한 맥주 냄새와 땀 냄새가 뒤범벅되어 있었다. 몇 대의 지하철을 보내고 나서야 나는 겨우 숙소로 가는 지하철을 탈 수 있었다.

그러나 안익태에게 그러했듯이 베를린은 나에게 희망의 도시였다. 그가 가르미슈 파르텐키르헨에 직접 방문한 기록은 지금까지 어디에서도 찾아볼 수 없지만, 1942~44년 사이 베를린에서 살았던 것은 확실했다. 안익태의 행보를 찾아내는 열쇠가 베를린 어딘가에 숨어 있으리라.

베를린에 정착하기 전까지 안익태의 행보에 대해서는 1940년 폐간되기 전의 〈동아일보〉와 〈조선일보〉의 보도를 통해 어느 정도 확인할 수 있다. 이 자료에 따르면 안익태는 1938년 2월 20일 아일랜드에서 연주한 후 곧바로 유럽에 정착한 것으로 보인다.[1] 같은 해 5월에는 프라하와 부다페스트에서,[2] 10월 31일에는 베를린 풍크투름에서 방송교향악단을 지휘했고,[3] 1940년 4월 벨그라드와 로마에서 연주회가 있었다.▪

하지만 베를린에 정착함과 동시에 거의 증발된 듯한 안익태의 흔적은 2006년 조심스러운 발굴 작업으로 하나씩 윤곽을 드러냈다. 그는 1938~41년까지 부다페스트에 적을 두고 벨그라드, 부다페스트, 소피아, 부쿠레슈티를 중심으로 활동했으며,[4] 1942년 초 전후로는 베를린에 적을 두고 베를린의 음악 매니지먼트 한스 아들러(Hans Adler) 소속 음악가로 활동했다. 3국 동맹을 바탕으로 한 음악행사에서는 이탈리아 대표 세라피니(Tullio Serafini)와 독일 대표지휘자 파울리(Pauli)와 함께 일본의 대표로도 참여했는데, 그동안에 알려지지 않았던 이 정보는 안익태의 또 다른 이미지의 미래를 미리 암시해준다.[5] 이제 그동안 잃어버린 안익태의 1941~44년까지의 음악활동을 어느 정도 재구성해볼 수 있게 되었다. 베를린을 근거로 했던 그의 독일 흔적을 연도별로 따라가 보려 한다.

▪ 1943년 8월 18일 베를린 필하모니 프로그램에 따르면 1939년 4월 30일에도 안익태는 로마 방송교향악단을 지휘했다.

1. 1941년 베를린에서의 안익태

안익태는 시벨리우스의 〈폭풍〉 악보에 '1941년 3월, 베를린'[6]에서 구입했다는 자필 기록을 남겼는데, 이때는 당시 일본의 외무 장관 마쓰오카 요스케(松岡洋右)가 베를린을 방문하여 히틀러와 만났던 시기이기도 하다. 유럽에 거주하는 일본인들 대다수가 외무 장관을 환영하기 위해 베를린으로 모였는데, 안익태도 동참했을 가능성이 매우 크다. 하지만 새로 발굴된 독일 자료에 그의 이름이 처음 나타나는 것은 6월 4일이다. 이날 안익태는 일독회 베를린 본부의 주관으로 독일 프레스센터(Haus der deutschen Presse)에서 개최된 만찬회에 일본과 독일의 정치인, 외교관 등과 함께 초대되었다. 일독회는 원래 독일인과 일본인의 문화·학문 교류에 중점을 두었던 1890년대 '화독회(和獨會)'에서 발전된 것으로, 1933년 이후 나치가 이 단체에 큰 영향력을 미치면서 정치적 단체로 바뀌었다. 더욱이 1940년과 41년 3국 동맹으로 독일과 일본의 문화교류가 공고해

지면서 전쟁의 프로파간다는 일독회의 숨길 수 없는 목표가 되었다. 일본 대사 모두 명예회장이었던 일독회는 두 나라의 저명인사가 친목을 다질 수 있도록 만찬회를 자주 개최했다. 이날 초청인사 명단에는 '에키타이 안'이라는 이름과 '도쿄(Tokyo)'라는 지명이 함께 적혀 있었다. 이는 그가 일본인의 신분으로 초대받았다는 것을 의미하며 아직 베를린에 정착하지 못했음도 암시한다.[7] 동석한 일본인으로는 일본 대사관 공사 사쿠마, 대사관 비서 야구치, 일본 해군소속 장교 다니구치, 일본 군대소속 전문관 반자이, 일본 철도청 대표 야마구치 히로시 등이 있었다.[8] 누군가가 안익태를 일독회에 소개했을 가능성이 없지 않지만 지금까지 이에 대한 자료는 발견되지 않았다.

만찬회 초대가 있은 지 한 달 후인 1941년 7월 11일에 안익태는 베를린에서 일독회가 관여한 연주회를 가졌다. 독일의 한 주간 뉴스에는 "일본 작곡가이자 지휘자인 에키타이 안이 여름 꽃 전시회 행사의 일환으로 풍크투름에서 연주회를 지휘한다"라고 보도한 바 있다.[9] 따라서 이 연주회는 음악적 관심보다는 꽃 전시회의 부대행사로서의 의미가 더 부각되는 연주회였음을 짐작할 수 있다. 또한 연주회의 협연자가 일본의 소프라노 다나카 미치코인 것으로 미루어 보아 일본과 독일의 동맹관계를 바탕으로 한 문화행사였을 가능성이 높다.[10]

1940년 9월 27일 독일, 이탈리아, 일본이 3국 동맹을 맺게 되자 일독회는 38년 11월 25일 '일독 문화교류 협정'을 맺었을 때보다 더욱 중요한 임무를 띠게 되었다. 따라서 일본의 문화를 소개하고 동맹관계를 과시하기 위해 음악 연주회, 강연회, 영화 상영 등 다양한 프로그램에 대한 수요가 그 어느 때보다 증가했다.

일독회의 음악행사를 살펴보면 당시 고노에 후미마로(近衛文磨) 총리의 동생이었던 고노에 히데마로가 일독회의 대표지휘자로 맹활약하고 있었다. 안익태의 동경국립음악학교 스승[11]이었던 그는 독일에서도 일본 지휘자로서 독보적인 존재였다. 하지만 전시에 독일과 일본의 동맹관계가 점차 강화되자 일본 관련 문화행사에 대한 수요도 더욱 증가했다. 이 시점에서 고노에 한 사람이 전 독일 일독회 지부의 음악행사를 모두 충족시키기에는 역부족이었을 것이다.

물론 독일에서 베를린 필하모니를 지휘했던 일본 지휘자로는 고노에 외에도 여러 명 있었다. 1934년에는 기시 고이치가, 1939년 12월 10일에는 오타카 히사타다가 초청되어 일본과 독일의 음악교류를 과시했다.[12] 하지만 이들은 연주회를 위해 독일에 잠시 체류했을 뿐이었다. 장기적으로 독일에 머문 일본 지휘자로 일독회의 문서상에 나타나는 인물로는 고노에가 유일하다. 이런 상황에서 안익태의 등장은 일독회 간부들에게 다양한 행사를 위해서라도 긍정적인 의미를 주었을 것이다. 연주회가 있고 한 달 후 1941년 8월 21일과 22일에 일독회 베를린 본부의 총무 베르너(Helmut Werner)는 특별히 안익태를 위해 일독회 지부■에 다음과 같은 편지를 보냈다.

■ 베르너가 프랑크푸르트 지부(BA Kobl R 64 IV/176권, 243면)와 브레슬라우(현재는 폴란드의 브로츠와프) 지부(BA Kobl R 64 IV/169권, 194면), 하노버 지부(BA Kobl R 64 IV/181권, 39면)에 보낸 편지가 코블렌츠 국립문서보관소에 소장되어 있다.

지난달에 일독회 베를린 본부 행사 겸 독일 방송행사에서 지휘자로 함께 참여했던 일본 작곡가 에키타이 안의 연주회 스케줄이 1942년 1월에서 3월까지는 비어 있습니다. 혹시 여러분이 안씨가 지휘하는 연주회를 개최할 생각이 있는지, 만약 있다면 언제로 생각하고 있는지 알려주시기 바랍니다.[13)]

6월에 손님으로 초청되고 7월에 연주회를 가진 지 한 달 만에 안익태를 추천하는 이 편지는 일독회가 안익태를 확실히 신뢰하고 있음을 보여준다. 그러나 다른 한편으로는 새로운 일본 음악가의 확보 차원을 넘어 안익태에 대한 강력한 추천이 일본 쪽에서 있었을 가능성도 암시한다.▪ 안익태가 동경국립음악학교 재학 때부터 알고 있었던 고노에나, 일독회의 만찬회에 자주 초대되는 만주국 외교 공사 에하라 고이치[14)]의 추천이라면 일독회의 지원을 전적으로 받을 수 있었으리라 추측된다.

2. 안익태의 귀국계획

일독회 베를린 본부의 도움이 어떤 결과를 가져올지 모른 채 안익태는 1941년 늦어도 9월에 베를린을 떠났던 것 같다. 같은 해 9월 23일자 일독회 빈 지부의 편지에는 일독회 빈 지부가 안익태를 지

▪ 안익태가 슈트라우스의 추천을 받았을 가능성도 배제할 수 없지만, 그때까지 안익태는 아직 슈트라우스의 인정을 받지 못했을 가능성이 높다. 이에 대해서는 제3장에서 자세히 논하겠다.

휘자로 하는 연주회를 계획하고 있기 때문에 그와 연락할 주소를 묻는 내용이 있다.[15)]

그리고 1941년 10월 14일자, 25일자, 29일자 편지 교환에서도 베를린과 빈의 일독회 실무자들이 안익태에게 연주회 계획을 알리면서 그의 확답을 얻기 위해 연락하려 했던 것이 역력하게 드러나 있다.■ 이들이 급하게 서두르는 이유는 동유럽을 순회하던 안익태가 아마도 1941년 11월 또는 12월에 일본 여객선 '아시마 호'를 타고 일본으로 귀국할 것이라는 소식이 있었기 때문이다. 같은 해 10월 14일 편지에서는 만약 안익태가 떠나면 그를 대신하여 일본 지휘자 고노에를 '대타로(als Ersatzmann)' 하자는 제안까지 언급되었다.[16)]

안익태의 귀국 사유에 대해서는 일독회의 편지에 전혀 언급되어 있지 않아 알 수 없지만 야스모토 도쿠나가의 《부다페스트 일기》에는 1939~41년 10월까지 안익태의 거처에 대한 정보가 있어서 이 독일 자료를 보충해주고 있다. 1940년 2월 교환학생으로 헝가리에 도착한 야스모토는 같은 기숙사에서 '부다페스트의 음악아카데미의 연구생'이었던 안익태와 자주 대화를 나누었는데, 1940년 10월 4일 일기에 다음과 같이 기록했다.

아침에 안 군이 와서 (그동안-역주) 발칸에 있었다고 했다. 또다

■ 실무자들은 일독회 빈 지부 설립(1939년 2월 2일) 3주년 기념 음악회를 1942년 2월 3일에 안익태 초청 연주로 계획했기 때문에 먼저 지휘자인 안익태의 동의를 얻기 위해서 노력했다(BA Kobl R 64 IV/ 209권, 70~71면). 그런데 베르너 총무도 안익태의 귀국계획을 적어도 8월 22일까지는 알지 못했을 것이다. 그렇지 않다면 그는 안익태에게 연주회를 주선해주기 위해 하노버 지부나 프랑크푸르트 지부, 브레슬라우 지부에 안익태를 추천하는 편지를 쓰지 않았을 것이다.

시 소피아와 부쿠레슈티에 간다고 말했다.[17]

이 글은 1940년에 안익태가 부다페스트와 소피아, 벨그라드, 부쿠레슈티에서 연주회를 가졌다는 그동안의 추측이 사실임을 입증해준다.

또한 독일 자료에서 발굴한 1941년 10월 11일자 헝가리 연주회 비평문[18]이 실제 1941년 10월 8~10일까지 반복된 부다페스트 연주회에 관한 것이라는 것도 이 일기에서 확인할 수 있다.

> 오늘도 (안 군의 지휘로-역주) 베레스의 2악장을 했는데 오케스트라가 좋지 않다…… 내일 아침 내가 빈으로 출발하기 때문에 안 군과는 이것으로 이별이다. 그는 일본에는 돌아가지 않겠다는 것을 공사관에 확실히 말하겠다고 했는데 신경이 날카로워져 있는 안 군이 물의를 일으키지 않으면 좋으련만.
>
> 내일 연주회를 듣지 못하는 것이 애석하지만 바크하우스 역시 놓치고 싶지 않다. 안 군과는 이것으로 언제 다시 만날 수 있을지. 내가 헝가리에 왔을 때부터 여름까지 그가 여행하지 않는 동안은 함께 자주 산책하고 여러 가지 가르침을 받고 신세를 져서 어찌 되었건 간에 음악회까지 듣게 되었고 결국 친구가 되었다. 오늘은 내가 다시 유럽에 올 것 같은 느낌이 들었지만, 인간의 운명은 알 수 없다.[19]

야스모토가 10월 9일자 일기에 기록한 내용이다. 10일 연주회는 듣지 못하고 안익태와 헤어지는 것을 가슴 아프게 생각함을 행간에서 읽을 수 있다. 야스모토는 일본으로 귀국하기 전에 빈에서 바크하우스(Wilhelm Backhaus)의 연주를 들을 계획이었고, 안익태는 유럽에 남기로 되어 있는 듯하다.

그러나 "인간의 운명은 알 수 없다"는 야스모토의 말대로 전쟁의 예측 불허 상황으로 인해 그는 1942년 봄까지도 비자를 기다리며 유럽에 머물렀다. 유럽에서 다시 보지 못하리라는 예상을 뒤엎고 이들은 1942년 4월 베를린에서 다시 재회했다.[20] 그 후 5월 야스모토는 불가리아의 소피아에서 소련 대사관의 통과 비자를 받고 터키, 소련의 카프카스, 중앙아시아, 시베리아, 만주를 거쳐 6월 중순에야 일본에 도착했다.[21]

다시 안익태의 귀국 문제로 돌아오면, 위의 야스모토의 일기는 헝가리 주재 일본 공사관이 안익태의 귀국을 종용했을 가능성을 암시한다. 또한 이 일로 이전에도 신경이 날카로워진 안익태와 공사관 사이에 마찰이 있었음을 추측할 수 있다. 귀국을 원치 않는 안익태에게 공사관이 귀국을 종용했다면 무슨 이유 때문이었을까?

우선 그 이유를 당시의 정치적 상황에서 생각해볼 수 있다. 1941년 6월 헝가리 정부가 소련에 전쟁을 선포하여 헝가리는 전쟁 중이었으므로, 공사관 입장에서는 헝가리에 있는 일본인들의 신변보호를 위해 특별한 국가 임무를 가지지 않은 일본인들에게는 귀국을 종용했을지도 모른다.

물론 안익태 전기에서 자주 주장되었던 것처럼 일본 공사관이 안익태를 위험인물로 핍박했을 가능성은 희박하다. 만약 그랬다면 헝가리에서뿐만 아니라 베를린, 빈 등지에서 활동한다는 것 자체가 불가능했기 때문이다. 그러나 정확한 자료가 나오기 전까지는 공사관에서 안익태의 귀국을 종용했는지, 했다면 그 이유가 무엇인지 확실하게 말하기 어렵다.

결국 11월 귀국계획은 안익태의 뜻대로 취소되었다. 이 사실은 일독회 총무의 10월 29일자 편지에서 확인할 수 있다. 여기에서 일독회 총무는 안익태가 11월 하순에 부다페스트 연주회 지휘를 승낙했다는 사실을 입수했다면서 그의 귀국계획이 취소된 것 같다고 적고 있다. 이로써 귀국계획은 잠시 떠돌던 소문으로 끝났다.[22] 이때가 전쟁 중 뱃길을 통해 귀국할 수 있는 거의 마지막 기회였다. 물론 소련을 통해 가는 방법이 있긴 했지만 1941년 12월 일본이 태평양 전쟁을 일으키면서 유럽과 아시아를 잇는 정기 여객선 운항은 중단되었다. 그 후 안익태는 독일제국의 주요 음악 중심지에서 연주회 의뢰를 받거나 제안하면서 전쟁이 끝날 때까지 음악활동을 계속했다. 그가 왜 귀국 종용을 받았는지 알려지지 않은 것처럼 어떻게 이 문제가 해결되었는지도 현재로서는 알 수 없다. 그러나 한 가지 분명한 것은 만약 안익태가 이때 귀국했다면 그의 음악 경력은 매우 달라졌으리라는 것이다.

3. 에키타이 안의 음악적 캐리어 – 1942년

1941년 가을 부다페스트와 헝가리 연주여행[23]에서 베를린으로 돌아온 안익태에게는 기쁜 소식이 줄줄이 기다리고 있었다. 일독회 빈 지부에서 1942년 2월 3일 연주회를 제안했고 하노버 지부에서도 2월 6일에 연주회를 준비하고 있었다.

특히 1942년 2월 3일로 계획된 빈 연주회에서는 슈트라우스의 〈일본 축전곡〉을 지휘하게 될 뿐만 아니라 유명한 피아니스트 자우어(Emil von Sauer)와 협연하게 되어 안익태에게는 독일의 유명한 음악가와 관계를 가질 수 있는 절호의 기회였다. 안익태에게 이러한 기회를 제공한 주체는 바로 일독회였다. '아직 빈에 알려지지 않았던 안익태를 위해' 유명한 피아니스트 자우어를 영입하고 슈트라우스의 〈일본 축전곡〉도 프로그램에 넣어 매력적인 연주회로 만들자는 것이었다.[24]

이 연주회에는 나치당, 독일 군대, 제국의 고위 간부들이 청중석에 앉아 있었을 뿐 아니라 당시 독일의 최고 작곡가 슈트라우스, 일본 대사 오시마, 일독회 회장 푀르스터(Admiral Richard Foerster) 장군, 그리고 만주국 공사 에하라도 자리하고 있었다.[25] 이 연주회에 초대할 손님을 안익태가 제안했고, 이에 대해 "여기 빈의 일본 총영사는 매우 호의적으로 동의했다"[26]라는 일독회 빈 지부의 편지에서 확인되듯이 안익태가 자신의 경력을 위해 연주회를 적극적으로 활용했음을 알 수 있다.

하지만 이 빈 연주회는 원래 계획했던 일정(2월 3일)에서 한 달 정도가 지난 3월 12일에 개최되었다. 빈의 최고 권력자인 시라흐(Baldur von Schirach)의 땔감 절약 지시로 인하여 2월 예정이었던 연주회가 처음에는 무기한 연기되었다가 3월 12일로 확정되었던 것이다.[27]

따라서 안익태는 빈 연주회에 앞서 2월 6일 먼저 하노버에서 연주회를 지휘하게 되었다. 일본과 독일의 문화교류를 내세운 하노버 음악회에서 안익태는 일본인 음악가의 신분으로 1부만 지휘하고, 니더작센 오케스트라 상임지휘자인 티어펠더(Helmuth Thierfelder)가 독일 쪽의 프로그램을 2부에서 맡았다. 이 연주회에 대해서는 1942년 3월 20일자 《베를린의 음악 주간(Die Musikwoche Berlin)》에서 자세히 보도했는데, 특별히 안익태의 〈에텐라쿠〉에 대해 긍정적으로 서술했다.[28)]

3월로 연기된 빈 연주회는 여러 가지로 안익태에게 이득이 되었다. 연주회가 연기되었다는 이유로 안익태는 원래 책정된 300라이히스마르크■보다 더 많은 500라이히스마르크를 받게 되었다.[29)] 그러나 무엇보다도 그에게 가장 의미 있는 일은 슈트라우스의 인정을 받게 되었다는 점이다. 슈트라우스는 안익태가 지휘한 〈일본 축전곡〉을 감상한 후 지휘자로서 안익태의 실력을 '깨끗이' 인정한다는 증서를 자필로 서명하여 두 마디의 멜로디와 함께 헌정했다.

물론 이 헌정서[30)]는 지금까지 안익태 연구에서 전혀 알려져 있지 않은 자료다. 슈트라우스의 인정을 갈망하던 안익태에게 이날의 헌정서는 매우 중요한 자료임에 틀림없다. 하지만 이것은 일본 천황을 높이 찬양하는 〈일본 축전곡〉에 관한 것이었기 때문에 전쟁 후 한국의 애국 음악가임을 내세우는 안익태에게 치명적인 증명서나 다름

■ 라이히스마르크(Reichsmark)는 바이마르 공화국과 나치 독일에서 사용하던 화폐 단위이며, 마르크(Mark)는 서독의 화폐 단위다. 1라이히스마르크는 현재 가치로 약 7,000~8,000원 정도다.

Dem ausgezeichneten Leiter der Japanischen Festmusik
in dankbarer Anerkennung
Ekitai Ahn
zur Erinnerung.
Richard Strauss
Wien 12.3.42.

매니지먼트 한스 아들러의 팸플릿에 있는 슈트라우스의 헌정서. 안익태가 〈일본 축전곡〉을 지휘한 1942년 3월 12일 빈 심포니 오케스트라 연주회가 끝난 후 썼다(코블렌츠 국립 문서보관소 제공).

없었다.■

참고로 그동안 거의 모든 안익태 전기와 연주회 프로그램에 인용된 슈트라우스의 추천서[31]는 슈트라우스가 사망하기 1년 전인 1948년 9월 11일에 작성된 것으로 이 헌정서보다 6년 6개월 후의 것이다. 이 추천서는 1948년 9월 안익태가 미국으로 가기 위해 슈트라우스에게 부탁했던 것인데 그동안 이 추천서의 작성 시기가 정확하지 않아 사실과 전혀 다른 주장이 제기되어왔다.[32]

빈 연주회 후 안익태는 베를린으로 다시 돌아와 베를린 그뤼네발

■ 1960년 일본에서 있었던 연주회 프로그램(독립기념관 분류 번호 759)에는 안익태가 2600년 천황제국을 기리는 '축전곡'을 지휘했다는 사실이 기록되어 있다.

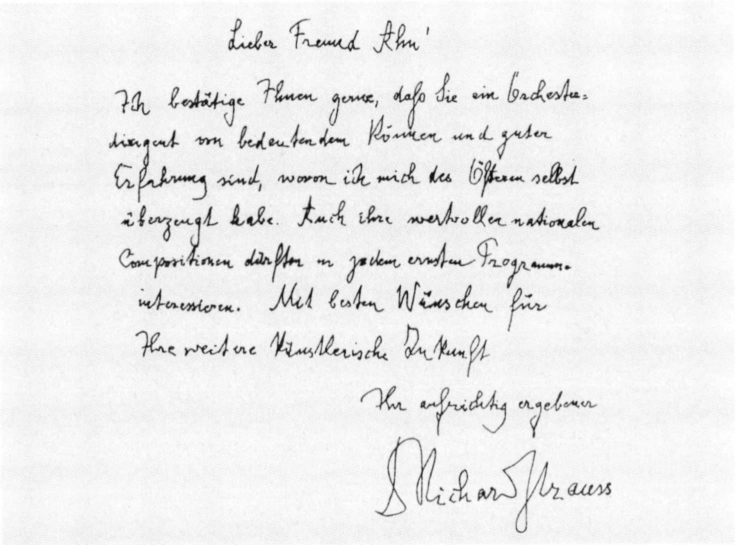

Lieber Freund Ahn!

Ich bestätige Ihnen gerne, daß Sie ein Orchester-dirigent von bedeutendem Können und guter Erfahrung sind, wovon ich mich des Öfteren selbst überzeugt habe. Auch Ihre wertvollen nationalen Compositionen dürften in jedem ernsten Programm interessieren. Mit besten Wünschen für Ihre weitere künstlerische Zukunft

Ihr aufrichtig ergebener

Dr. Richard Strauss

1948년 9월 11일에 작성한 슈트라우스의 추천서. 48년 9월 안익태가 미국으로 가기 위해 슈트라우스에게 부탁한 것으로 현재 리하르트 슈트라우스 문서보관소에 보관되어 있다(리하르트 슈트라우스 문서보관소 제공).

트 지역의 에하라의 집에서 슈트라우스에게 편지를 썼다. 슈트라우스의 친절과 빈에서의 연주회에 대해 감사하며 6월에 베를린으로 오면 꼭 우리 집(에하라의 집)에 모시고 싶다는 내용이었다. 하지만 새로 발굴된 4통의 에하라의 편지를 보면 슈트라우스를 초대하는 주체는 안익태가 아닌 에하라였다. 안익태가 슈트라우스에게 편지를 쓰기 5일 전인 3월 19일에 에하라가 슈트라우스를 초대하는 편지를 먼저 보냈고, 안익태는 에하라의 초청을 반복하고 있다. 초청에 응하겠다는 5월 26일자 슈트라우스의 편지에 대해 5월 28일에 답장을 보내는 사람도 에하라였다. 또 그들을 방문한 이후 슈트라우스는 감사의 편지를 보냈는데,▪ 이에 답장(7월 2일)하는 사람 또한 에하라였다. 에하라와 슈트라우스 그리고 안익태의 친분[33]이 돈독해지는 1942년 6월 9~19일까지 10일간, 안익태는 슈트라우스를 가까이 대하면서 자신의 〈만주국 축전곡〉에 대한 조언을 받게 되었던 듯싶다.▪▪

다시 일독회 베를린 본부는 1942년 4월 8일 독일인, 일본인 명사들을 초대하는 만찬회를 계획하는데, 여기에 '에키타이 안'도 초대되었다.[34] 발견되지 않은 문서와 분실된 문서를 감안하더라도 일독회 베를린 본부의 초청은 일회성이 아님을 다시 확인할 수 있다. 안익태는 이들을 통해 연주회를 성사시킬 수 있었고, 일독회 또한 고노에 외에 인정받는 일본 지휘자를 확보하여 자신들의 행사를 잘 수행할 수 있었기 때문에 이들은 서로의 이해에 부합하는 관계를 유지했다고 판단할 수 있다. 1942년 7월 6일 베를린 본부는 또다시 전 독일 지부에 안익태의 팸플릿(매니지먼트 한스 아들러 제작)을 보내면서 안익태를 음악회에 활용해줄 것을 홍보한다.[35] 일독회의 호의적인 태도는 여기서도 다시 확인할 수 있다.

1942년에 안익태는 프로파간다 성격이 짙은 음악을 작곡했는데, 9월 18일 만주국 건립 10주년 기념식을 위해 위촉받아 완성된 〈만주국 축전곡〉이 그것이다. 9월 17일자 〈일독 뉴스(Deutsch-Japanische Nachrichten)〉▪▪▪에 다음과 같이 보도되었다.

▪ 이 편지는 분실되어 수신인이 누구인지 알 수 없다.

▪▪ 제4장의 1943년 8월 18일 베를린 필하모니 연주 프로그램을 참조하라.

"10주년 만주국 베를린 축제"

> 베를린에서도 만주국 건립 10주년 기념 축하행사가 열린다. 만주국에서 보낸 외교사절 뤼-이-웬 각하의 주관으로 9월 18일 18시 금요일 베를린 필하모니 연주홀(베른부르거 슈트라세 23번지)에서 유명한 일본 지휘자 에키타이 안의 지휘로 축하 연주회를 개최한다. 안씨의 지휘하에 베토벤의 〈에그몬트〉 서곡과 '교향곡 7번'이 연주될 것이다. 연주회 2부에서는 지휘자 에키타이 안의 작품, 판타지 〈에텐라쿠〉와 만주국 건립 10주년 기념을 위해 작곡된 〈대(大)오케스트라와 합창을 위한 축전음악〉이 연주될 것이다. 후자는 초연이며, 합창 노래 텍스트는 에하라 고이치가 썼다.[36]

이 연주회를 기록한 문화영화에 대해서는 국내 공연 예술 잡지인 《객석》의 진화영 통신원이 2000년 5월호에 기사를 보도했고,[37] 2006년 3월에 송병욱이 이 필름을 직접 입수하여 국내 매체에 소개한 바 있다.[38] 이때 연주회는 베를린 필하모니 연주홀에서 열렸지만, 안익태가 지휘한 오케스트라는 베를린 대(大)방송교향악단이었고, 합창단은 라미 징게마인샤프트(Singgemeinschaft R. Lamy)였음이 밝혀졌다. 독일과 일본의 명사들이 참석한 1942년 3월 빈 연주회에서 안익태는 자신의 역량을 한껏 발휘했듯이 9월 만주국 연주회

■■■〈일독 뉴스〉는 일독회와의 협력 속에서 1934년부터 매주 발간되다가 44년 9월 28일에 폐간되었다. 담당자는 루프트(Hermann Luft)로 독일 선전국으로부터 한동안 재정지원을 받다가 일독회를 통해서 지원을 받았는데 발행부수는 매회 200~500부 정도였다. Günther Haasch(Hg.), *Die Deutsch-Japanischen Gesellschaften 1888~1996*, p. 240.

에서도 뤼-이-웬을 비롯한 만주국과 일본의 황실 가족 및 고위 관료, 나치 간부들로부터 주목을 받았을 것이다.[39] 이 연주회를 문화영화로 제작했다는 것은 그만큼 이 연주회의 정치적 가치가 높았음을 의미한다.

의심할 여지없이 정치적 행사였던 이 연주회를 위해 안익태가 작곡과 지휘에 적극 참여하게 된 배경은 만주국 외교사절단의 실세였을 에하라와의 관계에서 찾아볼 수 있을 것이다. 에하라의 집을 자신의 집으로 여기는 안익태의 3월 24일자 편지의 행간을 읽으면, 안익태가 손님으로 에하라의 집에 거주한 것이 아닌 듯하다. 하지만 언제 어떻게 안익태가 에하라와 알게 되었는지는 자료 부족으로 정확한 것을 알 수 없다.▪

당시 일본제국의 강력한 정치 배경을 가진 고노에는 정치적 음악 행사에 엄청난 활약을 하며 유명해졌다. 그런데 왜 고노에가 아니라 안익태가 만주국 행사 연주회에서 부각되었는지가 의문이다. 에하라는 합창 텍스트에서 일본과 만주국의 연대를 강조했는데, 고노에가 지휘했다면 정치적 의미는 더욱 커지지 않았을까? 어쩌면 단순히 고노에가 너무 바빠서 안익태에게 대신 위임한 것은 아닐까? 고노에도 같은 날 드레스덴에서 독일 적십자 행사 연주회를 지휘한 것으로 보아 그럴 가능성도 배제할 수 없다. 어쨌든 분명한 것은 안익태가 어쩔 수 없이 강요에 의해 이 연주회를 지휘한 것이 아니었다는 점이다.

▪ 에하라는 독신으로 지냈던 것으로 추정된다. 이는 당시 독신이었던 안익태가 그의 집에 기거하게 된 이유 중 하나일 가능성이 크다.

4. 지휘자 안익태의 전성기 - 1943년

1942~43년 사이에 안익태는 베를린에 확실하게 정착한 듯하다. 코블렌츠 국립문서보관소에 소장되어 있는 1942/43년 안익태의 레퍼토리 팸플릿이 이를 암시한다.[40] 연주회 매니지먼트 한스 아들러가 제작한 이 팸플릿을 보면, 본격적인 직업 음악가로 나선 안익태의 레퍼토리가 일본 음악과 유럽 음악 두 부분으로 나뉘어져 있다. 첫 부분만 소개하면 다음과 같다.■

1942/43년 레퍼토리

〈일본 랩소디(Japanische Rhapsody)〉········· 이후쿠베 아키라

판타지 〈에텐라쿠〉························· 에키타이 안

심포니적 판타지 2번 〈교쿠토(Kyokuto)〉····· 에키타이 안

파스토랄레(Pastorale)······················· 에키타이 안

교향곡 〈일본(Japan)〉······················ 베레스

교향곡 〈일본(Japan)〉······················ 피제티

〈일본 축전곡〉······························ 슈트라우스

여기서 안익태는 자신의 음악적 상품 가치를 위해 다분히 일본이라는 브랜드를 이용하고 있다. 특히 헝가리의 베레스(Sandor Veress)와 이탈리아의 피제티(Ildebrando Pizetti), 독일의 슈트라우

■ 전체 레퍼토리는 제4장을 참조하라.

스의 곡은 모두 1940년 일본 황국 기원 2600년 기념으로 위촉된 작품이다. 1940년 12월 7일 도쿄에서 초연된 이 곡들을 비롯하여 이후쿠베 아키라의 곡을 연주할 수 있다는 것은 어떤 식으로든 안익태가 일본 대사관이나 일독회와의 협의하에 일본 음악가의 허락을 받고, 또 악보도 전달받았다는 것을 의미한다.

이런 맥락에서 일독회의 문서가 아닌 다른 문서에 나타나는 안익태의 연주회가 정치성을 전제로 하고 있음은 놀랄 일이 아닌 듯하다. 1943년 1월 15일 취리히 연주회가 그 예다. 취리히의 라디오 스튜디오 연주홀에서 있었던 안익태의 연주회에 취리히 주재 일본 〈요미우리신문(讀賣新聞)〉 기자 기타무라 히로시가 나치 지도자 헨네를 초대함■으로써 스위스 내의 정치 논쟁으로 발전했다. 이에 대해서는 취리히대학 당대 역사 문서보관소(Archiv für Zeitgeschichte) 내의 헨네 유고 문서 중 '에키타이 안'이라는 항목■■에 자세히 기록되어 있다. 스위스 신문 〈디 타트(Die TAT)〉는 "헨네가 음악적이 되다(Rolf Henne wird musikalisch)"라는 기사로 이 연주회에 참석한 헨네 편의 나치를 자극했다. 이 기사에 따르면 일본의 첩보원이나 다름없었던 〈요미우리신문〉 기자 기타무라 히로시는 이전에 바젤 사육제에서 한 중국학생으로부터 공격을 당해 경미한 부상을 입었는데, 자신의 연봉에 해당되는 4만 1,000프랑의 배상금을 요구하여 주변의 빈축을 샀던 인물로 보도되었다.

■ 일본 〈요미우리신문〉 기자 기타무라가 취리히의 나치 지도자 헨네에게 보낸 1943년 1월 14일자 편지.

■■ 스위스에 주재하는 일본 기자회의 이름으로 헨네를 안익태 연주회와 연주회 후에 지휘자와 함께하는 호텔 뷔페 만찬에도 초대한다는 기타무라의 초대 글이 있지만 음악회 내용에 대한 정보는 없다.

기타무라가 안익태 연주회를 나치들과 교제하는 기회로 삼았으니 이 연주회의 정치적 성격은 일독회의 것과 별 차이가 없다고 할 수 있다.

안익태는 취리히에서의 연주가 끝나자마자 곧바로 빈으로 향했다. 1943년 2월 11일에 있을 빈 연주회를 준비하기 위해서였다. 일본 황국 기원 2603년을 축하하는 이번 연주회에서 안익태는 다시 〈만주국 축전곡〉을 지휘하기로 되어 있었다. 1942년 12월 2일 일독회 빈 지부의 편지에 따르면, 안익태는 빈에서 〈만주국 축전곡〉을 다시 지휘할 기회를 얻기 위해 일본 대사관 문화 전문 담당관 이마이에게 자신을 대신하여 편지를 내달라고 부탁했다.[41] 이마이의 제안을 받아들인 일독회 빈 지부는 그에 덧붙여 레퍼토리 전체를 일본 음악으로 구성하자는 의견을 제시했다. 한 연주회에서 독일 음악과 만주국 음악을 같이 연주하는 데 부담감이 있다는 이유에서였다. 그러나 일독회 빈 지부가 내부적으로 어떤 토론 과정을 거쳤는지는 알 수 없지만, 결국 빈 심포니 오케스트라와 협연한 이날 연주회에서는 베토벤의 〈레오노레〉 서곡 3번, '교향곡 7번', 〈만주국 축전곡〉을 함께 연주했다. 하지만 독일군이 스탈린그라드에서 참패했다는 소식에 묻혀 이 연주회는 큰 관심을 끌지 못했다. 일독회 빈 지부의 총무는 1943년 2월 5일 베를린 본부에 보낸 편지에서 다음과 같이 보고했다.

> 안씨는 이미 1월 15일에 여기에 왔습니다. 에하라 각하는 연주회에 오겠다고 전보로 알려왔습니다. 요즘 이렇게 뒤숭숭하고 무거운 분위기 때문에 청중 수가 형편없을지도 모릅니다. 그래서 어

쩌면 초대권을 많이 배포해야 될지도 모르겠습니다.[42)]

그런데도 독일과 빈 신문은 독일군의 참패 소식을 무마시키고 동맹국 일본을 부각시키기 위한 의향에서인지 이 연주회에 대한 언급을 빠뜨리지 않고 보도했다.■

안익태는 빈 연주회 후[43)] 4월 22일에 함부르크 연주회를 지휘하게 되었는데, 이 연주회 역시 안익태의 제안으로 일독회가 성사시킨 것이었다.[44)] 일독회 함부르크 지부에서 주관한 이 연주회에서는 베토벤, 바흐, 안익태의 〈에텐라쿠〉, 드보르자크가 프로그램으로 구성되었다. 보통 일독회 주관의 연주회는 적자를 냈으나 이 연주회만큼은 흑자를 기록할 만큼 대성공이었다는 것을 일독회 문서에서 확인할 수 있다.[45)]

베를린으로 돌아온 안익태는 일독회 함부르크 지부의 골수 나치인 베커(Hellmuth Becker) 총무에게 함부르크 연주회에 대한 감사의 편지(4월 28일)를 썼다. 발신인 주소는 여전히 베를린 구스타프 프라이타크 슈트라세 15번지였다. 이 감사의 편지는 "앞으로도 독일과 일본의 친선관계를 위해, 또한 일독의 문화적 상호 이해를 위해 힘써주시리라는 희망을 가지면서"[46)]라는 말로 끝을 맺고 있다. 마치 일본 관료처럼 말하는 이 표현의 행간에서 우선 자신을 다시

■ "일본 연주회(Japanisches Konzert)", 〈빈 노이에스테 나흐리히트(Wiener Neueste Nachricht)〉, 1943. 2. 12 ; "독일 음악과 일본 음악(Deutsche und Japanische Musik)", 〈빈 푈키셔 베오바흐터(Völkischer Beobachter Wien)〉, 1943. 2. 13 ; "만주국이 음향으로(Mandschukuo in Tönen)", 〈함부르크 프렘덴블라트(Hamburger Fremdenblatt)〉, 1943. 2. 18. 등 많은 신문에서 이 연주회에 대해 보도했다.

연주회에 초청해주십사 하는 간접적인 부탁과 동시에 독일에서 자신의 음악가적 상품 가치가 일본과 연결되어 있음을 잘 알고 이를 적극적으로 이용하려는 안익태의 의지가 느껴진다.

그 다음 안익태의 5월 연주 여행지는 독일과 일본의 동맹국인 이탈리아의 수도 로마다. 로마 연주회의 프로그램은 없지만 1943년 5월 21일자 〈매일신보〉에 따르면 안익태는 만이(滿伊)의 친선 연주회에서 로마 방송교향악단을 지휘했다. 이탈리아의 작곡가 마스카니(Pietro Mascagni)의 서명이 간접적으로 이 정보를 뒷받침한다. "당신의 매우 뛰어난 예술에 대해 감격하면서, 또 당신의 성공에 애정 어린 축하를 보내며. 로마, 1943년 5월 21일, 마스카니"로 되어 있는 것으로 보아 5월 21일 연주회 후 바로 서명받았음을 알 수 있다.■ 이 연주회가 만주국과 이탈리아의 친선을 위한 행사 연주회였으므로 안익태는 여기서 다시 〈만주국 축전곡〉을 지휘했을 가능성이 매우 크다.

이처럼 독일제국과 동맹국 및 점령국에서 활발한 음악활동을 펼친 안익태는 같은 해 7월 24일 제국음악협회로부터 회원증(회원번호: RKK A 115)을 교부받았다.■■ 다소 늦은 감이 있지만 안익태가 직업 음악가로 독일에서 자리를 잡았다는 확실한 증명으로 볼 수 있다. 독일과 독일 점령지에서 음악활동으로 수입을 얻으려면 반드시

■ 1960년대 안익태 홍보용 팸플릿. 이 팸플릿을 보면 그는 다섯 개의 국제적인 매니지먼트(뉴욕, 런던, 파리, 부에노스아이레스, 베를린)와 함께했음을 알 수 있다. 독일은 한스 아들러로 1942년에도 안익태의 홍보용 팸플릿을 제작한 회사다.

■■ 제3장을 참조하라.

이탈리아 작곡가 마스카니가 1943년 5월 21일 로마에서 안익태에게 서명해준 사진(독립기념관 제공)

이 회원증이 필요했다. 물론 1943년 7월에 제국음악협회의 회원이 되었다는 것은 이보다 훨씬 이전에 협회에 등록 신청을 했다는 의미이다. 늦어도 팸플릿을 만들기 전인 1942년 7월 이전에 매니지먼트 한스 아들러와 계약을 맺으면서 협회에 등록 신청을 했으리라 예상된다.

1943년 제국음악협회 회원이 되고 나서 한 달이 채 안 된 8월 18일 안익태 경력의 최고 정점을 장식하는 베를린 필하모니 연주회가 있었다. 여기서 안익태가 일본인 고노에보다 음악적으로 더 인정을 받았다는 것이 베를린 필하모니 오케스트라 단장인 베스터만(Westerman, 전체 이름을 알수 없음)의 편지에 나타난다. 안익태와 고노에를 1943년 후반기 시즌에 지휘하게 하자는 일독회의 제안에 대해 베스터만은 일본인 지휘자를 한 시즌에 두 번 초청하는 것은 불가능하며, 두 사람 중에 선택한다면 '예술적인 관점에서 절대적으로' 안익태를 선택하겠다는 내용의 편지를 썼다.[47]

독일의 음악 전문가에게 예술적으로 인정을 받은 안익태는 1943년 8월 18일 베를린 필하모니를 지휘하는 영광을 안게 되었다. 슈트라우스의 입김으로 안익태가 베를린 필하모니 연주회 제안을 받게 되었다는 지금까지의 추측과는 다르다.▪ 또 안익태의 1954년 자필 악보에 1943년 8월 베를린 필하모니 연주회에서 〈코리아 판타지〉를 지휘했다는 기록이 있지만, 실제로 이 연주회에서는 바그너, 모차르트, 드보르자크 외에 〈에텐라쿠〉가 연주되었다.▪▪

베를린 필하모니 연주회 이후 안익태는 독일 내에서 일독회가 주관하는 연주회에서 더 이상 지휘하지 않았던 것 같다.[48] 전쟁이 막바지에 접어들면서 음악가들도 독일 군대에 차출되어감에 따라 각

▪ 1940년대 베를린 필하모니에서 연주했던 한 오케스트라 단원이 안익태의 지휘에 대해 불만을 토로한 바 있다(진화영, 〈한국인 최초 베를린 필 지휘, 그리고 알려지지 않은 진실들〉, 《객석》, 2000. 5. 참조). 하지만 베스터만의 편지에 나타난 사실을 고려해볼 때, 안익태가 나치와 유달리 친밀했던 슈트라우스의 덕으로 베를린 필하모니 오케스트라와 협연할 수 있었다는 이 단원의 발언은 단지 기억에 의존한 부정확한 사실임을 알 수 있다.

▪▪ 현재 베를린 필하모니 문서보관소에는 이 연주회 프로그램이 소장되어 있다. 그리고 이것은 이미 국내 월간지 《객석》의 2000년 5월호에서 공개된 바 있다.

도시의 오케스트라 단원의 수도 점차 감소했다. 또한 많은 연주회장이 폭격으로 파손되면서 오케스트라 연주회에 대한 수요도 그만큼 감소했다.■ 물론 안익태의 지휘활동은 폭격으로부터 상대적으로 안전한 동유럽이나 파리와 같은 독일 점령지역과 중립국인 스페인에서 계속되었을 것으로 추측된다. 1943년 하반기 이후 44년까지 일독회 행사 보고서와 연말 보고서에서 에키타이 안의 이름은 더 이상 언급되지 않았다. 그 대신 고노에가 지휘하는 상이군인들을 위한 위문공연과 몇 명의 음악가로도 가능한 소규모 가곡의 밤, 바이올린 독주회 등이 일독회 음악행사의 주를 이루었다.

편지에 적혀 있는 그의 집 주소는 베를린 그뤼네발트의 구스타프 프라이타크 슈트라세 15번지. 나는 흑백사진 속의 안익태를 떠올리며 그가 발을 내디뎠음직한 장소를 찾아가 보았다. 1942년 6월 슈트라우스가 베를린을 방문했을 때 그가 마중 나가도록 되어 있었던 베를린 안할트 기차역은 이제 초라한 전철역으로 전락해 있었다. 전쟁 중 안익태가 지휘했다고 알려져 있는 베를린 필하모니 건물은 심한 폭격으로 파괴되어 전쟁 후 재건한 지금의 베를린 필하모니 건물을 찾아갔다. 헤르베르트 폰 카라얀 슈트라세에 있는 필하모니 건물을 바라보며 세계적인 오케스트라를 지휘하게 되었을 때 안익태의 심정이 어떠했을까를 생각

■ 독일의 심각한 전쟁 상황이 1943년 8월 18일 베를린 필하모니 연주회 프로그램에도 반영되어 있다. 프로그램 하단에 "경계경보가 울리면 경찰의 지시에 따라 연주회는 끝나게 됩니다. ……연주 중에 모든 문이 다 열리게 되면 바로 그것이 신호입니다. 청중 여러분은 방공호를 찾아 우왕좌왕하지 마시고, 바로 집으로 돌아가시기 바랍니다"라는 내용이 적혀 있을 정도로 연주회 개최가 점점 어려워지고 있는 상황이라는 것을 알 수 있다.

헤르베르트 폰 카라얀 슈트라세에 소재한 베를린 필하모니

해보았다. 드디어 세계의 정상에 섰다는 감격은 이루 말로 표현하기 힘들었으리라. 그러나 점점 심해지는 연합군의 폭격을 보면서 이런 감격을 다시 경험하기는 어려우리라 예상했을지도 모른다.

5. 베를린-파리-바르셀로나 : 스페인으로의 피신

베를린 필하모니 연주회 이후 안익태의 자취는 일독회 문서에서 더 이상 찾아볼 수 없어 이에 대해서는 그의 편지와 악보 자료, 그리고 안익태의 자필 기록에 의존할 수밖에 없다. 1944년 2월 23일 슈트라우스에게 쓴 안익태의 편지를 보자.

> 오랫동안 소식을 전하지 못했습니다만 교수님과 친애하는 사모님께서 건강히 잘 계시리라 기원합니다. 저는 방금 부쿠레슈티 여행에서 돌아왔습니다. 교수님의 작품 〈죽음과 정화〉를 지휘했었지요. 오늘 저녁에 다시 파리로 갑니다. 그리고 나서 두 번의 연주회를 하도록 되어 있는 바르셀로나로 갑니다…….[49]

이 편지에 기록된 바에 따르면, 1944년 2월 초 부쿠레슈티 연주회에서 돌아온 안익태는 같은 해 3월 파리 연주회에 이어 바르셀로나 연주회를 계획하고 있다는 것을 알 수 있다.

안익태의 자필 기록을 근거로 한 허영한의 연구에 따르면, 안익태는 먼저 1944년 3월 10일과 12일 바르셀로나 리세오 극장에서 연주회를 가졌고, 그 후 4월 파리에서 14일, 18일, 21일 3회에 걸쳐 베토벤 음악 연주회를 가졌다.[50] 바르셀로나에서 2회의 연주회를 할 것이라는 편지 내용은 사실임이 증명되었으나 파리에서의 연주에 대해서는 모순이 남아 있다. 전쟁이 끝난 후 슈트라우스에게 보낸 안익태의 1947년 신년 안부 편지를 보면, '1944년 3월 파리에서의 마

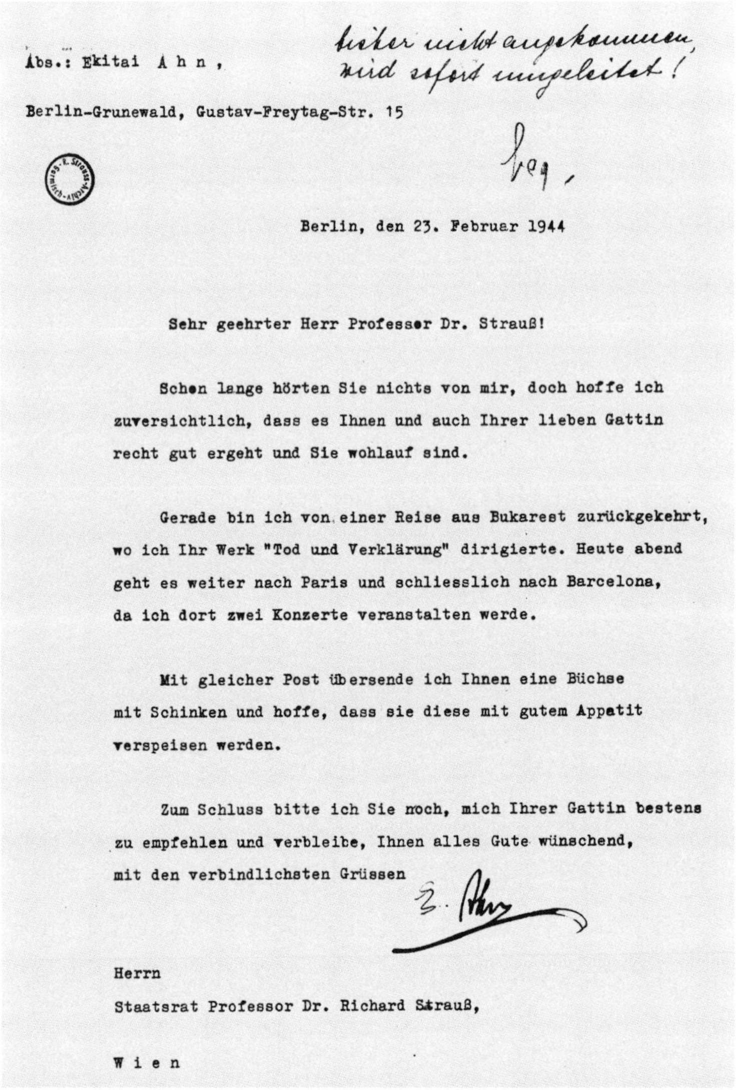

Abs.: Ekitai A h n ,

bisher nicht angekommen, wird sofort umgeleitet!

Berlin-Grunewald, Gustav-Freytag-Str. 15

Berlin, den 23. Februar 1944

Sehr geehrter Herr Professor Dr. Strauß!

Schon lange hörten Sie nichts von mir, doch hoffe ich zuversichtlich, dass es Ihnen und auch Ihrer lieben Gattin recht gut ergeht und Sie wohlauf sind.

Gerade bin ich von einer Reise aus Bukarest zurückgekehrt, wo ich Ihr Werk "Tod und Verklärung" dirigierte. Heute abend geht es weiter nach Paris und schliesslich nach Barcelona, da ich dort zwei Konzerte veranstalten werde.

Mit gleicher Post übersende ich Ihnen eine Büchse mit Schinken und hoffe, dass sie diese mit gutem Appetit verspeisen werden.

Zum Schluss bitte ich Sie noch, mich Ihrer Gattin bestens zu empfehlen und verbleibe, Ihnen alles Gute wünschend, mit den verbindlichsten Grüssen

E. Ahn

Herrn
Staatsrat Professor Dr. Richard Strauß,

W i e n

1944년 2월 23일 슈트라우스에게 보낸 안익태의 편지. 슈트라우스의 작품 〈죽음과 정화〉를 지휘했다는 내용과 파리, 바르셀로나에서 연주회가 있음을 알리며 훈제 고기 깡통을 함께 보낸다고 적혀 있다(리하르트 슈트라우스 문서보관소 제공).

지막 연주' 후에 쌀과 고기를 소포로 보냈는데 이것을 받았는지 묻고 있기 때문이다.* 하지만 3월에 파리의 마지막 연주회가 있었다고 기억하는 안익태의 편지는 3년 정도 지난 후의 것이고, 파리의 연주회를 증명해주는 《음악 정보(Information Musicale)》는 1944년 4월 현지에서 발간된 것이므로 잡지의 정보가 더 신빙성이 높다 할 수 있을 것이다.

참고로 1944년 파리에서 보낸 소포에 대해 1947년 새해에 잘 받았는지 묻는 것으로 보아 전쟁과 폐허로 인해 안익태와 슈트라우스는 그 사이에 다른 서신 교환을 하지 않았음도 추측할 수 있다.

지금까지 확보된 자료에 의하면, 파리에서의 연주가 있은 후 안익태는 다시 스페인으로 가서 그곳에 정착한 듯하다. 1944년에 자필로 쓴 〈코리아 판타지〉 악보에 "6월 15일 사가이오(S'agaio),** 1944년 9월 23일 바르셀로나. 롤리타 탈라베라에게" 그리고 악보 끝에 "1944년 12월 10일 바르셀로나"[51]라는 자필 기록이 이를 뒷받침한다. 따라서 김경래의 서술처럼 파리 연주 후 스페인 대사관 직원이 철수하는 열차를 타고 스페인으로 피신했을 가능성도 크다.[52]

물론 1947년 새해 편지에서 안익태는 "에하라가 1945년 만주로 돌아갔으며, 그 이후로 그의 소식을 듣지 못했다"라고 추신을 덧붙였다. 이에 비추어보면 안익태는 스페인에서 1945년까지도 독일에

* 정확한 날짜를 확인할 수 없는 1947년 신년 문안 편지는 리하르트 슈트라우스 문서보관소에 보관되어 있다.

** 사가이오는 파리에서 바르셀로나로 가려면 국경을 넘어 처음 도착하는 곳으로 바르셀로나의 북쪽에 있다.

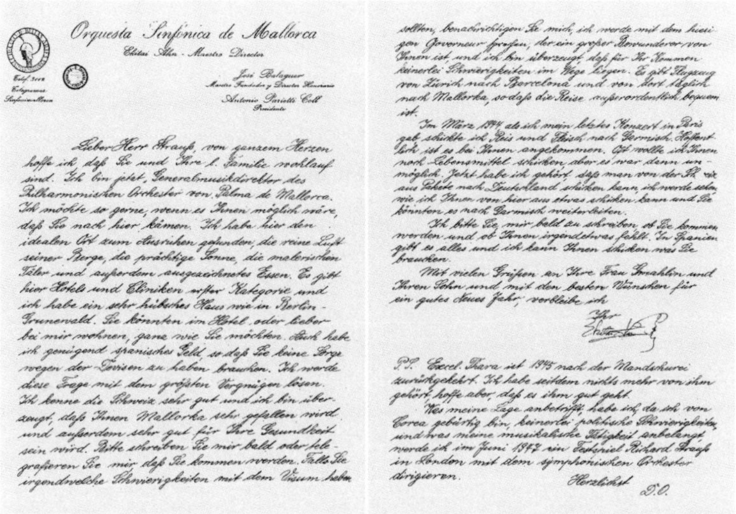

Orquesta Sinfónica de Mallorca
Ekitai Ahn - Maestro Director

José Balaguer
Maestro Fundador y Director Honorario
Antonio Parietti Coll
Presidente

Lieber Herr Strauß, von ganzem Herzen hoffe ich, daß Sie und Ihre l. Familie wohlauf sind. Ich bin jetzt Generalmusikdirektor des Philharmonischen Orchester von Palma de Mallorca. Ich möchte so gerne, wenn es Ihnen möglich wäre, daß Sie nach hier kämen. Ich habe hier den idealen Ort zum Ausruhen gefunden; die reine Luft seiner Berge, die prächtige Sonne, die malerischen Täler und außerdem ausgezeichnetes Essen. Es gibt hier Hotels und Cliniken erster Kategorie und ich habe ein sehr hübsches Haus wie in Berlin-Grunewald. Sie könnten im Hotel oder lieber bei mir wohnen, ganz wie Sie möchten. Auch habe ich genügend spanisches Geld, so daß Sie keine Sorge wegen der Devisen zu haben brauchen. Ich werde diese Frage mit dem größten Vergnügen lösen. Ich kenne die Schweiz sehr gut und ich bin überzeugt, daß Ihnen Mallorka sehr gefallen wird und außerdem sehr gut für Ihre Gesundheit sein wird. Bitte schreiben Sie mir bald oder telegrafieren Sie mir, daß Sie kommen werden. Falls Sie irgendwelche Schwierigkeiten mit dem Visum haben sollten, benachrichtigen Sie mich, ich werde mit dem hiesigen Governeur sprechen, der ein großer Bewunderer von Ihnen ist, und ich bin überzeugt, daß für Ihr Kommen keinerlei Schwierigkeiten im Wege liegen. Es gibt Flugzeug von Zürich nach Barcelona und von dort täglich nach Mallorka, so daß die Reise außerordentlich bequem ist.

Im März 1944 als ich mein letztes Konzert in Paris gab, schickte ich Reis und Fleisch nach Garmisch. Hoffentlich ist es bei Ihnen angekommen. Oft wollte ich Ihnen noch Lebensmittel schicken, aber es war denn unmöglich. Jetzt habe ich gehört, daß man von der Sch. aus Pakete nach Deutschland schicken kann, ich werde sehen wie ich Ihnen von hier aus etwas schicken kann und Sie könnten es nach Garmisch weiterleiten.

Ich bitte Sie, mir bald zu schreiben, ob Sie kommen werden und ob Ihnen irgendetwas fehlt. In Spanien gibt es alles und ich kann Ihnen schicken was Sie brauchen.

Mit vielen Grüßen an Ihre Frau Gemahlin und Ihren Sohn und mit den besten Wünschen für ein gutes Neues Jahr, verbleibe ich

Ihr
Ekitai Ahn

P.S. Excel. Ehara ist 1945 nach der Mandschurei zurückgekehrt. Ich habe seitdem nichts mehr von ihm gehört, hoffe aber, daß es ihm gut geht.

Was meine Lage anbetrifft, habe ich, da ich von Corea gebürtig bin, keinerlei politische Schwierigkeiten, und was meine musikalische Tätigkeit anbelangt, werde ich im Juni 1947 ein Festspiel Richard Strauß in London mit dem symphonischen Orchester dirigieren.

Herzlichst
D.O.

안익태가 1947년 새해에 슈트라우스에게 보낸 편지. 이 편지에서 안익태는 에하라에 대해 언급하고 있다(리하르트 슈트라우스 문서보관소 제공).

있었던 에하라와 소식을 주고받았거나 대사관 지인을 통해 그때까지 그의 근황을 알았던 듯하다. 하지만 안익태가 파리 연주회 후 생명의 위협을 무릅쓰고 빗발치는 폭격으로 폐허가 된 베를린으로 되돌아갔을 가능성은 매우 희박하다.

6. 일본 음악가 에키타이 안

새로 발굴된 자료에 의하면 지금까지 우리가 알고 있던 안익태는 허상에 불과하다. '애국가'의 작곡가로 〈코리아 판타지〉 음악을 통해 민족의 독립에 기여하고자 했던 안익태보다는 일본제국의 정책을 음악으로 수행한 일본 음악가 에키타이 안의 모습만 보일 뿐이다. 어찌 된 일인가? 안익태가 지휘할 수 있도록 물심양면으로 도왔다던 슈트라우스의 역할은 실제로 어느 정도였는가? 슈트라우스보다 에하라가 안익태의 음악적 성공에 더 기여했는가? 그동안 안익태 연구에서 전혀 언급되지 않았던 일독회의 정체는 무엇인가? 안익태가 이 시기에 연주했다던 〈코리아 판타지〉나 〈강천성악〉은 어디로 사라졌는가? 오히려 질문만 더 많아졌다.

서양음악이 아직 제대로 소개되지도 않았던 조선에서 태어나 그 어떤 배경도 없이 음악을 시작한 안익태. 그가 이런 조건에서 음악가로 출세할 수 있는 길은 무엇이었나? 권력과 예술의 중심지였던 독일에서 1942년과 43년에 지휘자로서 전성기를 누렸다는 사실은 그의 음악적 캐리어가 전쟁 상황과 밀접한 관계가 있음을 여실히 보여주는 것이었다. 나치 시기 독일에서 음악활동을 했다는 것 자체가 일본 음악인으로서 정치적인 역할을 수행할 수밖에 없으리라 짐작은 했지만, 그 정도가 예상한 바를 뛰어넘는다. 독일 국립문서보관소에 보관되어 있는 안익태 사진과 자필 서명, 편지를 보며 음악가로서 자신의 가치를 높이기 위해 일본인 음악가들보다 더 적극적으로 노력해야 했던 그의 처지를 공감할 수 있었다. 제2차 세계대전 중 흑백사진 속 안익태의 잃어버린 시간은 20세기 우리 음악사의 잃어버린 시간과 다르지 않은 듯했다.

Ⅲ. 탐 색

음악과 삶, 그리고 일독회

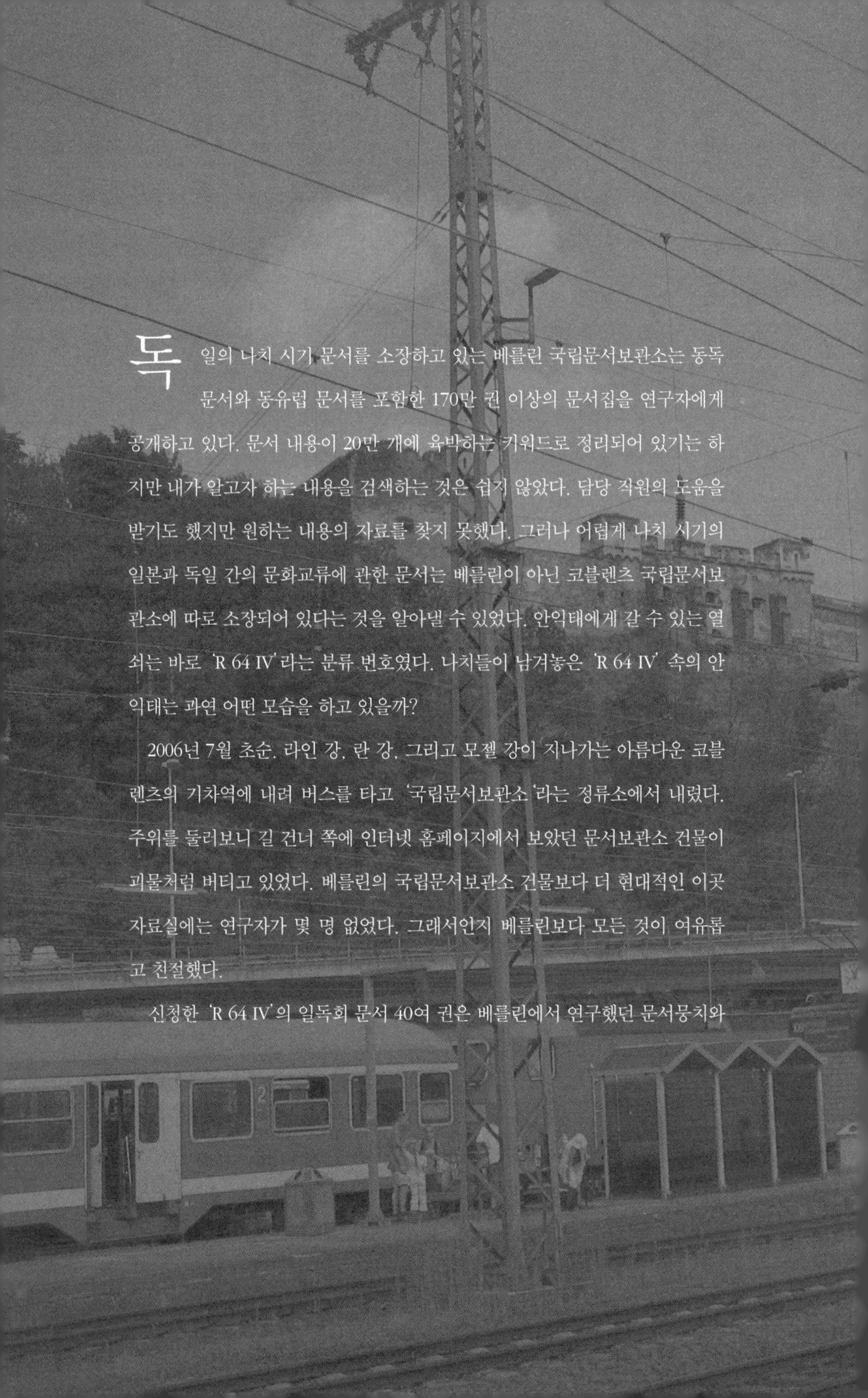

독일의 나치 시기 문서를 소장하고 있는 베를린 국립문서보관소는 동독 문서와 동유럽 문서를 포함한 170만 권 이상의 문서집을 연구자에게 공개하고 있다. 문서 내용이 20만 개에 육박하는 키워드로 정리되어 있기는 하지만 내가 알고자 하는 내용을 검색하는 것은 쉽지 않았다. 담당 직원의 도움을 받기도 했지만 원하는 내용의 자료를 찾지 못했다. 그러나 어렵게 나치 시기의 일본과 독일 간의 문화교류에 관한 문서는 베를린이 아닌 코블렌츠 국립문서보관소에 따로 소장되어 있다는 것을 알아낼 수 있었다. 안익태에게 갈 수 있는 열쇠는 바로 'R 64 IV'라는 분류 번호였다. 나치들이 남겨놓은 'R 64 IV' 속의 안익태는 과연 어떤 모습을 하고 있을까?

2006년 7월 초순. 라인 강, 란 강, 그리고 모젤 강이 지나가는 아름다운 코블렌츠의 기차역에 내려 버스를 타고 '국립문서보관소'라는 정류소에서 내렸다. 주위를 둘러보니 길 건너 쪽에 인터넷 홈페이지에서 보았던 문서보관소 건물이 괴물처럼 버티고 있었다. 베를린의 국립문서보관소 건물보다 더 현대적인 이곳 자료실에는 연구자가 몇 명 없었다. 그래서인지 베를린보다 모든 것이 여유롭고 친절했다.

신청한 'R 64 IV'의 일독회 문서 40여 권은 베를린에서 연구했던 문서뭉치와

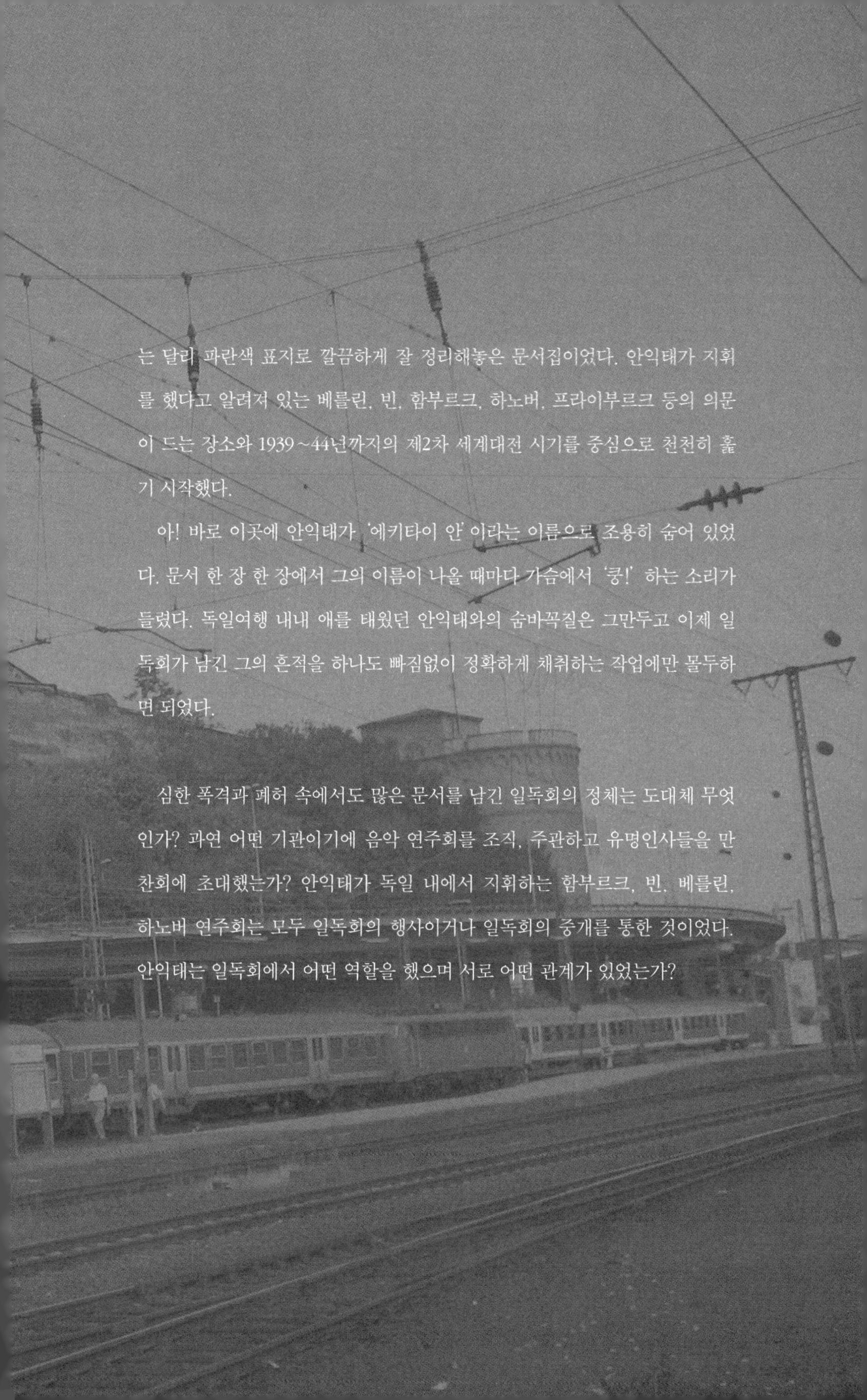

는 달리 파란색 표지로 깔끔하게 잘 정리해놓은 문서집이었다. 안익태가 지휘를 했다고 알려져 있는 베를린, 빈, 함부르크, 하노버, 프라이부르크 등의 의문이 드는 장소와 1939~44년까지의 제2차 세계대전 시기를 중심으로 천천히 훑기 시작했다.

아! 바로 이곳에 안익태가 '에키타이 안'이라는 이름으로 조용히 숨어 있었다. 문서 한 장 한 장에서 그의 이름이 나올 때마다 가슴에서 '쿵!' 하는 소리가 들렸다. 독일여행 내내 애를 태웠던 안익태와의 숨바꼭질은 그만두고 이제 일독회가 남긴 그의 흔적을 하나도 빠짐없이 정확하게 채취하는 작업에만 몰두하면 되었다.

심한 폭격과 폐허 속에서도 많은 문서를 남긴 일독회의 정체는 도대체 무엇인가? 과연 어떤 기관이기에 음악 연주회를 조직, 주관하고 유명인사들을 만찬회에 초대했는가? 안익태가 독일 내에서 지휘하는 함부르크, 빈, 베를린, 하노버 연주회는 모두 일독회의 행사이거나 일독회의 중개를 통한 것이었다. 안익태는 일독회에서 어떤 역할을 했으며 서로 어떤 관계가 있었는가?

1. 1940년대 일독회의 프로파간다 역할

일독회의 전신은 화독회로 일본과 독일의 문화와 학문의 교류를 위해 1890년 6월 11일 베를린에서 조직되었다. 화독회의 창립은 베를린대학의 랑게(Rudolf Lange)에 의해 적극 추진되었다. 설립 취지는 외교관들의 언어 습득을 도와주는 것이었다.[1] 따라서 화독회는 외무부에 공식적으로 소속된 기관은 아니었지만 외무부의 관료들과 매우 밀접한 관계를 형성했고, 일본과 독일의 학문적·정치적 엘리트들이 교류할 수 있는 장을 제공했다.

하지만 1929년 명칭을 바꾼 일독회는 33년 히틀러가 정권을 잡으면서 이전과는 비교할 수 없는 전환기를 맞이했다. 33년 이후 독일의 모든 조직과 기관들이 나치의 이데올로기와 정치적 목적에 맞추어 변화하는데 일독회도 예외는 아니었다. 1933년 11월 20일에 내려진 새 지침에 따르면 일독회의 회장은 '민족적' 시각을 가져야 하며, 이 조직의 활동도 새로운 히틀러제국에 완전히 봉사해야 한다는 것이었다.[2] 이제 일독회는 학문적인 측면보다 사회적이고 정치적인 방향으로 기선을 바꾸었다.

1935년 해군 장군 벤케(Paul Behncke)를 회장으로 하는 일독회는 제국 내에 있는 다른 일본 관련 단체 중에서 가장 강력한 권력과 결정권이 있는 단체가 되려는 야심을 일독회의 목표로 삼았다. 즉 일본과 독일의 문화적·사회적 교류에 있어서 '모든 것을 결정하는 독보적인 기관'이 되고자 했다.[3] 이를 실현하기 위해 일독회는 권력 기관의 협조를 얻고 이들과 긴밀한 관계를 형성하는 것이 필요했다. 일본 기업 미쓰이, 니폰 유센이나 독일의 크루프(Krupp) 콘체른, 이게 파르벤(I.G. Farben)과 같은 대기업 및 일본 대사관의 군사 전문관이나 해군 전문관 또는 함부르크 일본 총영사 등을 이사회에 영입했다.[4] 독일 측에서는 나치 친위대 대장이자 독일 경찰청장인 힘러(Heinrich Himmler)나 나치당 서기 볼레(Wilhelm Bohle), 후에 독일제국 외무 장관이 되는 해군 참모장 리벤트로프(Joachim von Ribbentrop)와 같은 권력자들이 일독회의 명예회원이 되었다.

1935년 일독회의 회원 명단[5]을 보면 일독회의 회원들이 나치제국의 권력 기관을 광범위하게 대변하고 있음을 볼 수 있다. 정규회원 중 14명은 제국 외무부 직원이었고, 3명이 나치 선전국 직원이었으며, 국방부의 해군, 공군에 소속된 직원뿐 아니라 나치당의 조직원과 나치당 소속 기관에 종사하는 직원 10여 명이 포함되어 있었다. 이들은 일본에 대한 개인적인 관심에서 회원이 되었다기보다 자신이 속한 조직의 대표로 참여했다.[6] 뿐만 아니라 일독회의 회장단이나 실무자들은 나치당원이거나 돌격대와 같은 골수 나치들이었다. 예를 들면, 1934년 일독회 총무 슈트로블(Rudolf von Strobl)은 총무가 되기 전 나치당의 외교정책 부장이었으며, 이미 1922년부터 당원에 가입한 골수 나치였고, 에스아(SA)의 소대장과 동등한 자격을 가진 인물이었다. 1937~38년까지 그의 후임자였던 크라프(Franz Krapf)도 나치당원임은 물론 나치 친위대 단원이었고, 또 크라프의 후임이었던 찰(Karl Zahl, 1938년 8월~1940년 12월까지) 역시 나치당원이면서 돌격대에 속한 인물이었다.[7)]

일본 쪽의 회원을 보면 베를린 주재 일본 대사는 모두 일독회의 명예회장이 되었고, 대사직에서 퇴임해도 명예회장직은 유지되었다. 일본 대사가 되기 전인 오시마 히로시, 미쓰이의 독일 지점장 도요히사 아야이, 호코하마 스베시 은행의 독일 지점장 나카야마 츠지, 일본 내무성에서 파견한 관료 다나카 세이고, 남작 미쓰이 다카하루 등이 일본 측 후견인으로 포진되어 있었다.[8)]

1936년 12월 일본과 독일이 '반(反)공산주의 조약'을 맺게 되면서 일독회는 일본과 독일의 관계에서 이전보다 더 중요한 역할을 담당하게 되었다. 일본과 독일의 공동 관심사를 통해 정치적으로 동맹을 맺을 수 있는 잠재적 파트너임을 표시했던 이 조약 이후 일독회는 일본과 독일의 교류 문제에 독보적인 기관으로 제국의 외무부와 나치당으로부터 확실한 재정지원을 받게 되었다.■

특히 1937년 벤케 장군을 이어 역시 해군 장군 출신인 푀르스터

■ 이 단체의 상위 기관은 외무부 소속의 '국가 간 단체연맹(Vereinigung zwischen staatlichen Verbände und Einrichtungen)'으로 일독회에 대한 재정지원뿐 아니라 일독회 베를린 본부가 의도하는 행사에 대해 허락을 하고 그 과정을 보고받게 되어 있다.

가 회장이 되면서 일독회는 나치와 일본제국의 프로파간다 정책의 하수인 역할을 담당하는 열성 기관으로 완전히 변질되었다. 즉 1937년 일독회는 히틀러의 '지도자 원칙'을 따르는 조직으로 재편성되었으며 일독회의 역할에서 가장 우선적인 것이 '정치적인 것'임을 분명히 했다. 문화행사도 단순히 일본과 독일의 문화교류에 그치는 것이 아니라, 철저하게 '계획적인 문화사업'이 되어야 한다는 것이었다.[9] 다시 말해 일독회의 1차 목표는 정치적인 프로파간다고, 문화적인 행사는 이를 장식해주는 역할을 해야 한다는 것이었다. 참고로 푀르스터는 1939년 여름에 일본 외무성의 초청으로 일본을 방문했을 때 조선도 함께 방문했다. 유럽으로 돌아온 후 그는 1940년 2월 27일 일독회의 강연회에서 조선의 의용군 막사를 둘러보았을 때, '아주 강렬한 인상'을 받았다고 언급했다.[10]

일독회의 정치성은 1939년 9월 전쟁이 발발하면서 더욱 노골적으로 드러났다. 일독회가 전쟁 중에 중요한 프로파간다 조직임은 일독회에 지원액이 증가하고 있다는 것에서 잘 나타나고 있다. 1938년 8만 8,200라이히스마르크였던 것이 전쟁 중인 41~42년에는 9만 9,900라이히스마르크, 43~44년에는 20만 7,575라이히스마르크로 증가했다.[11] 물자부족으로 모든 분야에서 지원금 축소와 긴축 재정을 하던 시기에 오히려 지원금이 증가한 것은 일독회가 전쟁 프로파간다에 없어서는 안 될 중요한 기관임을 의심할 여지없이 보여준다.

이런 역할을 위해 원래 베를린에만 존재하던 일독회는 오스트리아와의 합병 이후 1939년 2월 2일에 빈에 지부를 세우더니, 제2차 세계대전이 발발하고 나서는 전 독일과 오스트리아에 지부를 확장해나갔다. 하노버 지부가 1941년 6월 15일에 설립되었고, 42년 4월 30일에 뮌헨 지부, 6월 27일에 슈투트가르트 지부, 11월 7일에 라이프치히 지부, 12월 2일에 함부르크 지부가 결성되었다. 독일의 패망이 조금씩 예상되던 1943년에도 일독회는 계속해서 지부를 확장시켰다. 43년 1월 7일에 잘츠부르크, 3월 20일에 마크데부르크, 3월 27일 린츠의 새로운 일독회 지부가 활동을 개시했다. 이미 1943년 초 독일군의 전세가 동부 전선에서 기울고 있었으며 독일 내 도시도 심한 폭격에 시달리고 있었는데도 일독회의 새로운 지부가 창립되었다는 것은 전쟁과 밀접한 관계에 있는 일독회의 정체성을 적나라하게 보여주는 것이나 다름없었다.[12)]

1940~43년까지 일독회는 "일본과 독일의 동맹관계를 과시"[13)]하는 정치적 프로파간다의 목적으로 수많은 일본 관련 행사를 개최했다. 예를 들면 '일본의 민족적 교육(Nationale Erziehung in Japan)'이나 '천황과 일본의 승리(Das Tennotum und der Sieg Japans)' 또는 '대동아 공영권을 위한 일본의 투쟁(Japans Kampf um den Großraum Ostasien)' '일본의 영웅극(Das heroische Theater Japans)' '일본 음악의 실체(Wesen japanischer Musik)' 등과 같은 강연회는 물론이고, '일본 미술의 명작품(Meisterwerke japanischer Kunst)' '전쟁과 미술(Krieg und Kunst)'[14)] 등 다양한 미술 전시회[15)]를 열었다.

연극도 일독회 행사에서 빠지지 않았다. 일본의 대중적인 전통극 가부키 외에도 기토 오카모토의 〈가면 만드는 사람(Der Maskenschnitzer)〉[16)]처럼 현대화된 가부키가 번역, 각색되어 무대에 올랐고, 또 '무사도'[17]나 '사무라이'[18] 등을 주제로 한 일본 현대극이 공연되었다. 또한 구니 마사미 같은 유명한 일본 무용가의 공연도 일본 참전 기념과 같은 정치적 의도를 암시하는 행사[19]에 이용되었다.

특히 영화 상영은 일독회의 프로파간다를 대중적인 차원에서 전개할 수 있었던 중요한 행사였다. 일본과 독일의 합작영화 〈사무라이의 딸(Die Tochter des Samurai)〉이 1937년 3월 23일 독일에서 상영되어 큰 반향을 일으켰고,■ 두 번째로 1939년에 제작된 일독 합작영화 〈성스러운 목표(Das heilige Ziel)〉도 '제국 정책에 도움이 되는' 영화로 일독회 모임에서 상영되었다. 특히 인기가 높았던 일본영화는 1941년 도호사가 제작하고 야마모토 가지로(山本嘉次郎)가 감독한 〈이네와 그녀의 말(Ine und ihr Pferd)〉이었다. 일본 대사관이 제안한 시사회에서 나치 선전국의 고위 간부들이 이구동성으로 높이 평가한 이 영화는 전 독일의 일독회 행사에서 상영되었다. 행사마다 수많은 독일 관객이 모여 일본영화는 독일에서 인기가 없다는 고정관념을 깼다. 1945년 전쟁이 막바지로 치달아갈 즈음 남자들은 거의 전선으로 차출되었고 일독회의 지부도 폭격에 맞아 정상활동이 힘들 때에도, 일독회 베를린 본부에서는 프로파간다 영화

■ 팡크(Arnold Fanck)가 감독을 맡았고 앙스트(Richard Angst)가 카메라를 담당했다. 일본에서는 〈새로운 땅(新しき土)〉으로 1937년 2월에 상영되었다. 감독에 의하면 천황 가족 중 다섯 명의 왕자와 아홉 명의 공주 모두 시사회에 참석했다고 한다. 독일에서의 시사회에서는 선전 장관 괴벨스를 비롯하여 나치 친위대 대장 힘러와 게슈타포 대장 하이드리히(Reinhard Heydrich) 등 나치당의 중요인사가 초대되었다. Günther Haasch(Hg.), *Die Deutsch-Japanischen Gesellschaften 1888~1996*, p. 253, p. 255.

상영 등의 행사를 계속해나갈 것을 지부에 종용했다.

하지만 일독회는 단지 영화를 상영하는 것뿐만 아니라 제작에도 관여했다. 일본 대사관과 일본제국 철도국의 지원으로 프로파간다 목적의 문화영화, 다큐멘터리 등을 기획했다. 일례로 1939년 11월에 일독회와 함께 〈요미우리신문〉이 〈성스러운 전쟁(Der heilige Krieg)〉[20]이라는 선전영화를 제작한 바 있다. 중국과의 전쟁을 주제로 한 이 영화에서는 일본 군인들이 전선에서 용감하게 싸우는 장면이 주를 이루는데, 전쟁을 고무시키기 위한 프로파간다의 목적이 분명히 드러나 있다. 또한 이미 언급한 바 있듯이 2006년 초 발굴된 만주국 건립 10주년 안익태 음악회의 필름 제작도 일독회가 관여했을 가능성이 크다.

영화처럼 대중적인 영향력은 없지만 일본과 독일 음악을 프로그램으로 하는 클래식 연주회는 음악 교양층을 목표로 한 프로파간다에서 없어서는 안 될 중요한 행사였다. 이 연주회의 휴머니즘적 제스처는 독일 군인들과 시민들을 위로했을 뿐 아니라 먼 동양의 일본제국이 친구로서 독일을 지지하고 있다는 메시지를 주었다.

일독회의 대표지휘자인 안익태나 고노에 히데마로의 연주회는 주로 일본제국 기원을 기념하는 2월 11일이나 천황의 생일인 4월 30일, 일독 문화 협정을 축하하는 11월 25일, 또 3국 동맹을 기념하는 9월 27일, 12월 11일 혹은 일독회 각 지부의 창립기념일 등 특별한 날에 개최되어 정치적인 의도를 숨길 수 없었다.

이때 음악적 재능을 지닌 유명한 음악가일수록 일독회의 정치적 목적을 달성하는 데 크게 기여했을 것이다. 독일 방송국과 다른 기관에서도 바니후티 겐슈나 수바 네지코 또는 다나카 미치코[21]와 같이 독일에서 유명한 연주가들의 연주회를 성사시키기는 했지만, 일독회는 이들을 자신들의 행사에 동원하는 데 노력을 게을리 하지 않았다. 수바 네지코는 괴벨스에게서 최고의 바이올린 스트라디바리를 선물[22] 받을 정도로 독일 청중에게 인기가 있었다. 그녀는 1942년 12월 14일 베를린에서 독일 적십자의 행사 연주회를 가졌고, 43년 11월 15일 라이프치히에서 상이군인들을 위한 특별 연주회, 12월 14일 마크데부르크, 44년 2월 3일 뮌헨, 3월 31일 빈, 그리고 10월 20일 크나퍼츠부쉬(Hans Knapertsbusch)가 지휘하는 베를린 필하모니와 협연하는 등 일독회의 정치적 행사에 힘을 더해주었다.[23]

제국음악협회는 독일 음악가들의 연주활동을 나치 선전국에 보고해야 했으므로 원칙적으로 이들은 나치 선전국의 통제를 받았다. 마찬가지로 일독회 또한 일본 예술가들이 독일에서 벌이는 모든 예술활동을 관찰하고 외교 관련 부서에 상세하게 보고했기 때문에 (전반적으로) 일본 음악인들도 나치 선전국의 통제에서 자유로울 수 없었다. 일례로 1939년 12월 2일 빈 필하모니에서 개최된 오타카 히사타다의 연주회에 대해 일독회 빈 지부는 다음과 같이 보고했다.

> 연주회는 지휘자에게나 우리 일독회에게도 큰 성공이었다…… 어렵사리 연주회를 준비했지만 경제적으로 볼 때는 결코 성공적이었다 할 수 없다. 물론 1,700명이라는 청중은 이 행사가 프로파간다 의미에서 중요한 목적을 달성했다는 것을 더 이상의 말이 필요 없을 정도로 잘 보여준다.[24]

또한 1942년 6월 4일 공적 기관인 '국가 간 단체연맹'은 고노에의 연주회를 허락하면서 그의 연주여행에 대해 외무성에 모두 보고할 것을 일독회 베를린 본부에 지시하고 있다.[25)]

하지만 특별히 정치적으로 저항정신이 있지 않는 한 전쟁 중에 청중을 모으기가 점점 힘든 상황에서 정치적인 행사 연주회나마 연주회를 제안받는 것은 고마운 일이니 예술가들이 일독회에 저항할 이유도 없었으리라. 참고로 당시 일본을 내세우며 음악활동을 하려던 독일 음악가도 없지 않았다. 데사우 현악 사중주단(Dessau Streichquartett)과 피아니스트 담머르트(Udo Dammert)가 그러했다. 전쟁으로 인해 연주활동에 제약을 받자 데사우 현악 사중주단은 오타카, 고부네 등 일본 작곡가의 실내악을 위시하여 일독회 빈 지부의 행사에서 연주(1941년 11월 26일)할 기회를 가졌고, 담머르트도 분야코, 마쓰다이라 등의 일본 음악가의 곡을 레퍼토리에 선정하여 정치적인 행사에서나마 연주회를 가질 수 있는 가능성을 넓혀갔다.[26)]

일독회의 정치적 중요성은 전쟁 중에 확장 일로에 있었던 지부의 창립행사가 암시하듯이, 특히 1941년 12월 7일 일본이 미국의 진주만을 공격한 이후 더욱 증가했다. '독일과 일본의 동맹을 돈독히'[27)] 하면서 독일과 일본의 국가 간 정치 문화행사를 조직하고 통제하는 중심 기관으로서 일독회는 50년 이상의 역사 동안 바로 제2차 세계대전 중에 그 어느 때보다 권력의 중심에 다가갈 수 있었다.

전쟁이 끝나고 나치의 과거 청산 문제가 대두되었을 때, 일독회에서 주요 업무를 맡았던 독일인들 대부분은 과거를 숨긴 채 일본과 상관없는 다른 직업을 선택했다. 한 예로 슈투트가르트의 일독회 간사 쿠르츠(Otto Kurz)는 전쟁 후 튀빙겐대학에 영어강사 자리를 신청할 때 일독회에서 활동한 과거를 숨겼다. 하지만 학장 슈타델만(Rudolf Stadelmann)에 의해 밝혀졌다.[28] 이 예는 일독회가 나치 프로파간다 기관으로서 중요한 역할을 했음을 다시금 확인시켜준다.

2. 일독회의 지휘자 에키타이 안

안익태가 직업 음악가로 입지를 굳히기 위해 베를린에 온 시기는 정확하게 알 수 없다. "백림 거리에 나부끼는 일본 깃발과 일본 관리들의 빈번한 왕래가 신문 지면에 크게 보도되는 것"이 안익태에게 이전에 보지 못한 새로운 '자극'이었다는 김경래의 서술[29]은 신빙성이 있다. 1935~44년까지 일독회의 연말 보고서를 모두 살펴보면, 41년 6월 동경에서 온 손님으로 일독회의 만찬회 초대 손님 리스트에서 에키타이 안이라는 이름이 처음 등장한다.▪

물론 안익태가 직업 음악가가 아닌 학생으로는 이미 1936년 6월 베를린을 들른 적이 있다. 바인가르트너의 문하에서 음악을 공부하기 위해 빈으로 가기 전 뉴욕의 한 교수 소개로 베를린에서 힌데미트(Paul Hindemith)를 만나 3일간 '동양음악의 서양음악화'에 대해

▪ 1940년 4월 23일 〈동아일보〉에는 안익태가 이전에 베를린 방송악단을 지휘한 적이 있다고 보도하고 있으나 실제 자료로는 아직 확인하지 못했다.

의견을 나누면서 〈한국의 생활〉이라는 모음곡과 '조선 아악을 주제로 한 관현악곡'을 선보이고 그로부터 '귀중한 교시'를 받았다.[30] 이 시기에 대해 김경래는 다음과 같이 서술하고 있다.

> 베를린 市內 번화街에 숙소를 정한 익태는 우선 독일어 공부를 할 수 있는 기회를 자주 갖기 위해 독일인 음악도들의 정기적인 회합 장소를 찾았다. **익태를 맞아들인 독일 친구들은 일본 사람과 같은 대접을 했다. 獨日 협정 이래 독일에는 日本 붐**이 일고 있었으며 **일본 상품 전시회나 일본 문화영화 관람회 등이 佰林 등 중요 도시**에서 개최되기도 했다. 따라서 그들은 익태가 비록 일본인이 아니라 해도 일본의 식민지 청년이고 또한 일본제국 정부 발행의 여권을 지니고 있었기에 일본인 취급을 받지 않을 수 없었다…… 먼저 언어의 소통이 점점 자유롭게 되면서 한국의 역사와 문화, 그리고 정치적 입장들을 설명하고 이해시킬 수 있었고, 다음은 그들이 익태의 재능을 인정하고 익태의 조국에 대해 관심을 가지게 되었기 때문이다. **佰林에서 본격적인 클래식 음악과의 대결을 계획하고 있을 무렵** 나치스 독일은 그 신흥의 국력을 열강제국과 세계에 과시하기 위한 올림픽 대회를 준비하고 있었다.[31]

하지만 김경래의 서술에는 모순이 있다. 1936년 8월 8일자 〈동아일보〉의 기사에 보도되었던 것처럼 안익태가 36년 6월 베를린을 방문한 이 시기는 베를린 올림픽 준비가 한창이던 때로, 아직 독일과 일본은 일본 붐이 일어날 정도로 중요한 협정을 맺은 바 없기 때문이다. 반쪽의 진실이 담긴 이 서술에서 말하는 독일 협정은 36년 11월 25일의 '반공산주의 조약'이어야 옳다. 하지만 일본 붐이 일어나 일본 관련 문화행사가 많았다는 서술은 오히려 2년 후에 독일과 일본이 맺은 '일독 문화교류 협정'을 암시한다. 38년 10월 31일 안익태가 베를린의 방송교향악단을 지휘했다는 〈동아일보〉 38년 12월 11일자 기사가 맞다면, 위의 서술은 오히려 안익태가 지휘자로 활동하기 시작한 38년과 그 이후에 해당된다. 따라서 위의 서술은 안익태가 36년 잠시 학생 신분으로 베를린에 머물렀던 때와 그 이후 지휘자로 베를린에 왔을 때가 중첩해 있는 듯하다.

시기적으로 정확하게 언제인지 확신할 수 없다 하더라도 이 서술의 행간에서 일독회의 활동에 대한 암시를 읽을 수 있다. 나치 독일에서 일본 관련 문화행사는 거의 모두 일독회와 관련이 있었으므로, 안익태가 일독회의 독일인들과 접촉이 있었음을 쉽게 짐작할 수 있다. 따라서 당시 일본인으로 여겨지던 안익태가 베를린에서 어떤 모임의 사람들과 접촉하게 되었을지 추측할 수 있다.[32] 일본과 독일을 연결해주는 단체였던 일독회에서 일본에 관심을 가지고 있는 독일인을 사귈 수 있었으니 독일어 연습에도 많은 도움이 되었을 것이다. 일독회는 처음에는 매주 수요일 점심때, 후에는 2주마다 제국 외무부와 다른 정부 부처 근처에 있었던 프레스센터에서 일본인과 독일인이 함께 자유로이 식사하며 사교하는 전통이 있었다.[33] 일본에 관심이 있는 사람 누구에게나 개방되어 있는 모임이었던 만큼 안익태도 편안하게 접근할 수 있었을 것이다.

어쨌든 안익태는 일독회가 주최하는 연주회에 자주 초청되어 음

1942년 3월 12일 빈 심포니 오케스트라 지휘 기념. 당시 안익태가 빈 심포니 오케스트라 단원에게 서명해준 사진으로 추정된다(빈 심포니 오케스트라 문서보관소 제공).

악 경력을 쌓을 기회를 넓혀갔다. 안익태의 전기에서 지나칠 정도로 반복, 강조되는 슈트라우스의 도움은 사실 일독회의 자료로 보면 거의 보이지 않는다. 슈트라우스의 〈일본 축전곡〉도 슈트라우스가 안익태를 선택하여 지휘를 맡긴 것이 아니었다. 이미 언급했듯이 일독회 빈 지부에서 주최한 1942년 2월(3월로 연기)의 연주회에서 안익태가 〈일본 축전곡〉을 지휘하게 된 데에는 슈트라우스의 추천이 있었던 것이 아니라 매력적인 연주회 행사를 위해 슈트라우스의 작품을 레퍼토리에 선정하자고 일독회 총무가 제안했기 때문이었다.

> 빈에서 아직 무명인 작곡가(안익태)를 위해서 우리는 유명한 피아니스트 대가 자우어를 피아노 협주곡 연주자로 모시려고 시도를 할 것입니다…… 이 프로그램에 슈트라우스의 〈일본 축전곡〉을 포함시키는 것도 가능합니다. 이 곡이 아직 빈에서 연주되지 않은 관계로 많은 사람들을 유인할 수 있기 때문입니다…….[34]

연주회 프로그램에 슈트라우스의 〈일본 축전곡〉을 편성함으로써 일독회는 안익태가 슈트라우스와 직접적인 관계를 맺는 데 결정적인 역할을 했다고 할 수 있다. 안익태의 〈에텐라쿠〉와 슈트라우스의 〈일본 축전곡〉이 포함된 이날 연주회는 일본과 독일의 동맹관계를 과시하는 친선교류의 의미가 컸는데, 일본 대사 오시마와 만주국 공사 에하라 고이치 및 나치 고위 관료들이 참석하여 행사의 정치적 목적을 분명하게 보여주었다.

안익태는 독일에서 음악적으로 성공할 수 있는 데에는 전쟁이라

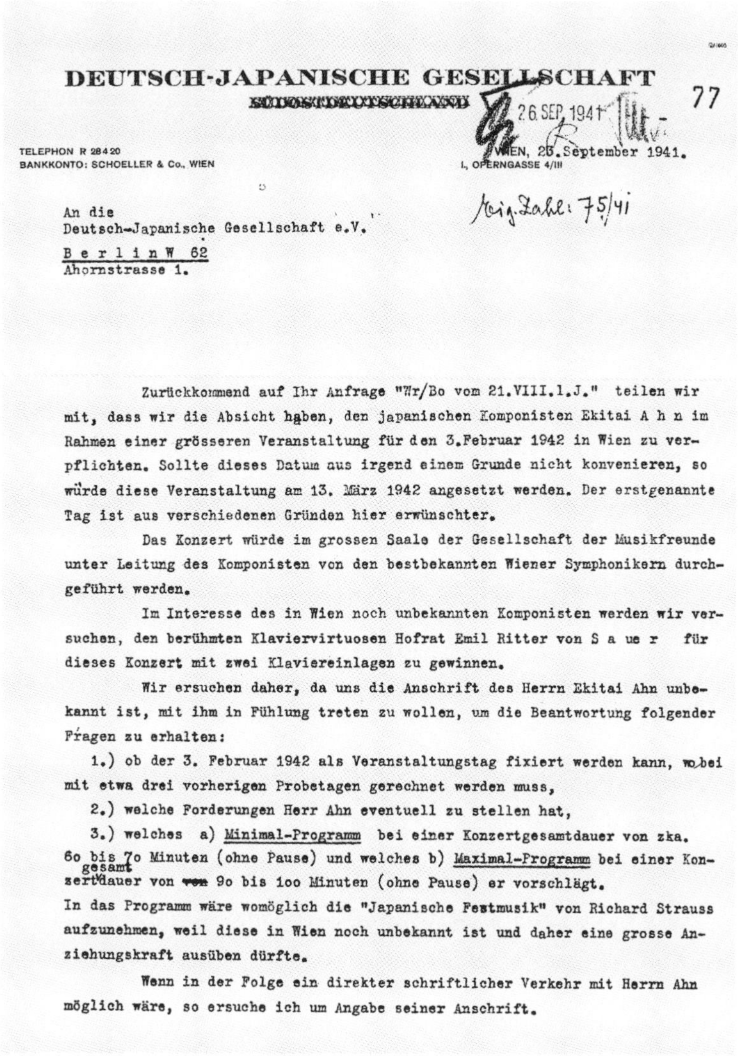

Q/1605

DEUTSCH-JAPANISCHE GESELLSCHAFT

~~SÜDOSTDEUTSCHLAND~~

77

26 SEP 1941

TELEPHON R 28420
BANKKONTO: SCHOELLER & Co., WIEN

WIEN, 23. September 1941.
I., OPERNGASSE 4/III

An die
Deutsch-Japanische Gesellschaft e.V.
B e r l i n W 62
Ahornstrasse 1.

Zurückkommend auf Ihr Anfrage "Wr/Bo vom 21.VIII.l.J." teilen wir mit, dass wir die Absicht haben, den japanischen Komponisten Ekitai A h n im Rahmen einer grösseren Veranstaltung für den 3.Februar 1942 in Wien zu verpflichten. Sollte dieses Datum aus irgend einem Grunde nicht konvenieren, so würde diese Veranstaltung am 13. März 1942 angesetzt werden. Der erstgenannte Tag ist aus verschiedenen Gründen hier erwünschter.

Das Konzert würde im grossen Saale der Gesellschaft der Musikfreunde unter Leitung des Komponisten von den bestbekannten Wiener Symphonikern durchgeführt werden.

Im Interesse des in Wien noch unbekannten Komponisten werden wir versuchen, den berühmten Klaviervirtuosen Hofrat Emil Ritter von S a ue r für dieses Konzert mit zwei Klaviereinlagen zu gewinnen.

Wir ersuchen daher, da uns die Anschrift des Herrn Ekitai Ahn unbekannt ist, mit ihm in Fühlung treten zu wollen, um die Beantwortung folgender Fragen zu erhalten:

1.) ob der 3. Februar 1942 als Veranstaltungstag fixiert werden kann, wobei mit etwa drei vorherigen Probetagen gerechnet werden muss,

2.) welche Forderungen Herr Ahn eventuell zu stellen hat,

3.) welches a) Minimal-Programm bei einer Konzertgesamtdauer von zka. 6o bis 7o Minuten (ohne Pause) und welches b) Maximal-Programm bei einer Konzertgesamtdauer von ~~von~~ 9o bis 1oo Minuten (ohne Pause) er vorschlägt.

In das Programm wäre womöglich die "Japanische Festmusik" von Richard Strauss aufzunehmen, weil diese in Wien noch unbekannt ist und daher eine grosse Anziehungskraft ausüben dürfte.

Wenn in der Folge ein direkter schriftlicher Verkehr mit Herrn Ahn möglich wäre, so ersuche ich um Angabe seiner Anschrift.

1941년 9월 23일자 일독회 빈 지부의 편지. 당시 빈에서 무명인 안익태를 지휘자로 내세우면서도 이 연주회가 세간의 주목을 받을 수 있도록 유명인을 영입하자고 제안하고 있다. 이 연주회를 통해 안익태가 슈트라우스와 가까워지는 계기가 된 듯하다. 빈 연주회를 주선한 것은 슈트라우스가 아니라 일독회였음을 알 수 있다(코블렌츠 국립문서보관소 제공).

는 상황이 큰 도움이 되고 있다는 것을 정확히 간파하고 있었다. "익태는 구라파가 전화에 휩쓸려 있는 이때가 아니면 동양인 지휘자에게 무대를 제공하지 않을 것으로 보았기 때문에 절호의 찬스로 알고 주야로 활약했다"라는 김경래의 서술은 설득력이 있다.[35] 따라서 전쟁이 발발한 후 오히려 1940년대에 안익태가 눈부신 활약을 하게 된 것은 우연이 아니었다.

이런 활동상을 펼칠 수 있었던 것은 안익태가 일독회의 제안에 수동적으로 반응하는 차원을 넘어 연주활동을 위해 적극적으로 일독회 간부에게 부탁하고 제안했기 때문이다. 일독회 베를린 본부 총무 트뢰멜이 함부르크 지부 총무 베커에게 보낸 1943년 3월 12일자 편지에 이런 상황이 잘 나타나 있다.

> 베를린에 거주하고 있는 **일본 작곡가이자 지휘자인 에키타이 안**은 함부르크 지부가 관심이 있다면 **함부르크 필하모니 오케스트라와 함께 연주회를 하고 싶다는 희망을 밝혀왔습니다.** 저는 이런 안씨의 희망을 당신에게 전달하고자 합니다. 그런데 만약 이런 방향으로 행사를 계획하신다면 항상 우리를 통해서 안씨와 연락하기를 부탁드리는 바입니다. 동봉한 안씨의 팸플릿을 참고하십시오.[36]

여기서 우리는 안익태가 함부르크에서 지휘하고 싶다는 제안을 함부르크 지부에 직접 하지 않고 베를린 본부에 했음을 알 수 있다. 슈트라우스가 연주회를 주선해주었다는 지금까지의 주장과 달리 안익태는 연주회를 위해 직접 나서서 가능성을 모색했던 것이다. 또한 이 편지에서 일독회가 사업을 기획하고 총괄하는 과정과 원칙도 알 수 있다. '항상 우리를 통해' 연락하라는 부탁에서처럼 일독회 베를린 본부는 모든 일의 세부사항과 진행 과정을 파악하고 있어야 했다. 각 지부는 사업계획과 일의 진행 과정을 베를린 본부에 일일이 보고한 다음에 추진했다. 이런 원칙 때문에 독일 국립문서보관소에는 엄청난 양의 일독회 관련 문서가 소장되어 있다.

결국 안익태의 제안은 일본 대사관과 함부르크의 일본 총영사관(구로다 오토시로)의 호의적인 반응으로 4월 22일 함부르크 방송 오케스트라를 지휘하는 연주회로 성사되었다. 일독회 함부르크 지부 총무 베커가 함부르크 제국 방송국의 감독 그루페(Gustav Gruppe)에게 보낸 1943년 2월 27일자 편지에 "일본 대사관과 함부르크의 일본 총영사관 쪽에서 일본 지휘자 에키타이 안이 4월 중에 함부르크에서 연주하기를 원한다"[37]는 내용이 있다. 늘 적자를 기록했던 다른 일독회 연주회와 달리 함부르크 연주회는 554라이히스마르크의 수익을 남길 정도로 성공적이었다.[38] 연주회 후 매우 흡족했을 안익태가 4월 28일 함부르크 지부 총무 베커에게 쓴 편지를 보자.

보내는 사람: 에키타이 안

1943. 4. 28. 구스타프 프라이타크 슈트라세 15번지

친애하는 베커 박사님!

무사하게 베를린으로 다시 돌아와 함부르크에서 제게 보여주신

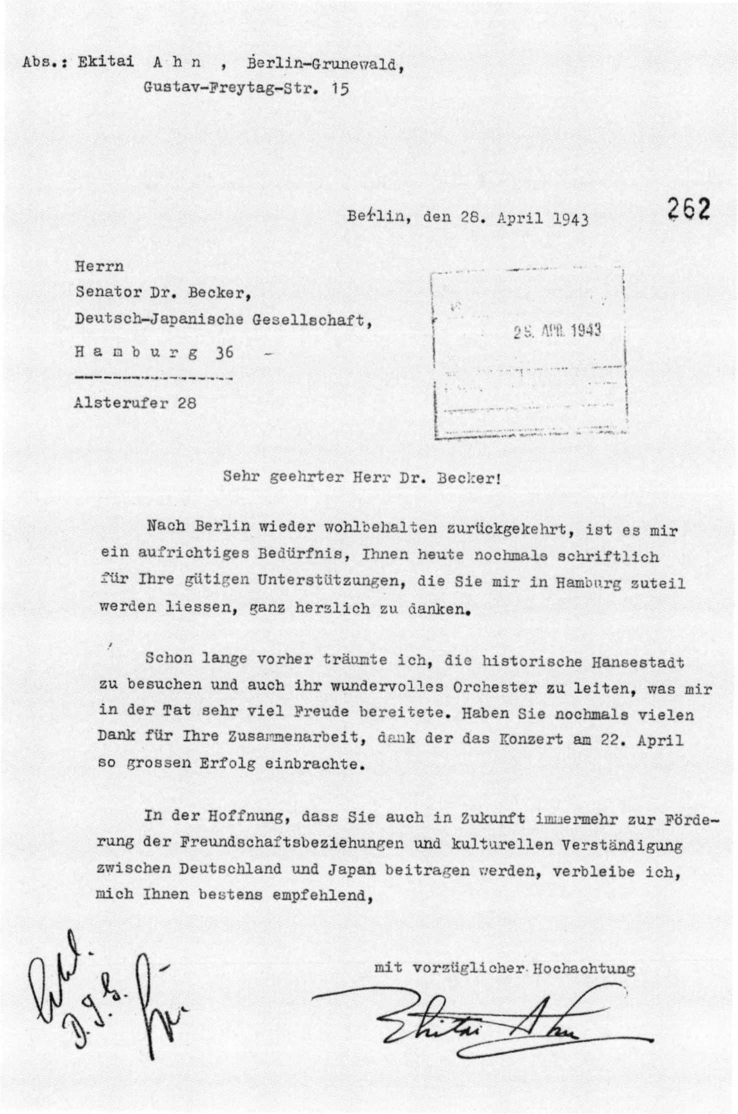

Abs.: Ekitai A h n , Berlin-Grunewald,
Gustav-Freytag-Str. 15

262

Berlin, den 28. April 1943

Herrn
Senator Dr. Becker,
Deutsch-Japanische Gesellschaft,
H a m b u r g 36 -
Alsterufer 28

29. APR. 1943

Sehr geehrter Herr Dr. Becker!

Nach Berlin wieder wohlbehalten zurückgekehrt, ist es mir ein aufrichtiges Bedürfnis, Ihnen heute nochmals schriftlich für Ihre gütigen Unterstützungen, die Sie mir in Hamburg zuteil werden liessen, ganz herzlich zu danken.

Schon lange vorher träumte ich, die historische Hansestadt zu besuchen und auch ihr wundervolles Orchester zu leiten, was mir in der Tat sehr viel Freude bereitete. Haben Sie nochmals vielen Dank für Ihre Zusammenarbeit, dank der das Konzert am 22. April so grossen Erfolg einbrachte.

In der Hoffnung, dass Sie auch in Zukunft immermehr zur Förderung der Freundschaftsbeziehungen und kulturellen Verständigung zwischen Deutschland und Japan beitragen werden, verbleibe ich, mich Ihnen bestens empfehlend,

mit vorzüglicher Hochachtung

Ekitai Ahn

구스타프 프라이타크 슈트라세 15번지에서 안익태가 일독회 함부르크 지부 총무 베커에게 보낸 1943년 4월 28일자 편지(코블렌츠 국립문서보관소 제공)

후원에 대해 박사님께 오늘 다시 한 번 글로 감사를 전하고 싶은 마음이 간절합니다.

오래전부터 저는 역사적인 한자 도시 함부르크를 방문하고 멋진 오케스트라를 지휘하는 것이 꿈이었습니다. 이 꿈을 이루게 되다니 정말 기쁩니다. 박사님의 협조가 없었다면 4월 22일 연주회는 큰 성공을 거두지 못했을 것입니다. 이에 다시 한 번 감사드립니다.

앞으로도 독일과 일본의 친선 관계를 위해, 또한 일독의 문화적 상호 이해를 위해 힘써주시리라는 희망을 가지면서.[39)]

거의 완벽한 독일어로 작성된 이 편지는 안익태가 골수 나치였던 베커 총무와 돈독한 관계를 유지하여 다시 함부르크에서 연주회를 가져보려는 의도로 보인다. 일본과 독일의 원활한 문화교류가 자신에게도 유리하게 작용한다는 것을 너무나 잘 알고 있음을 유추할 수 있다. 그러나 1943~45년까지 일독회의 사업 보고서를 보면 이후에 안익태가 다시 함부르크에서 연주회를 가졌다는 내용이 없다. 1943년 여름, 연합군의 공격으로 함부르크가 심하게 파괴되어 연주회를 제대로 열기조차 힘든 악조건이었다. 함부르크 지부의 1943년 연말 보고서에는 "1943년 8월부터 폭격으로 거의 행사 없음"으로 되어 있는 것으로 보아 다시 함부르크를 방문하고자 했던 안익태의 희망은 수포로 돌아갔다.[40)]

음악회를 제안하는 안익태의 적극성은 또 다른 사례를 통해서도 나타난다. 안익태는 〈만주국 축전곡〉을 빈에서도 지휘하기 위해 일본 대사관 문화 전문 담당관 이마이에게 일독회 빈 지부에 편지를 내달라고 부탁했다. 함부르크 연주회 때와 달리 안익태는 일독회 베를린 본부가 아닌 일본 대사관을 통해 빈 연주회를 제안했다. 다음의 편지는 빈 지부가 안익태 연주회의 진행 과정에 대해 베를린 본부에 보고한 내용이다.

> **에키타이 안은 자작곡 판타지 〈만주국 축전곡〉을 빈에서 연주하기 위해 일본 대사관 전문관 이마이를 통해 우리에게 편지를 보내도록 했습니다.** 그가 바라는 바가 이 편지에 잘 나타나 있군요. 연주회는 5월 초에 개최될 예정으로, 이때 〈만주국 축전곡〉이 베토벤 '교향곡 9번'과 함께 연주될 것이라 합니다. 하지만 이런 식의 프로그램으로 빈에서 연주하는 것은 불가능해 보입니다. 연주회장도 여유가 없을뿐더러 연주자들도 지쳐 있으므로 우리는 빈 가우(나치제국 관할령의 단위-역주)의 총책임자 시라흐와 의논한 후, 연주회는 일본제국 기원일 1943년 2월 11일로 계획하고, 프로그램은 일본 음악과 일본 작곡가들로만 구성하여 진행하기로 결정했습니다. 이에 결정된 사항을 대사관 전문관 이마이에게 연락했고, 에키타이 안과 베를린의 매니지먼트 한스 아들러, 빈의 매니지먼트에는 문서로 알렸습니다. 동시에 에키타이 안에게는 새 프로그램을 편성하여 우리에게 빨리 보내달라고 요구했습니다.[41)]

1942년 9월 18일 베를린에서 초연된 〈만주국 축전곡〉은 사실 만주국 건국 10주년을 기념하는 행사음악이므로 일본과 독일의 문화

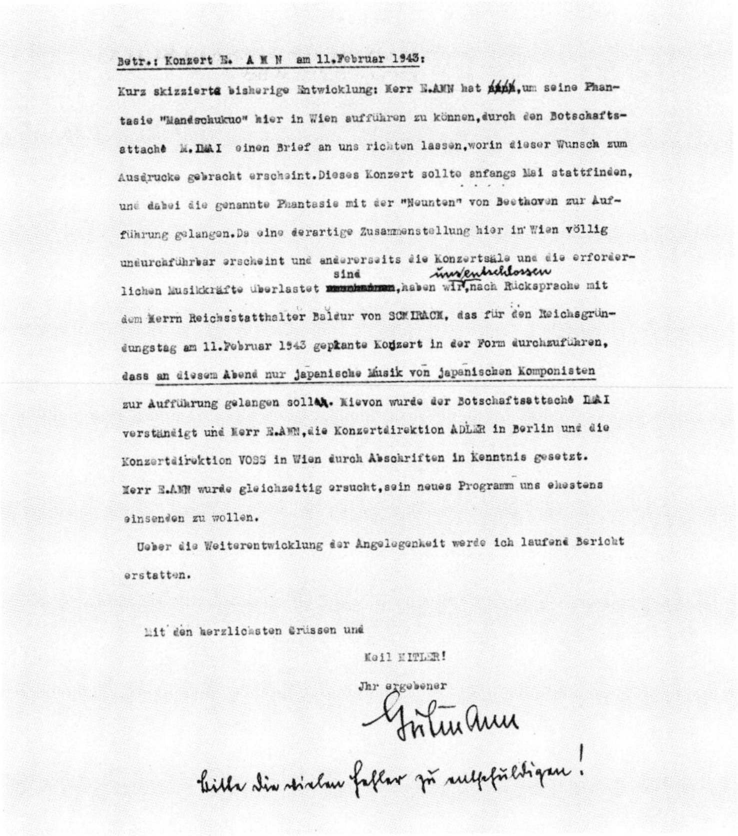

Betr.: Konzert E. A H N am 11.Februar 1943:

Kurz skizzierte bisherige Entwicklung: Herr E.AHN hat, um seine Phantasie "Mandschukuo" hier in Wien aufführen zu können, durch den Botschaftsattaché M.IMAI einen Brief an uns richten lassen, worin dieser Wunsch zum Ausdrucke gebracht erscheint. Dieses Konzert sollte anfangs Mai stattfinden, und dabei die genannte Phantasie mit der "Neunten" von Beethoven zur Aufführung gelangen. Da eine derartige Zusammenstellung hier in Wien völlig undurchführbar erscheint und andererseits die Konzertsäle und die erforderlichen Musikkräfte überlastet sind, haben wir uns entschlossen, nach Rücksprache mit dem Herrn Reichsstatthalter Baldur von SCHIRACH, das für den Reichsgründungstag am 11.Februar 1943 geplante Konzert in der Form durchzuführen, dass an diesem Abend nur japanische Musik von japanischen Komponisten zur Aufführung gelangen soll. Hievon wurde der Botschaftsattaché IMAI verständigt und Herr E.AHN, die Konzertdirektion ADLER in Berlin und die Konzertdirektion VOSS in Wien durch Abschriften in Kenntnis gesetzt. Herr E.AHN wurde gleichzeitig ersucht, sein neues Programm uns ehestens einsenden zu wollen.

Ueber die Weiterentwicklung der Angelegenheit werde ich laufend Bericht erstatten.

Mit den herzlichsten Grüssen und

Heil HITLER!

Ihr ergebener

Bitte die vielen Fehler zu entschuldigen!

안익태가 〈만주국 축전곡〉을 빈에서 다시 지휘하기 위해 일본 대사관 관료 이마이에게 부탁했다는 내용이 들어 있는 1942년 12월 2일자 일독회 빈 지부 총무의 편지(코블렌츠 국립문서보관소 제공)

교류를 위한 연주회에서 연주될 기회는 적었을 것이다. 따라서 안익태는 자신을 위해서뿐만 아니라 만주국 관료인 친구 에하라를 위해서도 이 작품을 다시 지휘하고자 노력했던 듯싶다. 이것은 만주국의 존재를 강연이나 영화를 통해서 알리는 데 주력하는 에하라를 돕는 일이기도 했다.■ 이때 일본 대사관 관료 이마이를 통해 연주회를 제안한 것은 행사를 위해 일본 대사관의 동의나 지원이 필요했음을 의미한다. 그리고 연주회 일정을 일본제국 기원일인 2월 11일로 정한 것도 같은 맥락으로 보인다. 연주회에는 당시 빈에 체류 중이던 슈트라우스도 참석하여 에하라에게 우정을 표현하고 안익태에게 힘을 실어주었다.

이러한 안익태의 적극성은 단순히 일독회를 통해 연주할 기회를 많이 만들려는 정도에 머물지 않는다. 그는 연주회에 초대할 손님도 직접 제안하면서 일본 총영사의 칭찬을 받기도 한다. 일독회 빈 지부 총무의 1942년 1월 19일자 편지를 보자.

> 오늘 저는…… **안씨의 제안대로 초대되어야 할 사람의 명단을 베를린 본부**에 제시하고자 합니다. 이에 대해 일독회 회장님의 동의를 받아주기를 부탁드립니다. **여기 빈 주재 일본 천황제국의 총영사관은 이에 대해 알고 있으며, 안씨의 부탁을 매우 호의적으로 받아들였습니다.**
>
> 만약 일본 대사 오시마 장군이 연주회 초대에 응하게 될 경우, 비공식적인 방문을 위한 프로그램을 편성해보기를 바랍니다. 이럴 경우 일독회 빈 지부가 주인 역할을 하게 되기 때문이지요.[42]

■ 에하라는 1939년 6월 1일 마크데부르크에서 개최된 '일본 문화의 밤'에 참석하여 만주에서 온 손님들을 인도했고, 1941년 2월 24일 빈에서 '만주국의 외교관계'에 대해 영화 상영과 함께 강연했다. BA Kobl R 64 IV/208권, 119면.

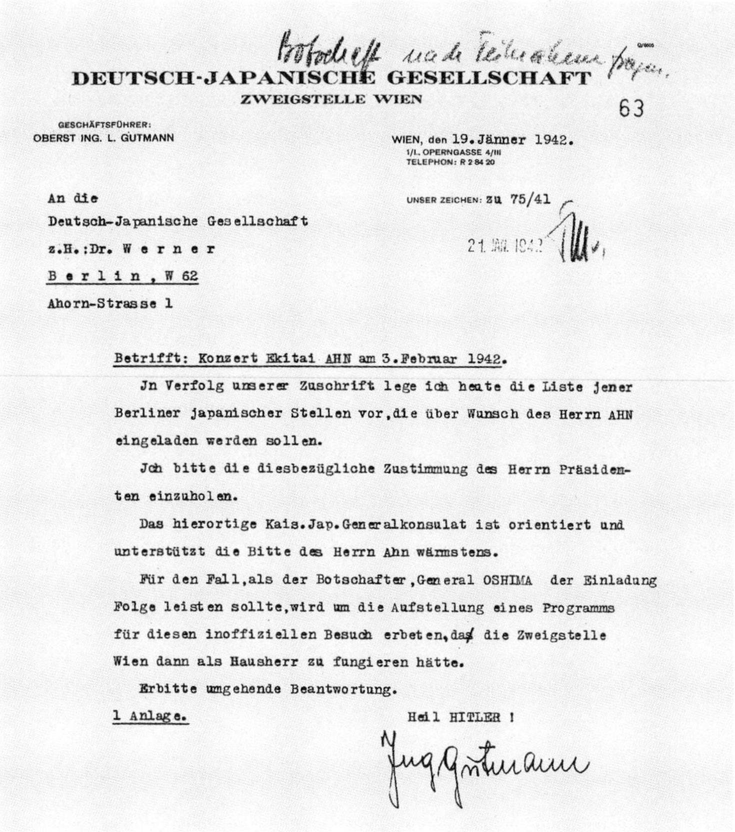

DEUTSCH-JAPANISCHE GESELLSCHAFT
ZWEIGSTELLE WIEN

63

GESCHÄFTSFÜHRER:
OBERST ING. L. GUTMANN

WIEN, den 19. Jänner 1942.
I/I. OPERNGASSE 4/III
TELEPHON: R 2 84 20

An die
Deutsch-Japanische Gesellschaft
z.H.: Dr. W e r n e r
B e r l i n , W 62
Ahorn-Strasse 1

UNSER ZEICHEN: zu 75/41

21. JÄN. 1942

Betrifft: Konzert Ekitai AHN am 3. Februar 1942.

Jn Verfolg unserer Zuschrift lege ich heute die Liste jener Berliner japanischer Stellen vor, die über Wunsch des Herrn AHN eingeladen werden sollen.

Jch bitte die diesbezügliche Zustimmung des Herrn Präsidenten einzuholen.

Das hierortige Kais. Jap. Generalkonsulat ist orientiert und unterstützt die Bitte des Herrn Ahn wärmstens.

Für den Fall, als der Botschafter, General OSHIMA der Einladung Folge leisten sollte, wird um die Aufstellung eines Programms für diesen inoffiziellen Besuch erbeten, das die Zweigstelle Wien dann als Hausherr zu fungieren hätte.

Erbitte umgehende Beantwortung.

1 Anlage.

Heil HITLER !

Ing. Gutmann

일독회 빈 지부 총무가 베를린 본부에 보낸 1942년 1월 19일자 편지. 초청자 명단을 작성한 안익태의 제안을 일본 총영사관이 호의적으로 받아들였다는 내용이 쓰여 있다(코블렌츠 국립문서보관소 제공).

이때 직접 작성한 초청자 명단은 현재 남아 있지 않아 정확하게 파악할 수는 없다. 하지만 편지의 맥락상 일본 대사 오시마의 초대에 대한 이야기가 바로 언급되는 점으로 미루어 보아 안익태가 제안한 초청자 명단에 오시마도 포함되어 있을 가능성도 배제할 수 없다. 일본 총영사가 안익태의 제안에 호의적이었다는 것은 이런 정치적 연주회를 통해 총영사가 얻고자 하는 것을 안익태가 잘 간파하고 있었음을 암시하며, 안익태의 정치적 감각도 탁월하다는 것을 간접적으로 시사해준다.

하지만 일독회는 외적으로 분명하게 정치적 의도가 드러나는 연주회만 기획한 것은 아니었다. 안익태가 지휘한 1943년 8월 18일 베를린 필하모니의 여름 심포니 콘서트(Sommerliche Sinfoniekonzerte)와 같은 비정치적으로 보이는 행사에도 관여했다. 이 연주회 프로그램에는 일독회가 전혀 드러나 있지 않지만, 일독회의 소장 문서를 보면 일독회 베를린 본부 총무가 이 연주회를 위해 오케스트라 단장 베스터만과 교섭했음을 알 수 있다. 일독회의 트뢰멜이 베스터만에게 쓴 1943년 4월 5일자 편지를 보자.

> 우리가 지난번 사쿠마 각하 댁에서 마지막으로 만났을 때, 베를린 필하모니 오케스트라의 다음 연주 시즌에 고노에 백작과 에키타이 안을 넣어보겠다고 제게 말씀하셨지요. 고노에 백작은 독일 적십자 행사 연주회를 6월쯤에 베를린 필하모니와 하고 싶다고 했고, 제가 알기로 에키타이 안은 겨울 프로그램에 지휘하는 것을 더 바라는 것 같습니다.[43)]

음악적으로 고노에보다 안익태를 더 높이 평가했던 베스터만은 1943년 여름 시즌에 일본인 두 사람이 모두 지휘하는 것은 어렵다며 결국 안익태 연주회 하나만 성사시켰다. 안익태가 고노에를 경쟁에서 물리친 결과였다. 이에 일독회 총무는 1944년에라도 고노에가 베를린 필하모니를 지휘할 수 있도록 해달라는 부탁을 했지만[44] 이루어지지 않았다.

지금까지 서술에서 보았듯이 일본과 독일의 동맹관계로 인한 일독회의 문화행사가 안익태의 음악활동의 중요한 부분이 되었다. 적어도 증거 자료가 확보된 독일 내에서의 음악회는 모두 일독회와 관련이 있다. 그런데 1954년 버전 〈코리아 판타지〉 악보에 안익태가 자필로 기록한 독일 내 연주 장소도 빈,■ 하노버, 함부르크, 베를린, 프라이부르크다. 아직 확인되지 않은 프라이부르크를 제외하고 모두 안익태가 지휘한 일독회 연주회 장소와 일치한다. 게다가 안익태 재단이 소장하고 있는 안익태의 드보르자크 악보와 슈베르트 악보, 바그너 악보 등의 자필 연주회 기록은 장소뿐 아니라 연주 일자도 일독회의 문서 정보와 일치한다.[45] 그렇다면 독일 내에서 있었던 안익태 연주회는 이것 외에 다른 것이 없었을 가능성을 암시한다. 그런데 무엇보다도 이 장소에서 안익태는 〈코리아 판타지〉를 한 번도 지휘하지 않았기 때문에 1954년 〈코리아 판타지〉 악보의 자필 기록은 의미심장한 문제를 제기한다. 이 모순점은 다음 장에서 자세히 다룰 것이다.

1941년 10월까지 부다페스트에 근거를 두고 활동하던 안익태가 일본으로 돌아가지 않고 유럽에서 음악활동을 계속하기 위해 선택

■ 1938년 히틀러가 오스트리아를 독일제국에 합병시킨 후 빈은 독일의 도시로 편입되었다.

한 장소는 베를린이었으며, 이곳의 일독회가 그의 계획을 실현하는 데 기여했던 것으로 보인다. 일본과 독일의 권력자들 가까이 있었던 고노에의 연주활동에 비하면 양적으로 비교가 되지 않지만, 음악적인 차원에서 안익태는 고노에와 경쟁될 정도로 일독회의 중요한 지휘자였다. 그러나 전쟁이 아니었다면 이러한 비교조차도 할 수 없었을뿐더러 음악적 캐리어도 아주 다른 형태를 띠었을 것이 분명하다.

안익태가 일독회 함부르크 지부 총무에게 보낸 거의 완벽한 독일어 편지, 안익태 홍보용 팸플릿에 실린 안익태의 잘생긴 전성기 사진, 빈에서 〈만주국 축전곡〉을 다시 지휘하고자 안익태가 일본 대사관 관료 이마이에게 부탁했다는 내용이 쓰여 있는 일독회 총무의 편지, 베를린 필하모니 오케스트라 단장이 고노에보다 안익태를 예술적으로 더 인정한다는 편지…….

아! 이런 일들이 있었구나. 어차피 나치 독일에서 지휘를 하려면 일본인으로 활동할 수밖에 없었다는 것은 예상한 일이었다. 그러나 나치 문서 속에 잠자고 있는 안익태의 흔적은 예상했던 것보다 더 흥미롭고 두려운 것이었다.

3. 일본 음악가로서 안익태의 문화·정치적 역할

제2차 세계대전 중 독일, 일본, 이탈리아의 3국 동맹의 강한 결속력을 문화행사를 통해 선전하는 것은 일독회의 중요 임무였다. 1941년 3월 3일자 편지에서 일독회 베를린 본부 총무가 동경에 있는 작곡가 오타카에게 "지금 일본 음악에 대한 관심이 꾸준히 증가하고 있습니다"[46]라고 쓰고 있듯이, 점점 심해지는 연합군의 폭격으로 방공호에 대피해야 하는 상황이 비일비재한 시기에 일본의 문화적 브랜드 가치는 치솟고 있었다. 독일 내에서의 음악활동을 염원했던 안익태가 1941년 7월 베를린 본부가 주관하는 연주회에서 지휘했을 때 자신의 음악적 미래를 위해 일독회 간부들과 적극적으로 교섭했으리라는 것은 쉽게 추측해볼 수 있다.

따라서 같은 해 10월 헝가리의 일본 공사관의 종용에도 불구하고 단호한 태도를 보이며 일본으로의 귀국을 유보한 것은 안익태가 당시 최고 막강한 나라 독일에서 음악적 성공을 꾀할 수 있는 절호의 기회를 포착했기 때문일지도 모른다. 그가 부다페스트를 떠나 베를린으로 완전히 근거지를 옮긴 때는 1941년 10월 이후[47]로 추정되는데, 이때는 일본의 태평양전쟁 발발로 미국의 참전과 3국의 군사동맹이 체결되어 일본에 대한 문화·정치적 관심이 최고조에 이를 때였다.

상황이 이렇다 보니 일독회의 전속 지휘자인 고노에 한 사람만으로는 증가하는 음악회 행사의 수요를 효과적으로 진행하기 힘들었을 것이다. 일본 지휘자의 희소가치 때문에라도 일독회의 입장에서 안익태의 존재는 이용 가치가 컸다. 이런 맥락에서 안익태가 개인으로서보다는 일본 음악가로서의 문화·정치적 역할이, 즉 그의 기능이 중요했다. 그는 고노에의 작품명과 똑같은 〈에텐라쿠〉를 작곡하고 또 베토벤, 〈에텐라쿠〉, 시벨리우스 등 고노에와 차별되지 않는 레퍼토리로 연주회를 가졌다. 음악가로 인정받고 싶은 지휘자에게 자신의 정체성이 약한 것은 치명적이지만, 고노에와 같은 역할을 수행하도록 되어 있던 안익태가 그의 레퍼토리와 유사하게 프로그램을 편성한 것은 이해될 만한 일이었다.[48] 물론 안익태가 독일에서 가진 연주회 횟수는 고노에에 비하면 양적으로 비교가 되지 않을 정도로 적었던 것은 사실이다.

결론적으로 일본 음악가로서의 안익태의 문화·정치적 역할은 크게 두 가지로 정리해볼 수 있다.

첫째, 안익태는 동맹국의 문화교류 행사에서 일본의 대표 음악가로 참석했다. 지금까지 확보한 자료에 의하면 연도는 불확실하지만, 로마에서 3국의 대표 음악가가 모인 자리에 일본 대표로는 안익태, 이탈리아에서는 세라피니,[49] 독일에서는 파울리가 대표로 참석했다.[50] 고노에는 정치적 영향력에 어울리게 안익태보다 3국 동맹 문화행사에 더 자주 참여한 흔적을 남기고 있다. 예를 들면 1942년 4월 27일 포즈나뉴에서 독일, 이탈리아, 일본 3국의 특별 연주회를 지휘했고, 12월 14일 폴란드의 남부 도시 카토비체의 3국 동맹 연주회에서 일본 대표로 지휘했다.[51]

339

Ekitai Ahn

Japanischer Komponist und Dirigent

„Tempo":

. . . . Ekitai Ahn ist ein außerordentlich begabter japanischer Komponist und Dirigent und wird der Toscanini Japans genannt . . . .

Er hat in Berlin, Rom, Wien, Budapest, Bukarest, New York, Philadelphia und anderen Orten die Sinfonie-Orchester dirigiert und hatte überall großen Erfolg . . . .

. . . . Herr Ahn studierte Cello an der Musik-Akademie in Tokio und studierte außerdem Kompositionslehre und Dirigieren bei Ernst von Dohnanyi, Zoltan Kodaly und anderen Meistern . . . .

Ekitai Ahn und Wiener Symphonie-Orchester

Richard Strauß   Ekitai Ahn

Maestro Ahn (Japan)   Maestro Pauli (Deutschland)   Maestro Serafini (Italien)

1942년 안익태 홍보용 팸플릿 첫 장. 하단에 안익태가 일본 대표로 참석한 로마의 3국 대표 음악가 모임 때 찍은 사진이 있다. 왼쪽부터 안익태, 독일의 파울리, 그리고 맨 끝이 이탈리아의 세라피니이다(코블렌츠 국립문서보관소 제공).

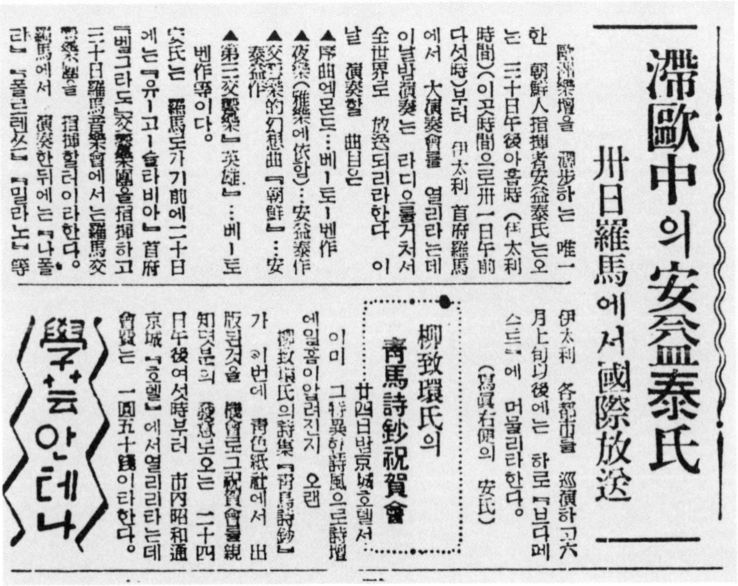

滯歐中의 安益泰氏

卅日羅馬에서國際放送

歐洲樂壇을 濶步하는 唯一한 朝鮮人指揮者安益泰氏는오는 三十日午後아홉時 (伊太利時間)(이곳時間으로卅一日午前다섯時)부터 伊太利 首府羅馬에서 大演奏會를 열리라는데 이날밤演奏는 라디오를거처서 全世界로 放送되리라한다 이날 演奏할 曲目은

▲序曲에몬드…베ー토ー벤作

▲夜樂(雅樂에依함)…安益泰作

▲交響樂的幻想曲『朝鮮』…安益泰作

▲第三交響樂『英雄』…베ー토ー벤作等이다。

安氏는 羅馬도가기前에二十日에는『유ー고ー슬라비아』首府『벨그라드』交響樂團을指揮하고 三十日羅馬音樂會에서는羅馬交響樂團을 指揮할터이라한다。 羅馬에서 演奏한뒤에는『나폴리』『폴로렌쓰』『밀라노』等 伊太利 各都市를 巡演하고六月上旬以後에는 하로『브다페스트』에 머물리라한다。

(寫眞右便의 安氏)

柳致環氏의

靑馬詩鈔祝賀會

廿四日밤京城호텔서

이미 그特異한詩風으로詩壇에일홈이알려진지 오랜 柳致環氏의詩集『靑馬詩鈔』가 이번에 靑色紙社에서 出版된것을 機會로그祝賀會를親知던분의 發起로오는 二十四日午後여섯時부터 市內昭和通京城『호텔』에서열리리라는데 會費는 一圓五十錢이라한다。

學藝안테나

〈조선일보〉 1940년 4월 24일자 기사. 이 기사에 전 세계로 방송되는 로마 연주회에 안익태가 참여하여 〈야악(아악에 의함)〉과 심포니적 환상곡 〈조선〉을 연주한다고 보도되어 있다.

1940년 4월 23일자 〈동아일보〉에 안익태가 "로마 방송교향악단을 지휘할 터인데 이것은 전 세계 각국까지 중계방송"이 될 계획이라는 보도가 있고, 4월 24일자 〈조선일보〉에는 "오는 30일…… 이탈리아 수도 로마에서 대연주회를 열리라는데 이날 밤 연주는 라디오를 거쳐서 전 세계로 방송되리라 한다"[52]라는 보도 내용은 이 연주회가 3국의 음악교류 행사가 아닌지, 따라서 정치적인 이슈 때문에 세계인의 관심을 끌지 않았는지 의문이 든다. 어떤 특별한 계기가 아니고서 유명하지도 않은 안익태의 연주회를 전 세계적으로 방송한다는 것이 설득력 없기 때문이다. 또한 4월 30일이 천황의 생일이었다는 점으로 미루어 이 연주회가 단지 〈조선일보〉와 〈동아일보〉에서 보도하는 것처럼 순수하게 안익태의 재능을 십분 발휘하도록 기획된 음악회가 아니라 일본, 독일, 이탈리아의 권력자를 중심에 둔 정치적인 행사였을 가능성이 크다.

이런 행사 연주회는 3국 동맹의 체결을 매년 기념할 때 반복되었으므로, 안익태는 1943년■까지 매년 로마에서 지휘했을 가능성이 높다. 김경래의 《안익태의 영광과 슬픔. 코리아 판타지》에도 안익태가 1943년까지 매해 로마에 지휘하러 갔으며, 특히 42년에는 무솔리니로부터 격찬을 받았다고 서술되어 있다.

> 1942년 3월 익태는 이태리의 최고 통치자 무솔리니로부터 격찬을 받았다. 로마 심포니의 정기 연주회에 객원지휘자로서 초빙되어 〈코리아 팬터지〉와 베에토오벤의 〈영웅〉 등을 지휘하였을 때였다. 발코니 귀빈석에 처음부터 와서 앉아 있는 VIP한복판에 '애국적 독재자'라 자처하는 무솔리니가 그의 애첩과 함께 익태의 지휘를 감상하고 있었다…… 익태가 나타나자 무솔리니는 손을 쑥 내밀면서 악수를 요청.
>
> "위대한 일본이 낳은 교향악 지휘자시여…… 오늘 밤 그대의 성공을 축하하는 바이요"
>
> 이러면서 굳은 악수를 교환했다.
>
> '…… 일본이 낳은 ……'

■ 1943년 7월에 무솔리니 정권이 붕괴하자 이탈리아는 3국 동맹에서 탈퇴했다.

> 익태는 이 대목이 몹시 언짢았다. 분노가 치밀어 오름을 직감했으나 그게 전혀 무솔리니의 잘못이 아니라는 점을 이해하고 참았다.[53)]

진실과 왜곡이 공존하는 이 글을 읽으면 안익태가 3국 동맹 연주회에 일본 대표로 참석하여 무솔리니와 악수를 했을 거라고 충분히 추측할 수 있다. 하지만 이때 〈코리아 판타지〉가 프로그램에 포함되어 있다는 점은 사실과 거리가 먼 듯하다.

음악가 김동진도 1976년 안익태 서거 11주년을 맞이하여 고인을 회고하면서 안익태가 3국 동맹과 관련된 연주회에서 지휘한 것을 언급하고 있다.

> 그의 외국에서의 활동상은 신문을 통하여 알고 있었고, 또 내가 만주신경 교향악단에 근무하고 있을 때 일본기원 기념연주를 독일에서 일, 독, 이 3국의 동맹국들의 축하 연주회에서 안 선생이 자기 작품을 지휘하는 영화를 보아 그가 지휘자로서 활약하고 있음을 알았다.[54)]

수십 년이라는 시간 앞에서 회고의 진실성이 완전히 투명할 수는 없지만 적어도 김동진의 회고는 중요한 사실을 암시하고 있다. 안익태가 전시 중인 유럽에서 자신의 작품을 지휘하는 문화영화가 멀리 만주에까지 알려졌다는 사실은 그의 프로파간다 역할이 얼마나 컸는지를 입증한다. 회상을 근거로 한 주장에는 한계가 있지만 김동진의 회고를 정리해보면, 일본 황국 기원 2600년 기념 연주회가 있었던 1940년에 안익태는 3국 동맹의 축하 연주회를 지휘했다. 물론 지금까지 안익태를 촬영한 문화영화는 1942년 9월 18일 만주국 건립 10주년 기념 연주회뿐이므로 김동진이 본 영화가 이것인지 아니면 또 다른 선전영화가 있었는지 그 여부는 현재로서는 알 수 없다.

일독회의 문서는 독일 내의 행사만 보고하고 있으므로 독일 점령지나 동맹국에서 안익태의 음악활동에 대한 자세한 언급은 찾아볼 수 없다. 하지만 일본 영사관이 주재하는 불가리아, 루마니아, 헝가리에서의 순회 연주회에서도 안익태는 고노에와 마찬가지로 일본의 '음악 대사(大使)'로서의 역할을 수행했으리라는 것은 쉽게 추측된다. 그의 연주회가 성공적일수록 일본제국은 더욱 좋은 인상을 남겼을 것이다.

둘째, 안익태는 일독회가 기획한 연주회를 통해 독일 내의 프로파간다 정책에도 기여하였다. '전쟁빈민구제사업(Winterhilfswerk, WHW)'의 일환으로 열린 1942년 3월 12일 빈 연주회가 좋은 예다. 전쟁빈민구제사업은 전쟁으로 인한 독일 국민의 손실을 메우고자 기획된 복지사업인데, 피해를 본 시민들의 불편과 불평을 해소하여 결과적으로 정부에 지지를 보내도록 선전하는 것이 주목적이었다. 나치가 지배하는 독일에서 음악가들은 모두 이런 종류의 행사에 참여할 수밖에 없었다. 베를린 필하모니도 이와 비슷한 연주회를 다수 개최했는데, 1940년 3월 '빈민구제사업'을 위한 특별 연주회를 갖고, 38~39년에는 프로파간다 단체인 '기쁨을 통한 힘(Kraft durch Freude, KdF)' 행사 연주회를 7회, 39~40년에는 4회 가졌다. 독일 패망을 앞둔 45년 3월까지도 베를린 필하모니는 히틀러 유겐트

(Hitler Jugend) 군인을 위한 연주회를 통해 나치의 정책에 힘을 보탰다.[55)]

그런데 일독회 빈 지부가 남긴 연주회 재정 서류를 보면 안익태의 지휘 사례금이 500라이히스마르크, 호텔 비용이 150라이히스마르크, 세 차례 리허설을 바탕으로 한 빈 심포니 오케스트라 사례금이 3,400라이히스마르크, 그리고 전쟁빈민구제사업 기관에 보내야 할 액수가 500라이히스마르크 등 전체 지출이 5,100라이히스마르크로 책정되었다.

반면 연주회 입장표에서 산출되는 예상 판매액을 1,100라이히스마르크, 빈의 방송국 보조금이 125라이히스마르크, 총수입은 1,225라이히스마르크로 예상했다. 수입에 비해 지출이 3,875라이히스마르크가 많은 적자 연주회를 계획한 것이다.[56)] 다시 말해 일독회 연주회는 비용의 3분의 2를 정부 보조금으로 받아 빈민구제사업에 헌금한 셈인데, 특별한 이유 없이 이런 연주회를 기획하지 않았을 것이다. 나치당이나 정부 차원에서도 연주회를 하지 않고 3,800라이히스마르크 이상의 정부 보조금을 바로 빈민구제사업으로 돌리면 더 큰 지원을 할 수 있는데도 그렇게 하지 않은 이유는 무엇일까?

이 연주회로 얻을 수 있는 것은 금액으로 환산하기 힘든 정치적인 프로파간다에 목적이 있기 때문임을 쉽게 예상할 수 있다. 연주회 행사를 통해 얻는 프로파간다 효과를 생각해보면 첫째, 일본 대사를 비롯하여 동맹국의 일본 손님들과 나치당, 국방부의 간부들이 모여 교제하고 일본 음악과 독일 음악의 교류를 통해 동맹국 간의 유대감을 과시할 수 있다. 둘째, 나치당과 나치 정부의 관료들은 국민의 어

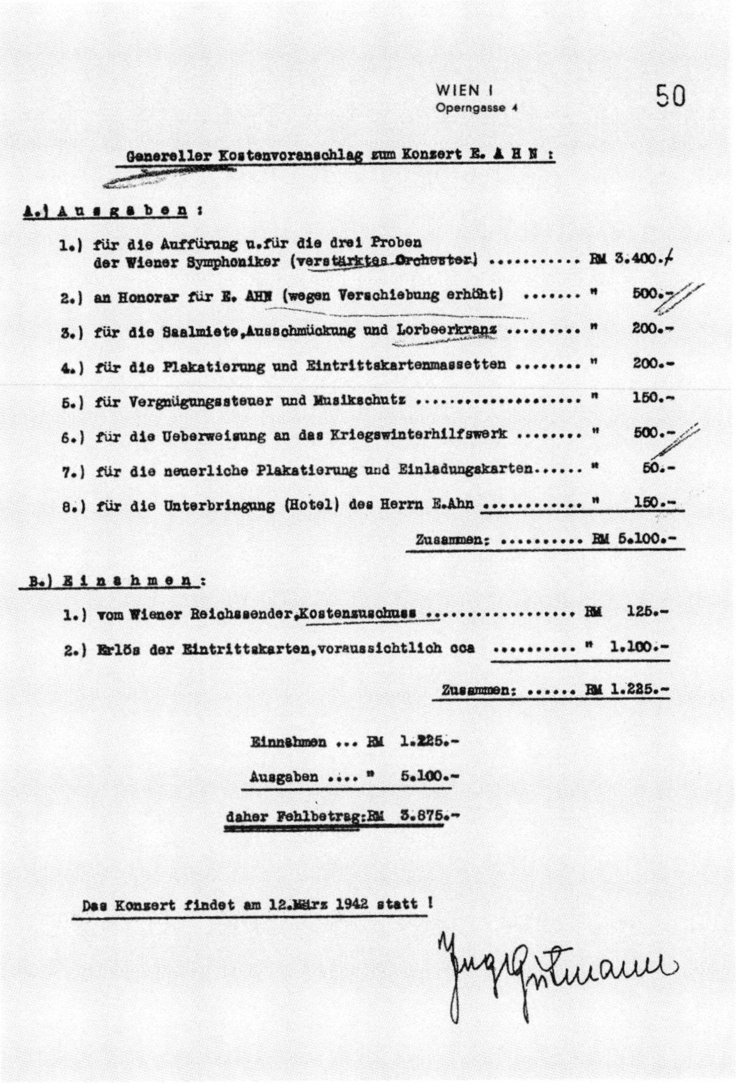

WIEN I
Operngasse 4

50

Genereller Kostenvoranschlag zum Konzert E. A H N :

A.) Ausgaben:

1.) für die Auffürung u.für die drei Proben der Wiener Symphoniker (verstärktes Orchester) .... RM 3.400.-

2.) an Honorar für E. AHN (wegen Verschiebung erhöht) .... " 500.-

3.) für die Saalmiete,Ausschmückung und Lorbeerkranz .... " 200.-

4.) für die Plakatierung und Eintrittskartenmassetten .... " 200.-

5.) für Vergnügungssteuer und Musikschutz .... " 150.-

6.) für die Ueberweisung an das Kriegswinterhilfswerk .... " 500.-

7.) für die neuerliche Plakatierung und Einladungskarten...... " 50.-

8.) für die Unterbringung (Hotel) des Herrn E.Ahn .... " 150.-

Zusammen: .... RM 5.100.-

B.) Einahmen:

1.) vom Wiener Reichssender,Kostenzuschuss .... RM 125.-

2.) Erlös der Eintrittskarten,voraussichtlich cca .... " 1.100.-

Zusammen: ...... RM 1.225.-

Einnahmen ... RM 1.225.-

Ausgaben .... " 5.100.-

daher Fehlbetrag: RM 3.875.-

Das Konzert findet am 12.März 1942 statt !

안익태의 1942년 3월 12일 빈 연주회 재정 예산서. 예상되는 수입보다 지출이 3배 이상임에도 연주회를 개최한 것은 금액으로 환산하기 힘든 프로파간다의 가치가 있었기 때문으로 보인다(코블렌츠 국립문서보관소 제공).

려움을 돕기 위해 노력하고 있다는 메시지를 줄 수 있다. 셋째, 독일 혼자서 외롭게 적군과 싸우고 있는 것이 아니라 먼 동양의 일본도 함께하고 있다는 암시를 독일 국민들에게 각인시켜 전쟁을 승리로 이끌자는 의지를 전달할 수 있다. 넷째, 연주회 표를 구입한 국민들에게 이러한 행사를 통해 빈민구제사업 정책을 지지하고 있다는 자부심을 줄 수 있다. 이것은 국민들의 참여로 자신들의 정책이 역동적인 나치 '운동'이 되기를 바라는 나치 지도부의 의도에도 부합하는 것이다.

일독회의 행사 연주회를 직접 제안하는 안익태의 적극성이 말해주듯이, 그는 자신의 음악이 정치적 목적을 위해 사용되는 것을 긍정적으로 받아들였을 것이다. 이런 정치적 음악행사를 통해 일본과 독일의 권력층과 접촉함은 물론, 슈트라우스와 같은 대가와 교류하게 되니 그 장점에 대해서는 두말할 필요가 없을 것이다. 안익태가 전쟁 프로파간다를 위한 조직인 일독회의 신뢰를 받았다는 점은 그의 음악적 캐리어를 전쟁과는 별개로 생각하기 힘들다는 것을 의미한다.

이러한 안익태의 음악활동은 일독회는 물론 일본 대사관에 보고됨과 동시에 괴벨스의 선전국의 통제를 받았다. 모든 외국인 연주활동은 원칙적으로 사전에 선전국의 허가가 있어야 하기 때문이다(물론 나치 정책이 항상 일관되게 실행되지는 않았다). 나치제국에서 활동하는 모든 음악가들처럼 안익태도 1943년 7월 24일, 제국음악협회의 회원으로 등록되었는데, 이는 그가 독일에서 한두 번 연주하는 초청 음악가로 여겨지지 않고 정식으로 음악활동을 하는 직

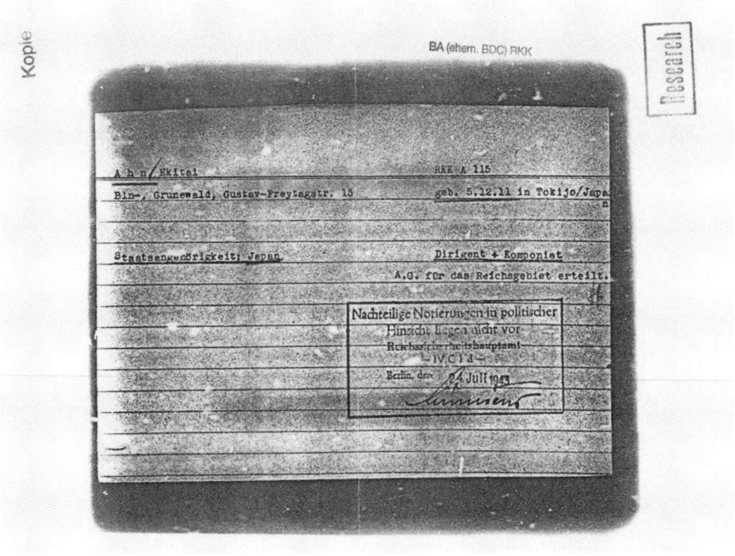

Kopie

BA (ehem. BDC) RKK

Research

A h n/Ekitai RKK A 115

Bln-, Grunewald, Gustav-Freytagstr. 15 geb. 5.12.11 in Tokijo/Japa

Staatsangehörigkeit: Japan Dirigent + Komponist

A.G. für das Reichsgebiet erteilt.

Nachteilige Notierungen in politischer
Hinsicht liegen nicht vor
–IV C 1 a–
Berlin, den 24. Juli 1943

안익태의 제국음악협회 회원 증명서. 1943년 7월 24일로 협회의 회원이 되었으며 출생지는 일본 동경으로 되어 있다. 또한 "정치적으로 부정적인 보고가 없음"이라는 담당자의 확인이 명시되어 있다(베를린 국립문서보관소 제공).

업 음악가임을 공적으로 증명해주는 증서나 매한가지였다. 외국인으로서 제국음악협회 회원이 되기 위해서는 매우 까다로운 절차를 거쳐야 하지만 안익태의 회원 증명서에 "정치적으로 부정적인 보고가 없음"[57]으로 기록된 점으로 미루어 일본 대사관이나 일독회 소속 나치 간부의 확실한 추천이나 신뢰가 있었음을 짐작해볼 수 있다.

지금까지의 서술을 정리해보면, 안익태가 독일에서 음악활동을 하기 위해서 선택한 것은 나치 기관이자 일본제국의 협력단체인 일독회의 행사에서 자신을 일본 음악가로 내세우며 음악을 정치적인 도구로 사용하는 방법이었다. 하지만 그동안 안익태 전기나 미망인의 회고록, 자필 문서, 사진 등의 자료에서 일독회의 존재는 한 번도 드러나지 않았다. 당연한 일일지도 모른다. 안익태가 일독회와 긴밀하게 연계했다는 점은 전쟁이 끝난 후 국내외에서 음악가로 활동을 계속하려는 그에게 불리한 과거였기 때문이다.

김경래의 안익태 전기에는 안익태가 나치 독일에서 슈트라우스의 제자로 함께 활동했기 때문에 1947년 미국 입국이 거부되었다[58]고 서술되어 있다. 당시 슈트라우스가 나치 혐의를 받고 있는 상태였으므로 그럴듯하게 들릴지 모르나 슈트라우스의 제자였다는 이유만으로 이런 불리한 대우를 받는다는 것은 이해하기 힘들다. 오히려 일독회에서 활동한 경력은 나치 혐의를 받기에 확실한 근거가 되었을 것이다. 미국에서 음악활동을 하기 위해 일독회의 과거를 숨겨야 했듯이 한국의 음악인으로 국내에서 활동하고 영향력을 가지려면 일본과의 관계는 없었던 것으로 해야 했기 때문이었으리라.

Ⅳ. 환상

심포니적 판타지 〈코리아 판타지〉의 수수께끼

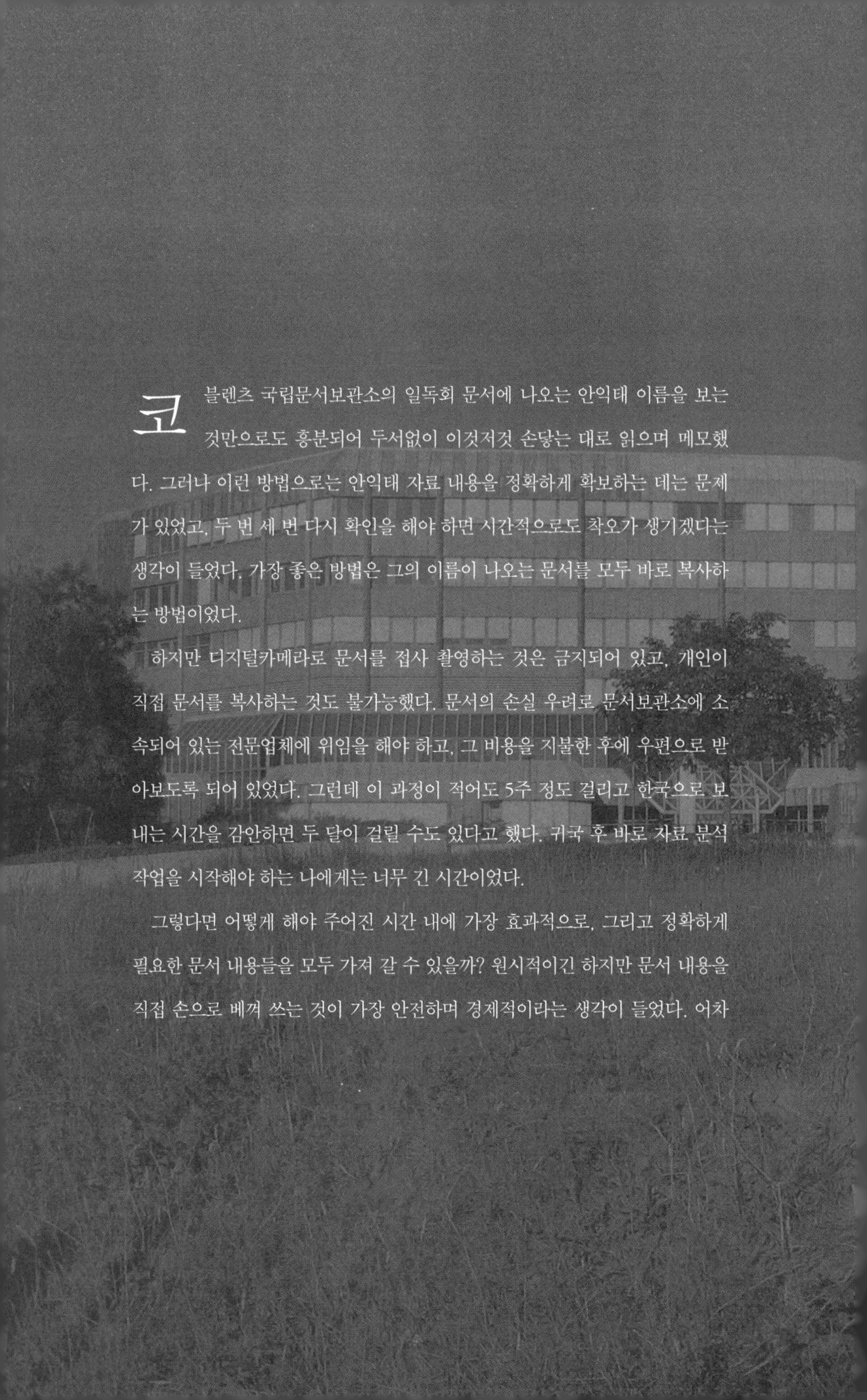

코블렌츠 국립문서보관소의 일독회 문서에 나오는 안익태 이름을 보는 것만으로도 흥분되어 두서없이 이것저것 손닿는 대로 읽으며 메모했다. 그러나 이런 방법으로는 안익태 자료 내용을 정확하게 확보하는 데는 문제가 있었고, 두 번 세 번 다시 확인을 해야 하면 시간적으로도 착오가 생기겠다는 생각이 들었다. 가장 좋은 방법은 그의 이름이 나오는 문서를 모두 바로 복사하는 방법이었다.

하지만 디지털카메라로 문서를 접사 촬영하는 것은 금지되어 있고, 개인이 직접 문서를 복사하는 것도 불가능했다. 문서의 손실 우려로 문서보관소에 소속되어 있는 전문업체에 위임을 해야 하고, 그 비용을 지불한 후에 우편으로 받아보도록 되어 있었다. 그런데 이 과정이 적어도 5주 정도 걸리고 한국으로 보내는 시간을 감안하면 두 달이 걸릴 수도 있다고 했다. 귀국 후 바로 자료 분석 작업을 시작해야 하는 나에게는 너무 긴 시간이었다.

그렇다면 어떻게 해야 주어진 시간 내에 가장 효과적으로, 그리고 정확하게 필요한 문서 내용들을 모두 가져 갈 수 있을까? 원시적이긴 하지만 문서 내용을 직접 손으로 베껴 쓰는 것이 가장 안전하며 경제적이라는 생각이 들었다. 어차

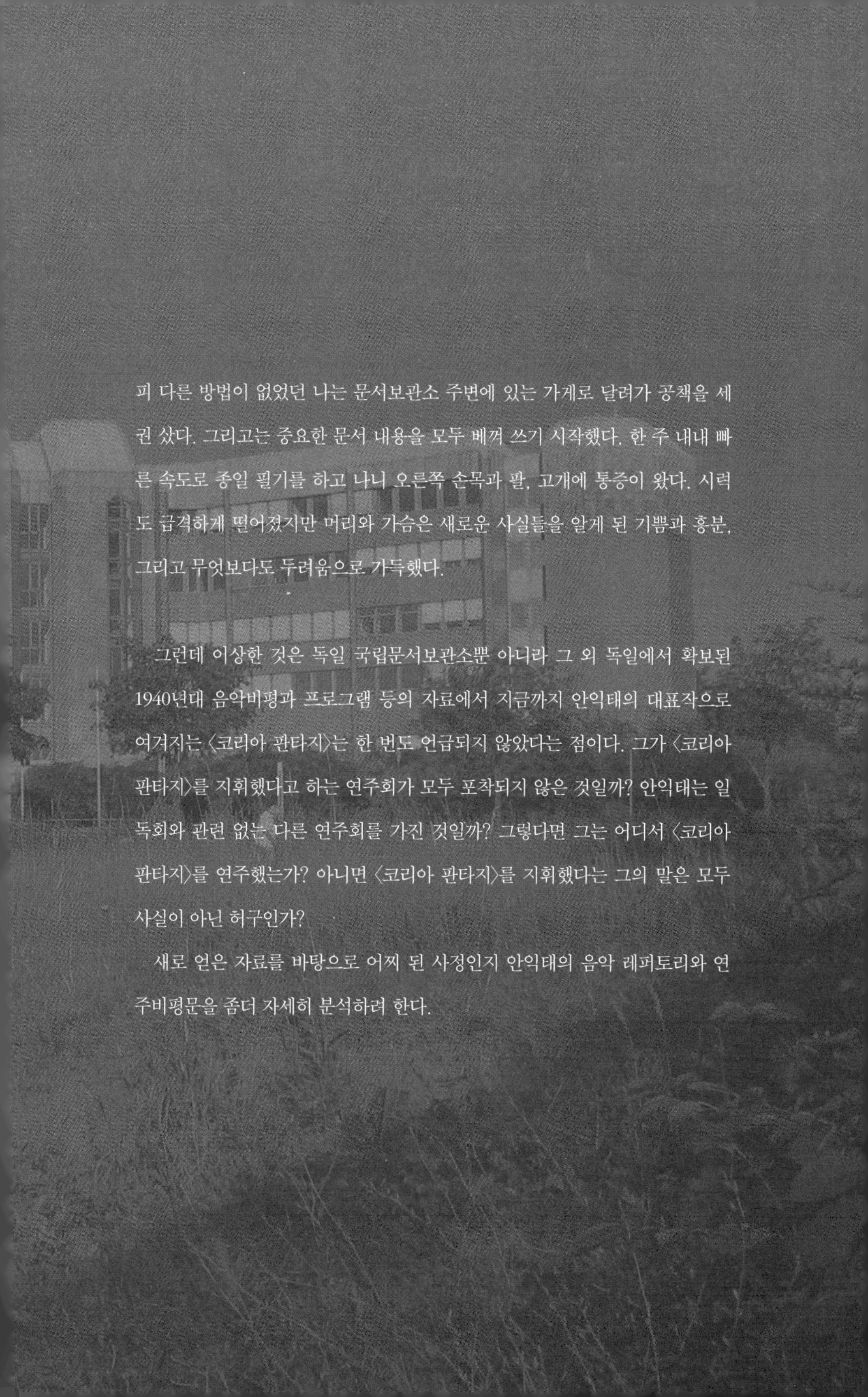

피 다른 방법이 없었던 나는 문서보관소 주변에 있는 가게로 달려가 공책을 세 권 샀다. 그리고는 중요한 문서 내용을 모두 베껴 쓰기 시작했다. 한 주 내내 빠른 속도로 종일 필기를 하고 나니 오른쪽 손목과 팔, 고개에 통증이 왔다. 시력도 급격하게 떨어졌지만 머리와 가슴은 새로운 사실들을 알게 된 기쁨과 흥분, 그리고 무엇보다도 두려움으로 가득했다.

그런데 이상한 것은 독일 국립문서보관소뿐 아니라 그 외 독일에서 확보된 1940년대 음악비평과 프로그램 등의 자료에서 지금까지 안익태의 대표작으로 여겨지는 〈코리아 판타지〉는 한 번도 언급되지 않았다는 점이다. 그가 〈코리아 판타지〉를 지휘했다고 하는 연주회가 모두 포착되지 않은 것일까? 안익태는 일독회와 관련 없는 다른 연주회를 가진 것일까? 그렇다면 그는 어디서 〈코리아 판타지〉를 연주했는가? 아니면 〈코리아 판타지〉를 지휘했다는 그의 말은 모두 사실이 아닌 허구인가?

새로 얻은 자료를 바탕으로 어찌 된 사정인지 안익태의 음악 레퍼토리와 연주비평문을 좀더 자세히 분석하려 한다.

1. 1940년 안익태 연주회 비평문의 진실

자신들의 소관이 아니었던 탓에 일독회는 안익태의 외국 동맹국 및 점령지 순회공연에 대해서는 자세한 기록을 남기지 않았다. 하지만 맥락상 필요한 경우 안익태가 로마에 있다든지, 부다페스트 연주회를 하기로 했다는 등의 정보는 언급되어 있었다. 베를린 일본 대사관이 관여하는 일독회는 각 지역의 일본 총영사관과 친밀한 관계에 있었으므로 이 기관을 통해 이탈리아나 헝가리 등 동맹국 소재 일본 외교 공사관과 정보를 공유하는 것은 어렵지 않은 일이었다. 실제 한 예를 들면, 1941년 11월 안익태가 일본으로 귀국할지도 모른다는 소식을 들은 일독회 빈 지부 총무가 동유럽에서 연주여행을 하고 있는 안익태에게 급히 연락하기 위해 일본 총영사관의 도움을 받아 부다페스트 공사관에 문의한 일과 이에 대해 부다페스트 공사관이 준 정보가 편지로 남아 있다.[1)]

일독회의 문서에는 직접 언급되어 있지는 않지만 안익태는 1940

년에 적어도 5회 이상의 연주회를 지휘했다. 〈조선일보〉와 〈동아일보〉의 보도에 따르면, 1940년 4월 30일 안익태는 로마에서 연주회를 가졌고, 매니지먼트 한스 아들러가 제작한 안익태 홍보용 팸플릿의 비평문*을 보면 9월 부다페스트, 11월 부쿠레슈티, 10월 소피아, 5월 벨그라드에서 연주회가 있었던 것이 분명하다. 천황의 생일인 4월 30일에 있었던 로마 연주회가 3국 동맹 연주회였다면, 일본의 대표로 나선 안익태가 〈코리아 판타지〉를 연주했을 리 만무하며** 홍보용 팸플릿에 실린 네 편의 비평문에서도 그는 일본 음악가로 활동한 것으로 되어 있으니 여기서도 〈코리아 판타지〉가 연주되었을 가능성 또한 희박하다. 그런데 놀라운 점은 김경래의 안익태 전기에도 이 비평문들이 부다페스트-부쿠레슈티-소피아-벨그라드의 똑같은 순서로 실려 있다는 것이다. 어찌 된 일인지 자세히 살펴보자.

한스 아들러의 안익태 팸플릿에 처음 실린 1940년 9월 5일 부다페스트에서의 연주회 비평문은 다음과 같다.

홍보용 팸플릿 : 부다페스트 〈저녁 신문(Esti Ujsag)〉 1940년 9월 5일자

……**젊은 일본 지휘자 에키타이 안은 자신의 두 작품**을 소개했다. 그는 취향이 확실한 작곡가로서 작곡력이 뛰어나고, 또 악기를 편성하는 데도 탁월한 능력을 보여주었다. 그는 작곡가라는 직업의

* 안익태 홍보용 팸플릿에는 각국의 언어로 쓰인 비평문들을 독일어로 번역하여 실었다.
** 〈야악(아악에 의함)〉과 심포니적 판타지 〈조선〉을 연주했다는 1940년 4월 24일자 〈조선일보〉 기사는 신빙성이 약하다.

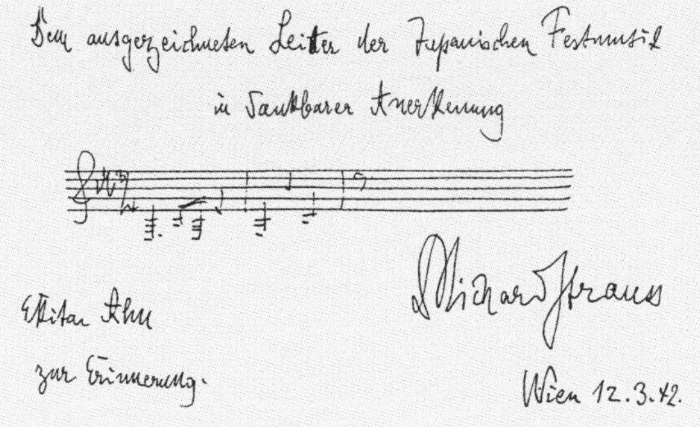

„Esti Ujság" Budapest *5. September 1940*

. . . . Der junge japaniſche Dirigent, Herr Ekitai Ahn, ſtellte ſich uns gleichzeitig auch als Komponiſt mit zwei ſeiner Tondichtungen vor. Er bewies ſich als ein Komponiſt mit ſicherem Geſchmack gut gerüſtet und ſicher in ſeiner Inſtrumentierung. Er beherrſcht nicht nur die Geheimniſſe ſeines Berufes vollkommen, ſondern mit der Fülle der europäiſchen Ausdrucksformen kann er uns vorzüglich in die Geheimniſſe und entfernten Stimmungen des Oſtens mit der Sprache des ſpäteren Romantizismus und Impreſſionismus einführen. Als Dirigent zeigte er ſich ſelbſtſicher und gelenkig. Das Konzert war ausgezeichnet beſucht, und fand der begabte japaniſche Gaſt großen und aufrichtigen Beifall . . . .

„Universal" Bukarest *4. November 1940*

. . . . Ganz ohne Zweifel iſt die japaniſche Kunſt des Dirigierens von großer Bedeutung, ganz beſonders in der Form, wie ſie uns von Herrn Ekitai Ahn interpretiert wurde: in ſeinem Konzert mit dem Radio-Orcheſter in der „Athéné Roumain". Wir hatten das Vergnügen, nicht nur ſein eigenes Können und ſeine Muſikalität zu bewundern, ſondern auch ſeine Kunſt im Beherrſchen des Orcheſters. Durch ihn kamen wir mit der entfernten Kunſt des Oſtens in Berührung mit all ſeiner feinen Poeſie und unnahbaren Gefühle. – Herr Ahn vereint in ſeiner Perſon viele der koſtbaren Eigenſchaften ſeines alten Stammes, neben einer ganz individuellen und modernen Auffaſſung für Muſik. Seine Arbeit iſt frei von theatraliſchen Künſten, vielmehr iſt ſie ariſtokratiſcher Einfachheit, doch voll tiefer Verehrung für die Kunſt, die er ausübt.

Seine ausgezeichnete Leiſtung machte auf ſeine Zuhörerſchaft einen tiefen Eindruck, ſein Temperament gleichwie ſeine muſikaliſche Begabtheit wurde mit großem Beifall belohnt. Die „Schubert-Symphonie", wie die "Egmont"- und „Rienzi-Ouvertüren" waren glänzend wiedergegeben und fein gemalt. Der junge Künſtler hatte mit ſeiner glücklichen Miſchung von Gefühl, Temperament und Rhythmus großen Erfolg.

„Veetcher" Sofia, Bulgarien *21. Oktober 1940*

Der berühmte japaniſche Kapellmeiſter Ekitai Ahn dirigierte ſein Konzert in der Muſikhalle „Bulgaria" am 19. d. Mon. Das ganze Konzert ſtellte uns das intereſſante Raſſenproblem vor, wie ſich ein Muſiker des fernen Oſtens dem Geiſt und der Auffaſſung des Weſtens anpaſſen kann. Zu unſerer großen Befriedigung waren beide Leiſtungen auf ihrem Höhepunkt. Ekitai Ahn iſt jung und energiſch, hat eine große theoretiſch-muſikaliſche Bildung, gleichfalls als Komponiſt und Dirigent. Er iſt von Natur aus Muſiker, dirigierte ſein ganzes Programm auswendig. Seine Darſtellung war ohne theatraliſche Künſte und äußere Kraftanſtrengung . . . . Seine Kompoſitionen „Nocturno und Etenraku" waren ein Beweis original japaniſcher Kunſt und ſeine ſymphoniſche Phantaſie „Kyokuto No. 2" war eine glänzende Leiſtung des jungen Komponiſten Ahn. Er beherrſchte vorzüglich ſeine Harmonie, die neuartige Inſtrumentierung und bleibt den übertriebenen Neuerungen fern . . . . Ekitai Ahn iſt ein Kapellmeiſter europäiſcher Dimenſion. Er interpretiert die Kompoſitionen und dringt in ſie ein . . . .

„Vreme" Belgrad *29. Mai 1940*

. . . . Gleich vom Anfang des Konzerts, das mit der „Egmont-Ouvertüre" begann, zeigte Herr Ekitai Ahn, daß er unter den Auserwählten ſeines Berufes iſt, und mit dem übrigen Teil des Programmes behauptete er ſich vor dem Publikum als Dirigent. Ekitai Ahn hat alle Eigenſchaften, die der Meiſter des „Baton" braucht: außerordentlich muſikaliſches Gefühl, glänzenden Rhytmus, überſchäumendes Temperament, ſo wie wenige Dirigenten es beſitzen. Jeder Nerv in ihm vibriert Leben und Gefühl, und ſo reißt er das Orcheſter mit und beherrſcht es. Seine Art zu dirigieren zeigt, daß er vollauf geſchult iſt. Manche ſeiner äußeren Formen erinnern daran, daß unſer Gaſt Japaner iſt . . . . Ekitai Ahn hat ſich die europäiſche Technik des Dirigierens und Komponierens ganz angeeignet.

매니지먼트 한스 아들러에서 1942년에 제작한 안익태 홍보용 팸플릿. 1940년에 있었던 부다페스트, 부쿠레슈티, 소피아, 벨그라드 연주회의 비평문이 차례로 실려 있는데, 김경래의 저서에도 똑같은 순서로 되어 있다(코블렌츠 국립문서보관소 제공).

비밀을 완벽하게 알고 있었고 유럽 음악의 풍부한 표현 형식을 통해 세련되게 우리를 비밀스러운 곳으로 인도할 수 있었다. 뿐만 아니라 후기 낭만주의와 인상주의의 언어를 통해 동양의 낯선 분위기를 느끼게 해주었다. 지휘자로서 그는 확신에 차 있고 유연했다. 연주회는 청중들로 가득 찼고, 이 재능 있는 **일본 지휘자**는 우렁찬 박수를 받았다…….[2)]

안익태는 일본 지휘자로 소개되었고 자신의 작품을 두 곡 연주했다. 그렇다면 이때 연주된 두 작품은 한국 제목으로 소개되지 않았을 것이다. 그런데 김경래의 서술은 다르다.

김경래 저서 : 부다페스트 〈뉴스지〉 1940년 10월 5일자

젊은 한국의 지휘자 안익태는 두 개의 자기 작품을 시원스럽게 발표했다. 그 솜씨는 아주 훌륭했으며 청중을 사로잡아 그의 민족음악에 도취하게 했다. 특히 **〈코리아 팬타지〉**의 종악장 '합창'은 경건하고 웅장했다. 다른 두 작곡가의 작품 연주에 있어서도 그는 색다른 해석의 기교를 보였다. 근래 보기 드문 패기만만한 지휘자가 부다페스트 악단을 장식한 사실을 잊을 수 없다.[3)]

위의 두 비평문은 한 달이라는 시간차가 있지만 첫 문구가 비슷하고 안익태가 두 곡의 작품을 선보였다는 점으로 미루어 보아 같은 프로그램의 연주회이거나 반복된 연주회를 두고 작성된 비평문일 가능성이 높다. 하지만 한 지역에서 각각 일본 지휘자와 한국 지휘자로 소개되었다는 것은 당시 독일과 일본의 동맹국이었던 헝가리의 상황에서 생각하기 힘든 점이다. 그런데 다음의 부쿠레슈티 연주회 비평문은 김경래의 안익태 전기에 실린 것과 비교했을 때, 비평문이 실린 지면과 게재된 날도 동일하다. 하지만 내용에서는 다소 차이가 발견된다.

홍보용 팸플릿 : 부쿠레슈티 〈유니버설(Universal)〉, 1940년 11월 4일자

……의심할 여지없이 **일본적 지휘 기술**은 큰 의미가 있다. 특히 에키타이 안이 우리에게 해석해 보여준 형식이 그러한데, 그는 이를 라디오 오케스트라로 지휘한 〈아테네의 폐허〉에서 입증해 보였다. 우리는 그의 놀라운 능력과 음악성을 보는 재미뿐 아니라 오케스트라를 지휘하는 기술도 동시에 볼 수 있는 즐거움을 누렸다. 그 덕분에 우리는 먼 동양의 예술을 통해 동양의 섬세한 서정성뿐 아니라 가까이 범접하기 힘들었던 동양의 감정을 느끼게 되었다. 안 씨는 매우 개인적이고 현대적인 음악관을 가졌는데도 자기 나라 고대 부족의 귀중한 특징들을 하나로 통일해 보여주었다. 그의 작업은 연극적인 기교 부리기와는 거리가 먼 귀족적인 단아함을 나타내면서도 자신이 행하는 예술에 대한 깊은 존경심으로 가득 차 있다. 그의 뛰어난 지휘는 청중에게 깊은 인상을 심어주었고, 그의 활달함과 음악적 재능은 큰 박수를 받았다. 슈베르트의 교향곡, 〈에그몬트〉, 〈리엔치〉 서곡은 멋지게 재현되었으며 섬세하게 그려졌다. 이 젊은 예술가는 느낌과 에너지 그리고 리듬의 멋진 혼합으로 큰 성공을 거두었다.[4)]

안익태에 대한 찬사로 가득한 이 비평문 또한 부다페스트의 것과 마찬가지로 안익태가 일본인임을 전제하고 있지만, 김경래의 안익태 전기에 실려 있는 같은 날짜의 부쿠레슈티 비평문은 한국인과 〈코리아 판타지〉를 부각시키고 있다.

김경래 저서 : 부쿠레슈티 〈유니버설〉, 1940년 11월 4일자

한국 태생의 정열적인 지휘자에 의해 연주된 〈아테네의 폐허 리엔찌〉와 그 밖의 소곡들은 시종 리드미칼하게 처리되었다. 그는 음악의 곡예사처럼 자유자재로 관현악단을 이끌어갔다. 그가 친히 작곡한 **〈코리아 팬터지〉**는 그것이 형식적인 음악이라기보다 **한국 민족**의 절규라고 보아야 했다. 그토록 심각하게 또한 리얼하게 자기 백성들의 형편과 처지를 오선지 위에 묘사하기란 쉽지 않은 것인데 안익태는 이를 조금도 어색하지 않게 해냈다. 음악당에 앉아 동양의 한 민족의 역사를 듣고 배울 수 있었다.[5)]

같은 매체에 더더구나 동일한 날에 작성된 연주회 비평문을 옮긴 안익태 팸플릿과 김경래의 서술 내용이 서로 모순이라면 어느 한쪽이 비평지에 게재된 내용을 허위로 기록했다는 의미가 된다. 누가 거짓을 말하는가? 다음의 불가리아 연주회 평도 비교해보자.

홍보용 팸플릿 : 불가리아의 소피아 《오테어(Oeeteher)》, 1940년 10월 21일

유명한 **일본 지휘자 에키타이 안**은 10월 19일 '불가리아'라는 연주홀에서 연주회를 지휘했다. 이 연주회는 우리에게 먼 동양의 한

> 음악가가 어떻게 서구의 정신에 적응하고 서구 음악을 이해할 수 있는지 생각해보게 하였고 흥미로운 종족 문제를 제기했다. 만족스럽게도 두 가지 점에서 그는 모두 최고의 수준이었다. 젊고 활력이 넘치는 에키타이 안이 작곡가로서 그리고 지휘자로서 받은 음악 이론교육도 대단하다. 그는 타고난 음악가이며 전체 프로그램을 악보 없이 외워서 지휘했다. 그의 지휘는 연극적인 기교 부리기나 힘들여 짜내듯 하는 것과는 거리가 멀다…… 그의 작품 **〈야상곡과 에텐라쿠〉**는 오리지널 **일본 예술**이 어떤 것인지 증명해주었고, **심포니적 판타지 2번 〈교쿠토〉**는 젊은 작곡가 안씨의 멋진 성과였다. 그는 하모니와 새로운 악기 편성에 뛰어났지만 과장되게 새로운 것을 추구하지는 않는다…… 에키타이 안은 유럽 수준의 지휘자다…….[6)]

흥미로운 것은 안익태의 두 작품이다. 〈야상곡과 에텐라쿠(Nocturno und Etenraku)〉와 심포니적 판타지 2번 〈교쿠토(Kyokuto)〉는 1940년 안익태의 주 레퍼토리로 생각된다. 그렇다면 이 두 곡은 1940년 4월 24일자 〈조선일보〉에서 보도한 로마 연주회 곡목 〈야악(아악에 의함)〉과 심포니적 판타지 〈조선〉과 같은 곡일 가능성이 크다. 하지만 이것도 자료 발굴을 통해 더 연구되어야 할 것이다. 특히 '교쿠토'는 '극동'을 의미하는데, 안익태를 일본 지휘자로 알고 있는 연주회의 청중은 이를 '일본'으로 받아들였을 것이 틀림없다. 그러나 이번에도 김경래의 안익태 전기에는 〈코리아 판타지〉가 등장하고 슈트라우스까지 동원된다.

김경래 저서 : 소피아 《오테어》, 불가리아 1940년 11월 20일

그의 두 작품은 그의 젊음을 과시하는 것으로서 인상적이었다. 이제 안익태는 유럽 음악계에 확고한 지반을 구축한 훌륭한 작곡가의 대열에 서게 되었다. **〈코리아 팬터지〉**가 가지는 음악적 비중은 날이 갈수록 높아질 것으로 기대된다. 그가 지휘하는 자세는 '결사적'이라는 표현이 적합할 것이다. **쉬트라우스**의 영향을 받았으나 쉬트라우스에게 없는 강인한 의지가 그의 작품 속에 스며 있는 것 같았다.[7)]

부다페스트 연주회 비평문처럼 여기서도 안익태 홍보용 팸플릿과 김경래의 안익태 전기에 실린 비평문의 게재일은 한 달가량 차이를 보이고 있고, 내용에 있어서도 '일본 음악가, 일본 작품' 대(對) '〈코리아 판타지〉'가 대립된다. 안익태가 자신의 작품을 두 곡 지휘한 것은 같으나 작품명이 다르다. 일본과 독일의 동맹국인 헝가리, 불가리아, 루마니아에서 한국인 음악가가 부각될 확률은 거의 없으니 이번에도 누구의 서술에 문제가 있는지 짐작할 수 있을 것이다. 그래도 인내심을 가지고 벨그라드에서 발행된 동일한 날짜의 동일 비평지 글을 마지막으로 비교해보자.

홍보용 팸플릿 : 벨그라드 《오레메(Oreme)》, 1940년 5월 29일

……〈에그몬트〉 서곡으로 시작하는 연주회 서두에서부터 에키타이 안은 지휘자 중에서도 선택된 자임을 보여주었다. 나머지 프로그램이 진행되는 동안 그는 지휘자로서 청중에게 확실한 인상을

심어주었다. 에키타이 안은 '지휘봉'의 대가가 필요로 하는 모든 특징을 다 갖추고 있었다. 뛰어난 음악 감수성, 빛나는 리듬, 거품처럼 일어나는 활달함은 소수의 지휘자만이 가질 수 있는 것이다. 그의 신경세포 하나하나가 삶과 감정을 자극하여 오케스트라를 휘두르고 지배하는 것이다. 그의 지휘 방식은 완전히 배워 습득한 것이다. 때로 그의 지휘 스타일을 보면 이 손님이 **일본인**임을 상기하게 된다. 에키타이 안은 지휘와 작곡의 유럽적인 테크닉을 아주 잘 연마했다.[8)]

다음은 김경래의 안익태 전기이다.

김경래 저서 : 벨그라드 《드레메》,[■] **1940년 5월 29일**

한국이 낳은 민족음악가 안익태는 유럽적인 작곡의 기교와 지휘법을 구사하여 동양적인 선율인 그의 작품 **〈코리아 팬터지〉**를 맵씨 있게 연주했다. 그의 지휘봉은 정확하고 섬세하였다. 장래가 극히 촉망되는 새로운 지휘자의 모습을 보게 된 것을 음악계는 기뻐해야 할 것이다.[9)]

날짜가 다른 비평은 서로 다른 연주회를 의미할 수 있다 하더라도 똑같은 연주회에 대해 같은 날짜의 같은 잡지에 실린 글이 서로 다르다는 것은 무엇을 의미하는가? 왜 이런 일이 생기는가? 과연 이

■ 김경래의 《드레메》는 안익태 팸플릿의 《오레메》와 같은 것으로, O를 D로 잘못 읽은 듯하다.

를 번역상의 실수로 볼 수 있는가? 〈코리아 판타지〉도 의문에 싸여 있지만 이 비평문들이 같으면서도 다른 것은 〈코리아 판타지〉의 문제보다 더 근본적인 문제를 제기한다.

그래도 김경래의 서술에서 여러 가지 암시를 읽을 수 있다. 먼저 네 편의 비평문이 실린 순서—연대순도 아닌 작위적인 순서임에도—를 보면 홍보용 팸플릿과 같은 순서로 나열되어 있다는 것이 의미심장하다.

	홍보용 팸플릿		김경래 저서
1. 부다페스트	1940. 9. 5.		1940. 10. 5.
2. 부쿠레슈티	1940. 11. 4.	=	1940. 11. 4.
3. 소피아	1940. 10. 21.		1940. 11. 20.
4. 벨그라드	1940. 5. 29.	=	1940. 5. 29.

이 점은 김경래가 가진 자료의 출처가 바로 한스 아들러가 제작한 안익태 홍보용 팸플릿일 가능성을 암시한다. 하지만 김경래는 《안익태의 영광과 슬픔. 코리아 판타지》에서 자신이 전쟁 후 안익태로부터 받은 메모를 바탕으로 집필했음을 밝히고 있으므로, 이 비평문의 내용은 안익태로부터 받은 것으로 추측할 수 있다. 그렇다면 안익태는 전쟁이 끝난 후에도 1942년에 제작된 자신의 홍보용 팸플릿을 가지고 있었거나 아니면 따로 기록해두었을 수 있다.

김경래가 비평문의 내용을 자의적으로— '일본 지휘자'를 '한국 지휘자'로, 일본 작품의 제목을 〈코리아 판타지〉로—왜곡했을 가능성은 희박하다. 김경래는《안익태의 영광과 슬픔. 코리아 판타지》의 176쪽 주석에서 "필자가 65년 여름, 로마에 잠시 머물 동안 안익태에 관한 얘기를 〈일 템포(Il Tempo)〉지의 음악 담당 편집자로부터 들었다. 그는 익태가 일본인인 줄 알고 있었다고 말했다"라고 언급했기 때문이다. 만약 그가 자의로 '일본 지휘자'를 모두 '한국 지휘자'로 바꾸었다면, 독자의 의구심을 부추길 만한 이런 보충설명은 하지 않았으리라 생각되기 때문이다.

다음으로 김경래의 저서가 암시하는 것은 '사실과 왜곡이 공존하는 원칙'이다. 위의 비평문에서 보듯이 네 편의 연주회 비평문 중 두 편—부쿠레슈티와 벨그라드 비평—은 도시명과 비평지명, 작성일자는 같지만 다른 두 편의 비평문—부다페스트와 소피아 비평—은 도시명은 같고 날짜가 조금씩 다르다. 김경래의 안익태 전기는 전체가 이런 식으로 진실과 왜곡을 동시에 가지고 있다. 그런데 이 문제는 단순히 김경래의 문제가 아니라 안익태의 문제라는 데 그 심각성이 있다.

2. 보이지 않는 〈코리아 판타지〉의 존재

안익태는 1954년 이승만 대통령에게 헌정하는 〈코리아 판타지〉 악보 겉면에 자필로 이 곡이 연주된 연도와 장소를 기록했다.[10] 제2차 세계대전 시기의 것들만 나열해보면 다음과 같다.

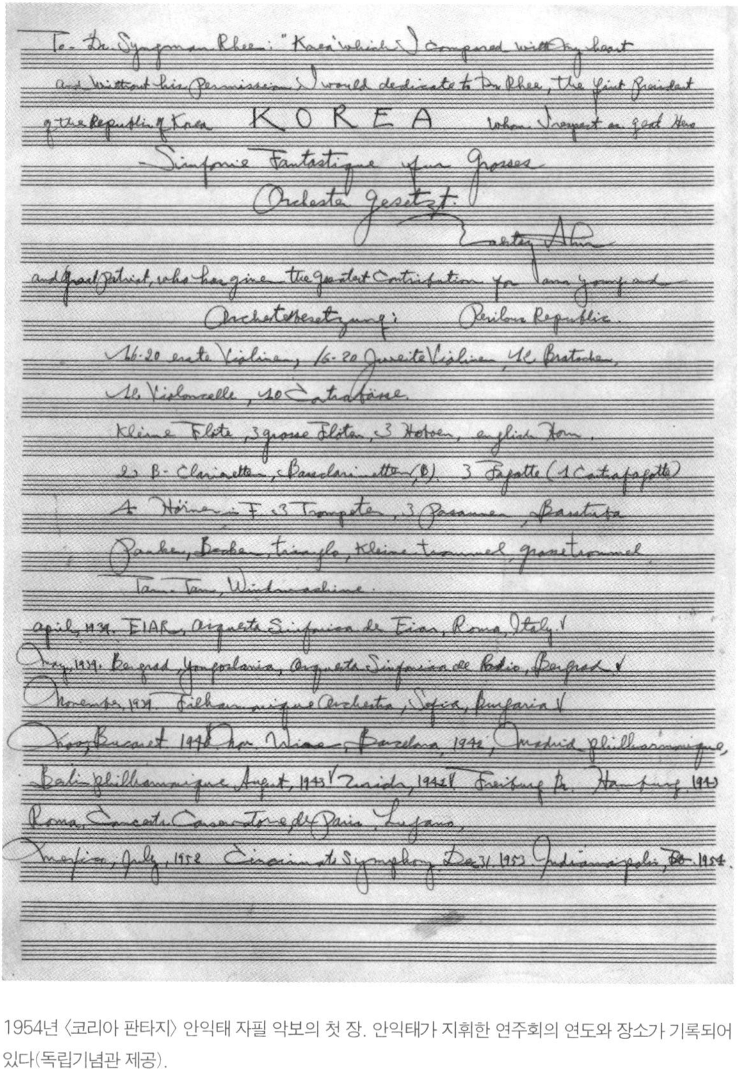

1954년 〈코리아 판타지〉 안익태 자필 악보의 첫 장. 안익태가 지휘한 연주회의 연도와 장소가 기록되어 있다(독립기념관 제공).

1954년 버전

1939년 4월 EIAR 심포니 오케스트라 로마

1939년 5월 벨그라드, 라디오 심포니 오케스트라 벨그라드

1939년 11월 소피아 필하모니 오케스트라 불가리아

1940년[■] 11월 부쿠레슈티

1942년 11월 빈, 바르셀로나

마드리드 필하모니(연도 불분명함)

1943년 8월 베를린 필하모니

1942년 취리히

1943년 프라이부르크(Br.), 함부르크

로마, 파리, 루가노(연도 표시 없음)

하지만 안익태의 부인 롤리타 안이 가지고 있는 〈코리아 판타지〉 악보에는 약간의 차이가 있다.

A 버전

1939년 4월 로마 심포니 오케스트라

1939년 5월 벨그라드 라디오 심포니 오케스트라

1939년 11월 소피아의 불가리아 필하모니 오케스트라

1940년 11월 부다페스트 필하모니 오케스트라

1941년 12월 취리히, 하노버

■ 1948년으로도 보이지만 맥락상 1940년으로 읽었다.

1942년 11월 마드리드 필하모니

1942년 11월 바르셀로나 로세오 오케스트라

1942년 12월 베를린 필하모니

1943년 8월 베를린 필하모니

B 버전

1943년 12월 마드리드

1943년 12월 프라이부르크, 함부르크

1944년 5월 로마

1944년 5월 파리음악학교 콘서트협회

1944년 5월 파리 프랑스 라디오 방송국 오케스트라[11)]

새로 발굴된 자료를 무시하고 안익태 자필 악보에 적힌 연주 정보만을 본다면, 안익태는 〈코리아 판타지〉를 1939~44년까지 모두 20회 이상, 그리고 독일어권에서만 10회 이상 지휘한 것으로 되어 있다. 이것은 독일 나치 시기에 오케스트라가 모두 공적인 단체였던 당시 베를린이나 함부르크, 하노버에서 안익태가 일본 지휘자로 활동했다는 사실과 모순 된다. 일본곡이 아닌 〈코리아 판타지〉를 지휘할 수 있었다는 것은 상상하기 힘들기 때문이다. 그런데도 아직 안익태의 왜곡 사실을 믿기 어려워하는 독자를 위해 부연설명을 해보자.

먼저 1943년 12월에 함부르크에서 지휘했다는 것부터 살펴보면 이미 언급했듯이 안익태는 일본인 자격으로 43년 4월 22일 일독회 행사에서 한 번 지휘한 적이 있다.[12)] 그런데 위의 자필 기록처럼 같은 해 12월 함부르크에서 〈코리아 판타지〉를 연주했을 가능성이 과연 있었는가? 일독회 함부르크 지부 총무 베커에게 일본과 독일의 문화교류를 위해 힘써달라는 편지를 쓴 안익태가 만약 함부르크에서 〈코리아 판타지〉를 지휘했다면, 이 사실은 바로 일본 총영사나 대사관에 보고되었을 것이고, 이들과 밀접한 관련이 있는 일독회 간부들의 의심을 받았을 것이 분명하다. 그렇게 되면 그는 다시 일독회의 연주회 행사를 지휘할 기회를 잃고 말 터인데, 일독회를 통해 음악적 성공을 꾀했던 안익태가 이런 일을 하지 않은 것은 그 후 일독회 총무가 안익태를 베를린 필하모니 지휘자로 추천한 것에서도 알 수 있다.[13] 더욱이 안익태가 소장했던 슈베르트, 드보르자크 악보에도 1943년 4월 22일에 연주했다는 기록은 있지만 12월의 흔적은 전혀 없다.[14]

또 1942년 12월과 43년 8월 베를린 필하모니에서 〈코리아 판타지〉를 지휘했다고 되어 있지만, 우선 42년 12월에 안익태는 베를린 필하모니 오케스트라를 지휘한 적이 없고,[15] 단 한 번 43년 8월 18일 베를린 필하모니 오케스트라를 지휘한 적이 있다. 하지만 연주회 프로그램에 따르면 〈에텐라쿠〉를 지휘했지 결코 〈코리아 판타지〉를 지휘하지 않았다.

앞에서도 보았듯이 '사실과 왜곡이 공존하는 원칙'이 여기서도 적용된다. 〈코리아 판타지〉를 지휘하지는 않았더라도 안익태가 베를린이나 함부르크, 빈, 하노버, 프라이부르크 등에서 지휘를 한 것은 사실이기 때문이다.

이미 김경래의 안익태 전기는 사실과 다르다는 점을 전정임의 연구서 《안익태》에서 밝혀진 바 있다. 또한 1940년 4월 30일 로마 연주회에서 〈야악(아악에 의함)〉과 심포니적 판타지 〈조선〉을 지휘했다는 〈조선일보〉의 기사도 신빙성이 떨어지고, 더욱이 안익태가 자필로 기입한 연주회 정보도 그대로 믿을 수 없는 의문투성이의 모순을 가지고 있다. 작곡가의 자필마저 믿을 수 없는 상황은 안익태 연구에 있어서 큰 난관이 아닐 수 없다.

더욱이 〈코리아 판타지〉의 '1954년 버전'과 롤리타 안이 소장한 'A 버전'이 둘 다 1943년 8월 베를린 필하모니에서 연주된 것이라면 두 악보는 사실 같은 것이다. 그런데도 두 악보에 기록된 정보는 다르다.

물론 〈코리아 판타지〉가 아닌 다른 악보의 자필 기록은 매우 꼼꼼한 안익태의 평소 습관을 보여준다.[16] 허영한이 2006년 공개한 새로운 안익태 자필 기록 자료를 보면, 안익태가 소장한 드보르자크 악보나 슈베르트 악보, 베토벤 교향곡 악보[17] 등에 직접 기록한 함부르크, 빈, 베를린, 하노버 연주회 정보는 일독회 문서의 정보와 장소뿐만 아니라 날짜까지도 정확히 일치한다.

그런데 또 다른 문제는 어느 때고 다시 구입할 수 있는 슈베르트, 드보르자크, 베토벤 악보는 폭격으로 위험한 전쟁 상황에서도 모두 손실되지 않고 보관되었으나,[18] 대표작인 〈코리아 판타지〉 악보의 경우는 그렇지 못하다. 〈코리아 판타지〉는 안전한 스페인에서 다시 필사한 1944년 버전이 남아 있는 가장 오래된 악보이다. 더욱이 1938년 2월 더블린에서 연주했던 슈베르트의 악보는 보관했는데, 같은 연주회에서 초연했던 〈코리아 판타지〉 악보를 보존하지 못한 것은 무슨 이유 때문일까? 〈코리아 판타지〉 악보에 적힌 허술한 연주 기록처럼 이 물음도 수수께끼로 남는다.

3. 독일에서의 대표작은 〈에텐라쿠〉

우선 확실한 것은 안익태가 독일에서 〈코리아 판타지〉를 지휘한 적이 없고, 주로 일본곡 〈에텐라쿠〉를 지휘했다는 사실이다. 지금까지 프로그램 내용이 알려진 독일에서의 연주회 6회 중 〈에텐라쿠〉는 5회에 걸쳐 연주되었다. 이처럼 〈에텐라쿠〉가 선호되었던 것은 독일 비평가들이 〈에텐라쿠〉를 긍정적으로 비평하는 것과 무관하지 않다.

1942년 2월 6일 하노버 연주에 대해 3월 20일 잡지 《음악 주간 베를린(Die Musikwoche Berlin)》에 게재된 기사 〈하노버에 일본 초청 지휘자(Japanischer Gastdirigent in Hannover)〉를 보자.

> **일본의 지휘자이며 작곡가인 에키타이 안**이 지휘하는 흥미로운 연주회가 하노버에서 열렸다. 이제 30세인 이 음악가는 우선 베토벤의 〈에그몬트〉 서곡을 놀라운 감정이입으로 지휘했으며, 자신이 오케스트라 버전으로 편곡한 바흐의 〈토카타와 푸가〉 C장조도 소개했다. 거창한 악기 편성으로 청중을 짓누르는 듯한 느낌도 없지 않았지만 외국에서나 자신의 고향에서나 국제적인 지휘자 안씨는 이런 방식으로 독일 바로크 시기 대가의 작품이 가지고 있는 정신

적인 뭔가를 전달하고 있어 그의 편곡은 나름대로 의미가 있다.

안씨의 일본적인 오케스트라 판타지 〈에텐라쿠〉와의 만남은 너무나도 황홀했다. 이 곡은 수백 년이 된 오랜 궁정음악에서 5도 모티브를 차용했다.

솔로 플루트와 조화를 이루며 리듬감과 생동감을 느낄 수 있도록 세련되게 다룬 타악기, 그리고 글로켄슈필로 구성된 이 음악은 섬세하고 독특한 하모니를 이루고 있다. 그 조용한 음악적 흐름을 듣고 있노라면 일본 음향세계의 본질이 어떠한지를 일별(一瞥)하게 된다…….[19)]

바흐의 〈토카타와 푸가〉 C장조 편곡에 대해서는 다소 비판적인 뉘앙스를 보이지만, '정신적인 것'을 표현하려는 시도를 강조함으로써 애써 의미를 부여하고 있다. 이와 대조적으로 〈에텐라쿠〉에 대해서는 호평하고 있다. 1942년 3월 12일 빈 연주회 프로그램에 대한 1942년 3월 14일자 〈노이에스 비너 타게블라트(Neues Wiener Tageblatt)〉의 비평에서도 〈에텐라쿠〉는 칭송을 받았다. 다만 당시의 비평이 대체로 '주례사 비평'의 경향이 강했다는 사실을 감안하여 읽어야 할 것이다.

독일-일본 연주회(Deutsch-Japanisches Konzert)

전쟁으로 인한 동절기 빈민구제사업을 위해 오스트리아 관할구장 시라흐가 후원하고 일독회가 주최한 음악협회가 대연주홀에서 열렸다. **놀랍게도 예술적인 인상**을 많이 받을 수 있었던 연주회였다. **동양의 멀지만 친근한 민족이 보내온 젊은 지휘자이자 작곡가인 에키타이 안**은 전형적인 음악가임을 보여주었다. 또 그 속에는 의미 있는 것과 특별한 것을 추구하는 강하고 정열적인 의지가 꿈틀거리고 있었다…… 오르간의 영혼에 귀 기울여 만든 바흐의 〈토카타와 푸가〉 C장조의 오케스트라 편성은 탁월한 음향 감각을 가진 안씨가 유럽 음악에 깊이 심취했음을 말해준다. 판타지 〈에텐라쿠〉에서 작곡가는 고대 자기 민족이 전해준 '하늘에서 내려온 음악'을 현대 감각의 오케스트라로 세련되게 편곡했다. 이때 유럽주의가 방해될 수 있지만 이것에 의해 혼탁해지지 않은 것은 다행한 일이다. 오히려 세분화된 타악기 사용으로 인해 지역적 음색이 가능함을 보여주었다. 이처럼 환상적인 분위기를 만들어내는 리듬과 음향은 오로지 최고의 오케스트라만이 이루어낼 수 있을 것이다. 우리의 빈 심포니 오케스트라가 이를 다시금 증명했다. 자우어는 리스트의 두 번째 A장조 피아노 협주곡에서 환호에 찬 승리를 이끌어냈다. 거장의 사그라지지 않는 대가다움과 음악적 잠재력은 항상 감동적인 기적과도 같다. 마지막으로 슈트라우스의 위대한 구성력을 보여주는 〈일본 축전곡〉이 연주되었는데, 청중은 연주회에 참석한 대가에게 특별히 감사했다. 안과 자우어에게는 월계수가 주어지고 자랑스러운 오케스트라는 뜨거운 갈채를 받았다. 이로써 **독일, 일본 양국의 유명인사와 정당과 군대, 예술계의 유명인들**이 참석한 연주회가 막을 내렸다.[20)]

이 비평문을 쓴 스코르체니(Fritz Scorzeny)는 주로 나치 기관지에

Die Zeitung im Ausschnitt **ZA**

Berlin C 2, Ruf: 515656

Neues Wiener Tageblatt
Wien

14. März 1942

Deutsch-japanisches Konzert

Eine überraschende Fülle künstlerischer Eindrücke bot das unter der Schirmherrschaft des Reichsleiters Baldur von Schirach von der Deutsch-Japanischen Gesellschaft zugunsten des Kriegswinterhilfswerks veranstaltete Konzert im großen Musikvereinssaal. Das befreundete Volk aus dem Fernen Osten hatte in dem jungen Dirigenten und Komponisten Ekitai Ahn einen Musiker von Schrot und Korn gesandt; es war auch ein starker, leidenschaftlicher Wille zum Bedeutenden, Außerordentlichen am Werk, der sich in Leistungen von Format kundgeben mußte. Vom rein Aeußerlichen sei nur die Umgruppierung des ungewöhnlich stark besetzten Orchesters erwähnt, die dem Klangfundament der Bässe auffallendes Gewicht verlieh: ein Zeichen für den Plan, ins Große hineinzubauen. Und das fesselte auch sogleich in der „Egmont"-Ouvertüre, in der sich die kraftvolle, energische Unbedingtheit in den klaren, großen Zeichen, der expressiven Lebendigkeit dieser zierlichen Gestalt am Pult offenbarte. Noch mehr spricht Ahns mit souveränem Klangsinn dem Geist der Orgel abgelauschte Instrumentation von Bachs C-dur-Tokkata und Fuge von tiefem Eindringen in die europäische Musik. Erfreulich, daß der Komponist in seiner Phantasie „Etenraku" die uralte, „vom Himmel überlieferte Musik" seines Volkes, bei raffiniertester Behandlung des modernen Orchesters, durch keine störenden Europäismen trübt, vielmehr — besonders im differenzierten Schlagzeug — das Lokalkolorit nach Möglichkeit wahrt. In dieser gelösten und in ihrem Schweben eine ferne Atmosphäre schaffenden Rhythmik und Klanglichkeit kann nur ein erstrangiges Orchester bestehen, als das sich unsre Symphoniker neuerdings erwiesen haben. In Liszts Zweitem A-dur-Klavierkonzert feierte Emil von Sauer, das immer wieder mitreißende Wunder unversiegbaren Virtuosentums und musikalischer Kapazität, einen seiner enthusiastischen Triumphe. Den Ausklang gab Richard Strauß' großartig aufgebaute „Japanische Festmusik", für die man dem anwesenden Meister besonders dankte. Lorbeer für Ahn und Sauer sowie reicher Beifall für das Stadtorchester, auf das man wieder stolz sein durfte, beschlossen das von namhaften Vertretern der verbündeten Staaten, der Partei, der Wehrmacht und des künstlerischen Lebens besuchte Konzert.

Fritz Skorzeny.

1942년 3월 14일자 〈노이에스 비너 타게블라트〉 기사. 안익태의 〈에텐라쿠〉를 호평하면서도 빈 심포니 오케스트라의 뛰어난 연주 실력 때문에 작품이 살았다는 어감이 느껴진다(코블렌츠 국립문서보관소 제공).

글을 쓰는 비평가인데, 바흐의 〈토카타와 푸가〉 C장조를 오케스트라 버전으로 편성한 안익태의 능력에 대해 긍정적인 평가를 내리고, 〈에텐라쿠〉의 독특한 음색을 칭찬하면서 동시에 이를 멋지게 연주한 빈 심포니 오케스트라도 극찬했다. 그러나 "놀랍게도 예술적인 인상을 많이 받을 수 있었던 연주회였다"라는 표현을 통해 이 연주회가 독일과 일본의 정치적 행사여서 예술적인 측면은 전혀 기대하지 않았다는 사실을 간접적으로 암시한다. 뿐만 아니라 하노버에서 안익태가 지휘한 프로그램이 이 빈 연주회의 전반부에서 그대로 모두 반복되었음에도 음악에 중점을 둔 행사가 아니어서인지 안익태의 레퍼토리가 매우 제한적인 것에 대해서는 전혀 언급하지 않았다. 베토벤의 〈에그몬트〉 서곡, 〈레노오레〉 서곡, 바흐의 〈토카타와 푸가〉 C장조, 안익태의 〈에텐라쿠〉는 그의 다른 연주회에서도 자주 등장하는 단골 레퍼토리였다. 부다페스트, 소피아, 루마니아 등지에서 호평을 받았던 안익태의 다른 작품 〈교쿠토〉는 독일에서는 〈에텐라쿠〉에 밀려 거의 연주되지 않게 되므로 독일에서의 레퍼토리는 더욱 축소된 듯하다. 1942년 9월 18일 베를린에서 있었던 만주국 건립 10주년 기념 음악회에서도 예외가 아니었다. 안익태는 전반부에서 베토벤의 〈에그몬트〉 서곡과 '교향곡 7번(A장조)'을 지휘하고, 제2부에서는 〈에텐라쿠〉로 시작하여 오케스트라와 합창단을 위한 〈만주국 축전곡〉으로 끝맺었다.

또한 안익태의 주 레퍼토리는 1943년 4월 22일 함부르크에서 있었던 연주회에서도 그대로 반복되었다. 베토벤의 〈에그몬트〉 서곡, 바흐의 〈토카타와 푸가〉, 안익태의 〈에텐라쿠〉에 드보르자크의 '교향곡 e단조, 5번'■이 추가되어 약간의 변화를 주었을 뿐이다.

이처럼 〈에텐라쿠〉는 '일본 음악'을 잘 대변해주는 안익태의 대표작인 셈이다. 특히 이런 추측을 확실하게 뒷받침하는 것은 베를린 필하모니 연주회 프로그램이다. 세계적인 오케스트라 베를린 필하모니에서 연주할 경우 자신의 최고 작품을 내세우는 것은 너무나 자명한 일이다. 여기서도 〈에텐라쿠〉가 선택되었는데, 일본 음악가로서의 안익태의 이미지를 상징적으로 잘 나타내주기 때문일 것이다. 일본 음악가의 정체성을 극명하게 보여주는 동양적인 음악 〈에텐라쿠〉를 원했던 베를린 필하모니의 연주회 프로그램 메모 전문은 다음과 같다.

> 에키타이 안은 1911년 12월 5일 **일본의 속국인 조선의 평양**에서 태어났다. 그는 처음에 동경의 음악아카데미에서 첼로를 공부했다. 실력을 더 연마하기 위해 독일로 온 그는 **리하르트 슈트라우스의 제자**가 되었다. 슈트라우스에게서 그는 지휘 기법과 작곡법을 배웠다. 그(작곡 레슨-역주) 결과물들이 그의 심포니적 판타지 〈토아〉와 〈만주국 축전곡〉이다. 〈만주국 축전곡〉에는 위대한 모범(베토벤 합창 교향곡의 모범-역주)을 따라 혼성합창이 있다. 지휘자로서 에키타이 안은 베를린, 빈, 로마, 부다페스트, 부쿠레슈티, 파리, 스페인과 스위스에서도 지휘했다.
>
> 그의 판타지 〈에텐라쿠〉는 교향시다. 먼저 플루트 솔로가 들린

■ 독일 나치 시기 드보르자크의 교향곡 5번은 실제로는 9번인 〈신세계〉다.

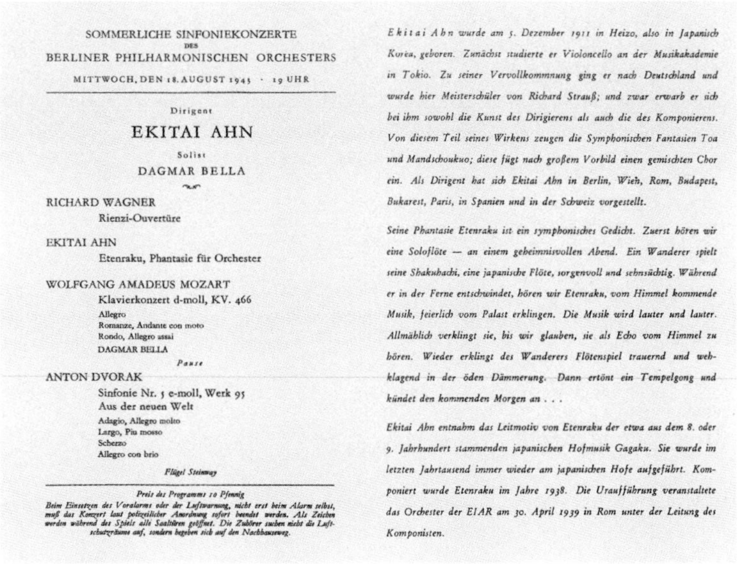

SOMMERLICHE SINFONIEKONZERTE
DES
BERLINER PHILHARMONISCHEN ORCHESTERS

MITTWOCH, DEN 18. AUGUST 1943 · 19 UHR

Dirigent
EKITAI AHN
Solist
DAGMAR BELLA

RICHARD WAGNER
Rienzi-Ouvertüre

EKITAI AHN
Etenraku, Phantasie für Orchester

WOLFGANG AMADEUS MOZART
Klavierkonzert d-moll, KV. 466
Allegro
Romanze, Andante con moto
Rondo, Allegro assai
DAGMAR BELLA

Pause

ANTON DVORAK
Sinfonie Nr. 5 e-moll, Werk 95
Aus der neuen Welt
Adagio, Allegro molto
Largo, Piu mosso
Scherzo
Allegro con brio

Flügel Steinway

Preis des Programms 10 Pfennig
Beim Einsetzen des Voralarms oder der Luftwarnung, nicht erst beim Alarm selbst, muß das Konzert laut polizeilicher Anordnung sofort beendet werden. Als Zeichen werden während des Spiels alle Saaltüren geöffnet. Die Zuhörer suchen nicht die Luftschutzräume auf, sondern begeben sich auf den Nachhauseweg.

Ekitai Ahn wurde am 5. Dezember 1911 in Heizo, also in Japanisch Korea, geboren. Zunächst studierte er Violoncello an der Musikakademie in Tokio. Zu seiner Vervollkommnung ging er nach Deutschland und wurde hier Meisterschüler von Richard Strauß; und zwar erwarb er sich bei ihm sowohl die Kunst des Dirigierens als auch die des Komponierens. Von diesem Teil seines Wirkens zeugen die Symphonischen Fantasien Toa und Mandschoukuo; diese fügt nach großem Vorbild einen gemischten Chor ein. Als Dirigent hat sich Ekitai Ahn in Berlin, Wien, Rom, Budapest, Bukarest, Paris, in Spanien und in der Schweiz vorgestellt.

Seine Phantasie Etenraku ist ein symphonisches Gedicht. Zuerst hören wir eine Soloflöte — an einem geheimnisvollen Abend. Ein Wanderer spielt seine Shakuhachi, eine japanische Flöte, sorgenvoll und sehnsüchtig. Während er in der Ferne entschwindet, hören wir Etenraku, vom Himmel kommende Musik, feierlich vom Palast erklingen. Die Musik wird lauter und lauter. Allmählich verklingt sie, bis wir glauben, sie als Echo vom Himmel zu hören. Wieder erklingt des Wanderers Flötenspiel trauernd und wehklagend in der öden Dämmerung. Dann ertönt ein Tempelgong und kündet den kommenden Morgen an . . .

Ekitai Ahn entnahm das Leitmotiv von Etenraku der etwa aus dem 8. oder 9. Jahrhundert stammenden japanischen Hofmusik Gagaku. Sie wurde im letzten Jahrtausend immer wieder am japanischen Hofe aufgeführt. Komponiert wurde Etenraku im Jahre 1938. Die Uraufführung veranstaltete das Orchester der EIAR am 30. April 1939 in Rom unter der Leitung des Komponisten.

1943년 8월 18일 베를린 필하모니 연주회 프로그램 전문. 〈에텐라쿠〉에 대해 집중적으로 설명하고 있다(베를린 필하모니 문서보관소 제공).

다. 비밀스러운 밤에 한 방랑자가 수심에 찬 듯, 동경에 찬 듯 일본의 피리 사쿠하치를 연주한다. 그가 멀리 사라질 때 하늘에서 내려온 에텐라쿠 음악이 궁정에서 장엄하게 울려 퍼진다. 점차 커지는 음악이 하늘의 메아리인가 하고 여길 때쯤 차츰 흩어져 사라진다. 다시 방랑자의 플루트 음악이 황량한 새벽에 탄식하듯 슬프게 울린다. 그리고는 절의 종소리가 들리고 동트는 아침을 알린다…… 에키타이 안은 〈에텐라쿠〉의 라이트모티브를 8세기 또는 9세기의 일본 궁정음악 가가쿠에서 차용했다. 〈에텐라쿠〉는 지난 세기까지도 일본의 궁정에서 자주 연주되었다. 그의 〈에텐라쿠〉는 **1938년**

에 작곡되었고 39년 4월 30일 로마에서 방송 오케스트라와 지휘자 가 직접 초연했다.[21)]

안익태에 대해 직접적으로 칭찬하지는 않지만 〈에텐라쿠〉 설명으로 전 지면을 할애하고 있는 점으로 보아 이 곡에 대한 간접적인 호평이라고 생각할 수 있다. 또 이 연주회가 비록 정치적인 의도로 개최되었지만 가능한 한 음악적인 측면을 강조하고자 한 것을 프로그램 서술에서 엿볼 수 있다. 즉 일독회와 협의한 행사 연주회지만 베를린 필하모니의 프로그램답게 이를 직접적으로 내세우지 않았다.

또한 지금까지 확보된 독일 자료를 통틀어 이 연주회 프로그램은 유일하게 안익태가 동경 출신이 아닌 '일본 속국의 평양 출생'임을 밝히고 있다. 하지만 일본식 제목의 작품과 일본 전통음악을 차용했다는 설명으로 그를 일본 음악가로 전제하고 있다. 또한 다른 음악가에 대한 언급 없이 슈트라우스의 제자라는 한마디로 안익태의 뛰어난 음악성을 시사해주고 있다. 게다가 그의 작품 〈만주국 축전곡〉을 언급하면서 그가 정치적인 음악을 작곡하는 음악가라는 정보도 함께 제공하고 있다.

안익태의 대표작이 〈에텐라쿠〉임을 재확인시켜주는 또 다른 자료는 1942년 7월 전에 매니지먼트 한스 아들러에서 제작한 안익태 홍보용 팸플릿으로 독일에서 만든 첫 팸플릿인 듯하다.■ 그 당시의 레퍼토리를 확인할 수 있다.

1942/43년 레퍼토리

〈일본 랩소디〉	이후쿠베 아키라
판타지 **〈에텐라쿠〉**	**에키타이 안**
심포니적 판타지 2번 〈교쿠토〉	에키타이 안
파스토랄레	에키타이 안
교향곡 〈일본〉	베레스
교향곡 〈일본〉	피제티
〈일본 축전곡〉	슈트라우스
〈토카타와 푸가〉 C장조	바흐(에키타이 안의 편곡)
교향곡 3번, 5번, 6번, 9번	베토벤
서곡: 〈에그몬트〉, 〈레노오레〉 5번	베토벤
환상 교향곡	베를리오즈
교향곡 5번 e단조	드보르자크
교향곡 5번, 6번	차이코프스키
서곡: 〈리엔치〉, 〈탄호이저〉, 〈로엔그린〉	바그너
교향곡 1번, 2번, 4번	시벨리우스
〈투오넬라의 백조〉	시벨리우스
〈페트루슈카〉	스트라빈스키

▪ 만약 그 전에도 홍보용 팸플릿이 있었다면 1941년 8월 21일 일독회 베를린 본부 총무가 지부에 아직 무명인 안익태를 추천하는 편지를 보냈을 때 틀림없이 함께 동봉했을 것이다.

Repertoire für 1942–1943

Japanische Rhapsody	*Akira Ifukuba*
Fantasia »Etenraku«	*Ekitai Ahn*
Symphonie Fantasie No. 2 »Kyokuto«	*Ekitai Ahn*
Pastorale	*Ekitai Ahn*
Symphonie »Japan«	*Sandor Veress*
Symphonie »Japan«	*Ildebrando Pizetti*
Japanische Fest-Musik	*Richard Strauß*

Toccato und Fuge C-dur	*Joh. Seb. Bach* *(Instrumentiert von Ekitai Ahn)*
Symphonien No. 5, 5, 6, 9	*Beethoven*
Ouvertüren: Egmont, Leonore No. 5	*Beethoven*
Phantastische Symphonie	*Berlioz*
Symphonie No. 5, E-moll	*Dvorak*
Symphonien No. 5, 6	*Tschaikowski*
Ouvertüren: Rienzi, Tannhäuser (Pariser), Lohengrin	*Wagner*
Symphonien No. 1, 2, 4	*Sibelius*
Finnlandia	*Sibelius*
Der Schwan von Tuonela	*Sibelius*
Petrouchka	*Strawinsky*

VERTRETUNG:

KONZERT-DIREKTION HANS ADLER

BERLIN W 30, SPEYERERSTR. 12

Telegramm-Adresse: Musikadler, Telefon 26 06 88

안익태 홍보용 팸플릿. 일본 음악을 레퍼토리로 구성하여 일본 음악가로서의 이미지를 높이고자 했다. 안익태의 음악활동을 관리하는 매니지먼트 한스 아들러가 1942년에 제작한 것임을 알 수 있다(코블렌츠 국립문서보관소 제공).

이 팸플릿은 제2차 세계대전 당시 안익태의 음악활동 전반을 암시하는 중요한 자료로, 일독회의 행사에서뿐만 아니라 헝가리, 이탈리아, 루마니아 등의 연주회에서도 통용되었을 것이다. 여기서 특히 주목할 것은 1939년 시벨리우스의 인정을 받았던 이후쿠베 아키라의 〈일본 랩소디〉가 먼저 나오고 안익태의 〈에텐라쿠〉가 언급되었다는 점이다. 이것은 곧 예술가로서 안익태의 개성보다는 일본 음악이라는 브랜드가 더 중요하며, 동시에 안익태가 첫 번째 내세우는 작품이 〈에텐라쿠〉임도 암시한다.

이 외에 팸플릿은 또 다른 두 가지 측면에서도 흥미롭다. 하나는 일본 황국 기원 2600년 기념 연주회를 위해 일본 황실이 위촉하여 탄생한 세 작품(베레스, 피제티, 슈트라우스의 일본 음악)을 안익태가 자신의 레퍼토리에 포함시키고 있다는 사실이다.[22] 모두 일본을 찬양하는 작품으로 1940년 12월 7일 동경에서 초연되었다.[23] 원래 프랑스의 이베르(Jacques Ibert)와 영국의 브리튼(Benjamin Britten)을 포함한 다섯 명의 음악가에게 위촉했다. 하지만 죽은 사람을 기리는 〈진혼 교향곡(Sinfonia da Requiem)〉인 브리튼의 작품은 일본 황실에서 거부했다.[24] 그리고 이베르의 〈축제 서곡(Ouverture de fete)〉은 일본과의 연관성이 외적으로 두드러지지 않는 곡이어서인지 안익태의 프로그램에서 제외되었다.

팸플릿 레퍼토리에서 알 수 있는 또 다른 정보는 1942년까지도 안익태는 슈트라우스의 작품 중 〈일본 축전곡〉 외에는 아무것도 내세울 만한 것이 없다는 사실이다. 이것은 매우 의미심장하다. 지금까지 안익태 연구에서 그는 슈트라우스를 대신하여 수많은 연주회를 지휘했다고 알려져 있기 때문이다. 아직 슈트라우스의 다른 작품을 연구하지 못했다면, 어떻게 그가 슈트라우스를 대신해 지휘를 할 수 있었단 말인가? 이 의문은 다음의 제5장에서 자세히 다루고자 한다.

적어도 20회 이상 연주했다는 안익태의 자필 정보와 달리 독일과 독일 동맹국에서 〈코리아 판타지〉가 설 자리는 없는 듯하다. 이것이 어떤 이해하기 힘든 실수나 착각에서 비롯되었을 가능성은 매우 적다. 지금까지 살펴본 동유럽의 연주회 비평문에서나 독일 내 연주회에서 안익태는 항상 일본 음악가로 활동했기 때문이다. 그런데도 그가 베를린, 함부르크, 하노버, 빈 등지에서 〈코리아 판타지〉를 연주했다고 기록한 것은 무엇을 의미하는가? 지금까지 발굴된 자료 내에서만 보더라도 〈코리아 판타지〉가 있어야 할 곳에 항상 일본 음악 〈에텐라쿠〉가 자리 잡고 있다. 안익태는 잘못된 정보를 제공함으로써 자신의 흔적을 찾지 못하도록 한 것일까?

4. 〈에텐라쿠〉가 〈강천성악〉?

안익태가 〈코리아 판타지〉를 지휘했다고 한 독일의 연주회에서 실제로는 주로 〈에텐라쿠〉가 연주되었지만, 〈코리아 판타지〉와 〈에텐라쿠〉는 분명히 서로 다른 작품이다. 〈에텐라쿠〉의 초기 버전은 1940년대 유럽 비평문에서 나타나는 〈야상곡과 에텐라쿠〉로 같은 시기 국내 신문 자료에 나타나는 안익태의 〈야악(아악에 의함)〉에서 발전했을 가능성이 오히려 크다.

〈코리아 판타지〉 후기 버전의 합창 부분 "무궁화 삼천리 나의 사랑아, 영광의 태극기 길이 빛나라"와 "화려한 강산 한반도, 나의 사랑 한반도 너희뿐일세"의 선율이 〈만주국 축전곡〉의 합창 선율과 똑같다는 이유로 송병욱은 〈코리아 판타지〉와 〈만주국 축전곡〉이 같은 곡일 가능성을 조심스럽게 제시했지만,[25] 그 당시 (아직 합창이 없었던) 초기 〈코리아 판타지〉 버전이 오히려 〈교쿠토〉일 가능성이 훨씬 높다. 그러나 이것도 자료 발굴과 함께 더 연구되어야 할 부분이다.

1943년 8월 18일 베를린 필하모니 프로그램에 따르면 〈에텐라쿠〉는 38년에 작곡되었고, 이듬해 4월 30일 로마에서 안익태가 직접 지휘했다고 한다. 현재 악보가 발견되지 않아 확인할 수 없지만, 여러 가지 비평과 설명을 종합하면 안익태의 〈에텐라쿠〉는 다음과 같다.

첫째, 라이트모티브를 8세기 또는 9세기의 일본 궁정음악 가가쿠에서 차용했다(베를린 필하모니 프로그램 참조). 둘째, 오리지널 일본 테마를 사용한 5음계 멜로디로 되어 있다(하노버 연주회 참조). 셋째, '하늘에서 내려온 음악'을 현대 감각의 오케스트라로 세련되게 편곡한 곡이다(〈노이에스 비너 타게블라트〉 참조).

그런데 다음의 1939년 12월 10일 오타카 히스타다가 지휘했던 베를린 필하모니 연주회 프로그램에 적혀 있는 고노에의 〈에텐라쿠〉에 대한 설명과 비교했을 때 큰 차이가 없다는 것을 알 수 있다.

일본 궁정음악 가가쿠 중에서 가장 유명한 작품 이름 중 하나인 에텐라쿠는 제목에서 알 수 있듯이 '하늘에서 내려온 음악'이다. 8, 9세기 나라시대에 만들어져 오늘날까지도 거의 변하지 않고 그대로 보존되었다. 지휘자 고노에는 이 작품을 유럽 오케스트라를 위해 편곡했지만 형식이나 음색은 가능한 한 원곡을 그대로 살렸다. 작품의 형식은 도입부와 첫 테마 그룹, 두 번째 테마, 그리고 다시 첫 번째 테마 그룹이 반복되고, 코다로 '하늘의 메아리'가 나온다.[26)]

또 1942년 6월 4일과 6월 24일 사이에 작성된 일독회 문서에서도 고노에의 〈에텐라쿠〉에 대해 기록되어 있는데 위의 것보다 더 상세하다.

에텐라쿠-8세기 고대 일본 궁정음악을 고노에 히데마로가 대 오케스트라로 편성함

에텐라쿠는 '하늘에서 내려온 음악'이라는 뜻이며, 8세기쯤 중국에서 전해온 듯하다. 한 황제의 작곡이라고 알려져 있지만 역사적으로 신빙성이 있는지는 증명되지 않았다. 천년이 넘도록 일본 천황의 궁정 연주회에서 연주되는 축제 서곡이다. 큰북과 작은북, 하프의 반주로 조용히 흐르는 멜로디는 6성부이며, 대나무로 만든 '소'라는 악기와 하모니를 이룬다. 이런 효과를 통해 이 음악은 세기 전환기에 서양음악에서 나타나는 음색과 비슷한 점을 보인다. 천년 이상 일본 천황의 궁정에 보존되어왔던 하모니—불협화음이

많다—가 오늘날까지도 변하지 않고 그대로 이어지는 것이다. 이 것을 편곡한 고노에는 원래의 형식은 그대로 유지했으며 현대 악기로 전환시킬 때에도 고대 악기가 가진 음향적 측면에서 원곡을 살렸다.[27)]

이 설명에 따르면, 고노에의 〈에텐라쿠〉든 안익태의 〈에텐라쿠〉든 두 곡 모두 8세기 일본 궁정음악에서 멜로디를 차용했다.[28)] 원곡의 편곡 수준인 고노에의 〈에텐라쿠〉와 이 전통음악을 새롭게 현대적으로 해석해 작곡한 안익태의 〈에텐라쿠〉는 멜로디가 같다 하더라도 분명히 다를 것이다. 안익태의 〈에텐라쿠〉 악보가 없기 때문에 고노에의 것과 어떻게 다른지 비교, 확인할 수 없지만, 안익태의 것은—베를린 필하모니 프로그램에서 보듯이—편곡의 수준을 넘어 교향시로 창작된 것임을 추측해볼 수 있다. 안익태의 〈에텐라쿠〉는 '오리지널 일본 예술이 어떤 것인지' 보여주는 음악이고(1940년 부쿠레슈티 연주회 비평문 참조), '일본 음향세계의 본질이 어떤지를 일별'(1942년 하노버 연주회 기사 참조)하게 하는 음악으로 평가를 받았다. 베를린 필하모니 오케스트라 단장도 안익태를 음악적인 측면에서 더 선호했듯이 위의 비평문을 종합해보면 고노에의 단순한 〈에텐라쿠〉■ 보다 안익태의 심포니적 판타지 〈에텐라쿠〉가 유럽인의 감각에 잘 맞는 일본 음악으로 더 인정을 받았으리라는 것을 짐작할

■ 2000년 7월 25~27일까지 동경 메트로폴리탄 아트 스페이스에서 녹음된 낙소스(Naxos) 음반(8.555071) 〈일본 오케스트라 선곡(Japanese Orchestral Favourites)〉에 누마지리 류스케가 지휘한 고노에의 〈에텐라쿠〉가 실려 있다.

고노에의 〈에텐라쿠〉와 안익태의 〈강천성악〉 주 선율이 같다.[29]

수 있다.

그런데 문제는 송병욱도 밝히고 있듯이[30] 안익태의 〈강천성악〉이 고노에의 〈에텐라쿠〉와 같은 주 선율을 가지고 있다는 점이다. 〈강천성악〉이 〈에텐라쿠〉의 선율을 가지고 있다는 것은 분명 우연으로 보기 힘들다. 〈강천성악〉과 〈에텐라쿠〉의 외국어 표기가 모두 같다. 1960년 프로그램에는 〈강천성악〉을 영어로 'Music Coming from Heaven'으로 표기했고, 독일어로는 'Von Himmel überlieferte Musik'이다. 1940년대 독일에서 '에텐라쿠'는 모두 'Von Himmel überlieferte Musik'으로 번역되었다. 즉 영어 'Music Coming from Heaven'과 독일어 'Von Himmel überlieferte Musik'을 한국어로 번역하면 '강천성악', 일본어로는 '에텐라쿠'가 된다.

그런데 문제는 이것으로 끝나지 않는다. 안익태의 1960년 런던 필하모니 연주회 프로그램에는 안익태가 〈강천성악〉을 1940년에 작곡했고, 40년 8월 18일 베를린 필하모니에서 초연했다고 서술되어 있다. 반면 이미 언급했듯이 43년 8월 18일 베를린 필하모니 프로그램에는 〈에텐라쿠〉가 38년에 작곡되었다고 되어 있다. 이 둘의 정보를 비교하면 〈에텐라쿠〉와 〈강천성악〉은 전혀 다른 곡처럼 보인다. 더욱이 런던 심포니 프로그램에서 설명하는 〈강천성악〉은 15세기 세종대왕이 작곡한 멜로디를 주 선율로 사용했다고 주장한다.

> 작곡가는 이 작품을 삶과 죽음의 판타지로 묘사했다. 먼저 잔인하게 상처 입은 영혼—한국 피리로 표현—이 있고, 그 다음에 하늘에서 내려온 장엄한 음악의 사운드가 펼쳐진다. 그리고는 조용한 세레나데 속에서 사랑의 회상이 있고, 피날레에서는 죽음에 대한 무명의 찬가로 끝을 맺는다. **이 작품의 주요 라이트모티브는 15세기 세종대왕에 의해 작곡되었다고 여겨지는 옛 한국의 궁정음악에서 차용했다.**[31]

베를린과 런던 연주회 프로그램의 정보를 액면 그대로 믿으면, 안익태는 '하늘에서 내려온 음악'을 1938년에는 〈에텐라쿠〉, 1940년에는 〈강천성악〉으로 작곡했는데, 둘 다 똑같은 멜로디를 사용했다는 의미가 된다. 다르게 말하면 8, 9세기 일본 궁정음악의 멜로디가 15세기 세종조의 조선 궁정음악의 멜로디와 같다는 이상한 현상이 된다. 세종조뿐만 아니라 조선왕조 동안에 '강천성악'이라는 궁정음악은 존재하지 않는다. 물론 삼국사기 〈악지〉에 옥보고가 만든 거문고 곡명 30곡 중에 마지막 곡이 '강천성곡(降天聲曲)'으로 되어 있지만, 제목만 있을 뿐 선율은 알 수 없다.[32] 게다가 시기상으로도 안익태가 말하는 15세기와 일치하지 않는다.

더욱이 1940년 8월 18일 베를린 필하모니에서 안익태가 〈강천성악〉을 처음으로 지휘했다는 런던 연주회 프로그램의 정보와 달리 롤리타 안은 슈트라우스가 안익태를 제사로 받아들일 때 우연히 들었던 음악이 〈강천성악〉이었다고 회고한다. 안익태의 주장대로 그가 12년간 슈트라우스의 제자였다면 이때는 1938년이고, 이 주장을 받아들인다면 〈강천성악〉은 〈에텐라쿠〉와 같은 해에 작곡된 셈이다. 그렇다면 〈강천성악〉은 1938년과 40년에 쓰였다는 것인데 깊이 파고들수록 점점 미궁에 빠지는 듯하다.

서로 모순 되는 정보의 혼란스러움에서 벗어나서 확실한 사실이 무엇인지 따져보자. 〈코리아 판타지〉와 마찬가지로 당시 일본 음악가로만 알려진 안익태가 세종대왕의 멜로디를 주제로 한 한국 제목의 〈강천성악〉을 1940년 베를린 필하모니에서 연주했을 리 없는 상황 때문에라도 런던 프로그램은 문제가 있다. 반면 롤리타 안의 정보는 〈에텐라쿠〉가 〈강천성악〉일 가능성을 암시한다.

안익태에 관련된 정보에는 왜 이렇게 모순이 많은가? 〈코리아 판타지〉만 수수께끼에 싸인 것이 아니다. 독일에서 존재가 사라진 〈코리아 판타지〉와 전쟁 후 갑자기 나타난 〈강천성악〉. 이 두 작품을 둘러싼 혼란은 전쟁 중 안익태의 대표작이었던 까닭에 전쟁 후에는 철저하게 은폐되어야 했던 〈에텐라쿠〉 때문일 확률이 높다. 그런데 일본 전통음악 중에 왜 하필 〈에텐라쿠〉인가?

5. 고노에 히데마로와 안익태의 관계 : 대타에서 경쟁자로

〈에텐라쿠〉는 안익태의 1940년대 대표작이지만, 원래 독일에서 〈에텐라쿠〉라는 일본 작품을 먼저 레퍼토리에 편성하여 유명했던 사람은 고노에였다. 고노에는 자신의 〈에텐라쿠〉를 1931년 모스크바에서 직접 초연한 후 전 세계를 순회하며 연주했다.[33] 38년 일본의 가부키 극단의 지휘자로 독일에 온 그는 안익태보다 훨씬 전에 〈에텐라쿠〉를 일본 전통음악의 상징으로 내세웠다.[34] 1939년 12월 10일 오타카가 지휘한 베를린 필하모니 연주회에서도 고노에의 〈에텐라쿠〉가 연주되어 주목을 받았다.[35] 이런 상황에서 안익태도 같은 제목, 똑같은 주제 선율의 〈에텐라쿠〉로 고노에와 경쟁했던 것이다. 일본의 전통음악에도 여러 가능성이 있을 터인데, 왜 그는 고노에를 따라하듯 〈에텐라쿠〉를 작곡했을까? 왜 그는 고노에와 잘 구분되지도 않는 지휘자를 자처했을까?

일본의 대표 지휘자 고노에 히데마로

고노에는 어떤 인물이었을까? 일독회 문서집의 여러 권[36]이 전적으로 고노에의 연주활동에 대한 자료로만 되어 있을 정도로 그는 일독회의 단골 지휘자이자 주요인사였다. 그의 큰 형이 1940~41년 일본제국의 총리■였기 때문에 일본 관료는 물론 독일 관료도 가능한 한 그의 이름을 내세워 행사를 하고자 했다. 푸르트뱅글러처럼

■ 고노에 후미마로는 1937~39년, 40~41년에 일본 총리직을 지냈다.

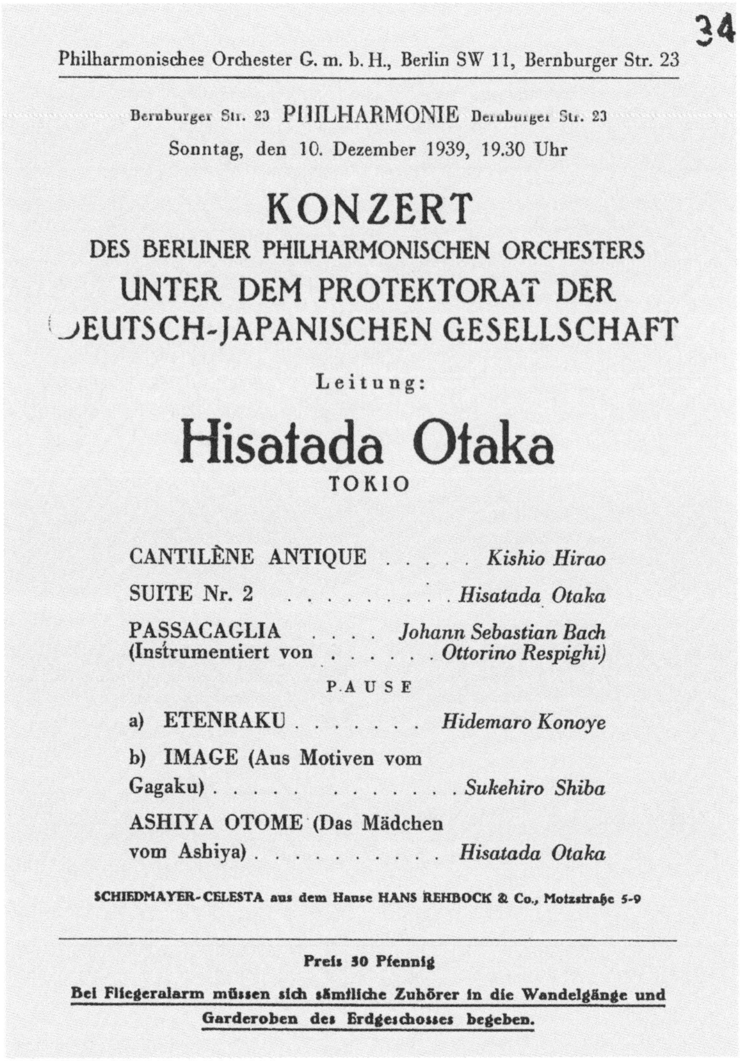

34

Philharmonisches Orchester G. m. b. H., Berlin SW 11, Bernburger Str. 23

Bernburger Str. 23 PHILHARMONIE Bernburger Str. 23

Sonntag, den 10. Dezember 1939, 19.30 Uhr

KONZERT

DES BERLINER PHILHARMONISCHEN ORCHESTERS

UNTER DEM PROTEKTORAT DER

DEUTSCH-JAPANISCHEN GESELLSCHAFT

Leitung:

Hisatada Otaka

TOKIO

CANTILÈNE ANTIQUE . . . . . *Kishio Hirao*

SUITE Nr. 2 . . . . *Hisatada Otaka*

PASSACAGLIA . . . . *Johann Sebastian Bach*
(Instrumentiert von . . . . . . *Ottorino Respighi)*

PAUSE

a) ETENRAKU . . . . *Hidemaro Konoye*

b) IMAGE (Aus Motiven vom
Gagaku) . . . . *Sukehiro Shiba*

ASHIYA OTOME (Das Mädchen
vom Ashiya) . . . . *Hisatada Otaka*

SCHIEDMAYER-CELESTA aus dem Hause HANS REHBOCK & Co., Motzstraße 5-9

Preis 30 Pfennig

Bei Fliegeralarm müssen sich sämtliche Zuhörer in die Wandelgänge und Garderoben des Erdgeschosses begeben.

1939년 12월 19일 오타카 히사타다가 일독회의 행사로 지휘한 베를린 필하모니 프로그램. 바흐의 〈파스칼리아〉를 제외하고 모두 일본 음악가의 작품이다. 히라오 키시오, 고노에 히데마로, 시바 스케히로, 그리고 오타카 히데마로의 작품이 연주되었는데, 오타카 자작곡은 두 곡 연주되었다(코블렌츠 국립문서 보관소 제공).

실링스(Max von Schillings)의 제자이면서 1924년, 33년, 40년에 베를린 필하모니를 지휘한 바 있는 고노에는 베를린 필하모니를 지휘한 몇 명 안 되는 일본인 객원지휘자 중 한 명이었다. 독일 유학 후 1925년에 귀국하여 동경에서 일본 심포니 오케스트라를 창립하고 동경 우에노음악학교의 원장직도 겸임하는 등 일본 음악계에서 독보적인 존재로 군림했다. 하지만 그의 유명세가 음악적 능력에 의한 것인지, 정치적 권력에 힘입은 것인지는 정확히 알 수 없다.

일본제국의 귀족 중 최상류층에 속했던 고노에는 정치적 신념이 강한 음악가였다. 특히 그는 히틀러를 존경하여 1933년에 나치 고위 간부 힝켈(Hans Hinkel)을 통해 히틀러의 자필 서명이 있는 사진을 받고 싶다고 부탁하기도 했다.[37] 또한 힝켈이 고노에를 '일본의 푸르트뱅글러' '비독일인 중 최고의 리하르트 슈트라우스 전문가'로 칭찬할 정도로 나치의 신임을 받았다.[38]

고노에는 예술의 정치적 기능을 몸소 실천해야 직성이 풀리는 성격이었던지 독일군이 수세에 몰리게 되는 1943년, 44년에도 독일 적십자와 함께 전선을 돌면서 군인들과 상이군인들을 위로하는 연주회를 직접 지휘했다. 위험을 무릅쓴 강행군은 전쟁의 승리에 대한 강한 확신이 없었다면 해내기 힘든 일이었다.*

전쟁 기간 동안 '일본 지휘자' 하면 '고노에'를 연상할 정도로 그

* 고노에는 일본 음악인들과 잦은 마찰을 빚었던 것 같다. 일본 심포니 오케스트라와 사이가 좋지 않아 오케스트라 단장 자리에서 물러났으며, 우에노음악학교 원장과도 불화가 있었다. 나치 파시즘을 추종하는 그의 강한 확신과 권력을 가진 자의 독단 때문은 아니었을까 추측해볼 수 있다. Detlev Schauwecker, "Musik und Politik. Tokyo 1934~1944", Gerhard Krebs/ Bernhard Martin(Hg.), *Formierung und Fall der Achse Berlin-Tokyo*, München Iudicium Verlag, 1994, p. 213.

는 독일에서 동맹국 일본의 대표 음악가로 유명했다. 전쟁과 함께 일본과 독일의 문화·정치적 교류가 최고조에 이르자 고노에의 역할도 동시에 커졌다. 독일뿐만 아니라 독일의 점령지역 및 독일과 일본의 동맹국 등을 순회하며 정치적 음악행사에서 일본 음악가로 맹활약했다. 고노에는 1942년 12월 라이헨베르크에서의 연주 후 한 인터뷰에서 "최근 5년 동안 독일 오케스트라를 60~70회가량 지휘했다"라고 밝혔다. 즉 1938~42년까지 평균 매달 한 번 이상 지휘한 셈이다.[39)]

특히 1941년 12월 일본, 독일, 이탈리아 3국이 군사동맹을 체결한 이후부터는 연주 사례금도 받지 않고 빈민구제사업(WHW) 행사와 독일 적십자를 돕기 위해 엄청난 연주활동을 벌였다. 일례로 1942년 하반기에 그가 독일 적십자 연주회에서 지휘한 것만 나열해보면, 9월 16일 드레스덴, 9월 23일 브레멘, 10월 4일 쾨니스베르크, 10월 10일 스테틴, 10월 29일 베를린, 11월 6일 루트비히스하펜, 11월 13일 슈트라스부르크, 11월 20일 브뤼셀, 12월 6일 라이헨베르크, 12월 9일 브륀, 12월 14일 카토비체 등 기록되어 있는 것만 해도 모두 11회의 연주회를 가졌다.[40)] 따라서 어떤 경우에는 시간이 부족하여 연주회 제안을 거절하기도 했다. 1942년 9월 16일, 18일, 24일에 쿠부르크에서 오페라 〈피델리오〉를 공연해달라는 제안을 받았으나 드레스덴과 브레멘 연주 일정 때문에 포기할 수밖에 없었다.■

고노에 외에 다른 일본 지휘자는 없었는가 하는 의문이 생긴다. 먼저 베를린에서 음악을 공부한 후 귀국해 문화영화를 제작한 기시 고이치[41)]를 생각해볼 수 있다. 그는 1934년 일독회 행사로 베를린 필하모니를 지휘한 적이 있지만, 제2차 세계대전이 발발하기 전에 일본으로 돌아갔다. 또 일독회 문서에 나타나는 지휘자로 영화 〈사무라이의 딸〉의 음악을 작곡한 고노에의 스승 야마다 고사쿠는 1937년에 일독회 행사로 오케스트라를 지휘하지만 독일에 정착하지 않았다.[42)]

빈에서 공부한 젊은 지휘자 오타카 히사타다[43)]는 위의 두 명보다 독일에서의 활동을 고려했을 가능성이 큰 음악가였다. 일본의 브랜드 가치가 상승하기 시작하던 1939년 12월에 베를린 필하모니를 지휘했고, 연주회 비평도 매우 긍정적이었다. 특히 그의 작품 〈모음곡〉 2번은 연주회에서 선보인 일본 작품 중 가장 이해하기 좋은 곡으로 비평가들의 호평을 받았다. 그도 그럴 것이 바인가르트너가 1937년 5월 말에서 7월 초까지 일본을 방문하여 연주회[44)]를 가졌을 때, 일본 음악가를 위해 작곡상을 제정했는데 오타카의 〈모음곡〉 2번이 당선되었다.[45)] 당선작은 빈에서 초연할 기회가 주어졌으므로, 유럽으로 초청된 오타카는 1939년 12월 2일 빈 필하모니에서 자신의 작품을 지휘했다. 그리고 같은 달에 있었던 베를린 필하모니 연주회는 오타카의 유럽 방문을 이용하여 일독회가 주관했다.[46)]

유럽 음악의 기술을 잘 습득했던 오타카도 일본 음악과 독일 음악을 고노에와 안익태 못지않게 지휘할 수도 있었지만, 그는 바로 일

■ 고노에는 독일 적십자 행사 연주회를 더 중요하게 여긴 듯하다(BA Kobl R 64 IV/81권, 161면). 안익태는 9월 18일 베를린에서 만주 건립 10주년 기념행사 연주회를 지휘했어야 하므로, 고노에 대신 지휘하기란 불가능했을 것이다. 더욱이 오페라 공연을 지휘한 경험이 없어 안익태가 대신 지휘하고 싶어도 쉽지 않았을 것이다.

본으로 돌아갔다. 일독회 베를린 본부의 총무 베르너와 친구였던 오타카는 1940년 그와 자주 서신을 주고받으며 독일에 다시 오고자 하는 희망을 비쳤다. 그러나 일본이 태평양전쟁을 일으키면서 일본과 독일을 잇는 항해 노선이 끊기자 그 희망은 수포로 돌아갈 수밖에 없었다.[47] 이런 오타카가 왜 독일에 머물면서 안익태처럼 음악적 성공을 시도하지 않고 급하게 귀국했는지 현재로서는 알 수 없다.

어쨌든 만약 고노에나 안익태처럼 정치성이 강한 연주회를 지휘한 다른 일본 음악가가 있었다면 일독회의 문서에 반드시 언급되었을 것이므로, 당시 고노에와 안익태 외에 달리 일본 지휘자로 활동했던 사람은 없었다고 해도 무방하다.

안익태의 스승 고노에

김경래에 따르면 안익태가 1926년 동경국립음악학교에 입학하여 30년까지 공부할 시기에 고노에는 같은 학교에서 오케스트라를 지휘하는 교수로 재직 중이었다. 다음의 일화에서 스승과 제자의 관계를 살펴볼 수 있다.

> 국립 음악 학교에 교내 오케스트라가 있었다. 하루는 정기 연주회가 강당에서 개최되었는데, 첼로 파아트에 한 사람의 결원이 있었다. 이것을 재빨리 알아챈 익태는 상급생들로 구성된 그 오케스트라에 허락없이 끼어 들었다. 한 곡목의 연주가 거의 끝날 무렵 지휘자 고노에 히데마로 교수는 낯선 단원 한 명이 열심히 첼로를 키고 있는 것을 발견했다. 한 곡이 끝난 후 近衛 교수가

"너 누구냐? 언제부터 나왔느냐?"

라고 소리쳤다. 익태는 태연하였다.

"연습도 하지 않고 덤벼들다니…… 안돼. 물러가!"

퇴장을 요구하는 말이 떨어지자 비로소 고개를 들고 간청했다.

"연습은 집에서 벌써 했습니다. 악보 없이도 할 수 있습니다. 선생님, 저를 입단시켜 주십시오."

당돌한 녀석이라고 당장 몰아 낼 것만 같았던 지휘자는 익태의 그 대담하고 진지한 태도에 감복.

"오케이, 입단이다."

속 시원하게 선언했다. 이렇게 그는 만사를 넘치는 자신과 진취적인 투지력으로 일관해 왔다. 교내 심포니에 들어 선 지 한 달이 못되어 그는 두각을 뚜렷이 나타냈으며 近衛 교수의 총애도 흡족하게 받았던 것이다.[48]

현재 확보한 자료로 보면 1941년 이후 일독회의 행사에 관여한 안익태가 베를린이든 부다페스트에서든[49] 동경에서부터 알던 고노에와 재회했을 가능성이 매우 높다. 첼리스트에서 지휘자로 성장한 옛 제자 안익태를 고노에는 자신이 급한 일이 있을 때마다 대타로 보낼 수 있으므로 처음에는 반갑게 맞이했을지도 모른다. 아무리 모든 것을 직접 해야 직성이 풀리는 고노에라도 분명 일정을 조정해야 하는 경우와 갑자기 연주회가 겹치거나 자신이 갈 수 없는 상황이 있었을 것이다. 슈트라우스의 경우에는 자신이 가지 못하게 될 때에는 얼마든지 독일 지휘자가 그를 대신할 수 있었지만, 정치적 의미가 담긴 고노에의 연주회에서는 지휘자가 일본인이라는 조건이 무엇보다 중요했으리라. 3국 동맹국의 음악행사가 있었던 1940년대 로마 연주회에서 어떻게 안익태가 일본의 대표지휘자로 참가할 수 있었는지에 대한 의문도 이런 관점에서 보면 이해가 될 수 있을 것이다.

안익태와 고노에의 유사점과 차이점

안익태가 쉽게 고노에의 대타 역할을 했으리라 추측할 수 있는 근거로 다음 두 가지를 들 수 있다. 하나는 음악적인 측면이고, 다른 하나는 두 사람의 지휘 스타일에 대한 비슷한 평가 때문이다.

먼저 음악적으로 볼 때 몇 가지 차이점이 있기는 하지만 전반적으로 고노에의 레퍼토리는 안익태의 레퍼토리와 크게 다르지 않다. 1942년 5월 29일 단치히 연주회에서 고노에는 자신의 〈에텐라쿠〉, 슈트라우스의 〈일본 축전곡〉, 시벨리우스의 '교향곡 2번' 등의 곡으로 프로그램을 구성했는데, 이는 안익태 홍보용 팸플릿에 언급된 레퍼토리와 비슷하다. 또한 고노에는 1942년 6월 10일 함부르크 연주회에서 베토벤의 '교향곡 2번'과 〈레노오레〉 서곡 3번을 지휘했고, 6월 14일 비스바덴에서는 〈에텐라쿠〉와 베토벤의 '교향곡 7번', 슈트라우스의 〈돈 후안〉 등을 지휘했다. 베토벤의 '교향곡'이나 〈레노오레〉 서곡, 〈에텐라쿠〉, 시벨리우스 등을 지휘하는 안익태의 단골 레퍼토리와 거의 같다.

안익태와 고노에는 개인적인 특징을 내세우기보다 일본 음악가로서의 이미지를 유지하는 듯한 인상을 준다. 무엇보다도 고노에의 작

일독회의 전속 지휘자였던 고노에(왼쪽)와 지휘하는 모습(오른쪽). 안익태는 그와 비슷한 레퍼토리와 지휘 스타일로 처음에는 대타 역할을 했으나 나중에는 경쟁자가 되었다(코블렌츠 국립문서보관소 제공).

품으로 알려진 일본의 궁정음악 〈에텐라쿠〉는 독일을 비롯한 유럽에서 일본 전통음악의 대명사로 손꼽힌다. 독일에서 고노에가 더 유명한 상황에서 보면 〈에텐라쿠〉를 작곡한 안익태는 고노에의 훌륭한 대타였다. 〈에텐라쿠〉를 지휘하는 안익태나 고노에를 유럽인들은 그냥 '일본 음악가'로 여길 뿐 그들을 구별하지 않았을지도 모른다. 안익태가 고노에의 〈에텐라쿠〉를 연주하든 자신의 〈에텐라쿠〉를 연주하든 정치적 의미를 더 중요하게 여기는 이들에게는 문제가 되지 않았으리라. 실제로 일독회 빈 지부의 보고서에는 안익태가 고노에의 〈에텐라쿠〉를 지휘했다고 착각하여 쓴 흔적도 있다.[50)]

두 번째로 안익태와 고노에는 생김새나 지휘 스타일이 비슷했는데, 이들에 대해 비슷한 비평을 한 독일의 신문 기사가 증명해준다. '유명한 일본 지휘자이자 작곡가' '일본의 지도적 지휘자'라는 말은 고노에나 안익태에게 항상 붙는 수식어로, 고노에와 안익태의 이름을 바꾸어 적용하더라도 큰 차이가 없다. 1942년 11월 4일 독일 할레에서 있었던 "일본 지휘자 고노에 히데마로 백작의 초청 연주회"라는 제목의 연주회 비평에 고노에는 악보를 외워서 연주했고, 연주회가 매진되었으며 청중들에게 우뢰와 같은 박수갈채를 받았다고 보도하고 있다.[51] 작품을 다 외워서 지휘하는 고노에처럼 안익태도 악보 없이 지휘[52]하는 지휘자로 알려져 있어서 두 사람의 정체성은 그리 쉽게 구분되지 못했다.[53] 둘 다 검은색의 둥근 뿔테 안경을 쓰고, 일본식 헤어스타일을 하고 있어서 유럽인들이 그들을 외모로 구별하기란 어려웠을 것으로 생각된다.

물론 고노에는 이미 1930년대부터 슈트라우스의 〈돈 후안〉, 〈죽음과 정화〉 등도 지휘하여 안익태보다 먼저■ 33년에 '비독일인 중 최고의 리하르트 슈트라우스 전문가'라는 칭송을 들었고, 안익태와 달리 오페라 음악도 지휘했다는 것이 차이점이다.

하지만 본질적인 차이점은 다른 데 있다. 고노에의 경우 지휘자 사례금을 받지 않고 연주회를 하는 것으로 보아 경제적인 이유 때문은 아닌 듯하다. 독일 내에서뿐만 아니라 동맹국을 순회하면서까지

■ 안익태가 슈트라우스의 작품 〈죽음과 정화〉를 지휘했다는 기록은 1944년 편지에서 비로소 볼 수 있다. 리하르트 슈트라우스 문서보관소 소장.

거두어들인 1942~43년 연주회 수익금 3만 5,000라이히스마르크를 모두 적십자에 헌금하여 연주회의 목적을 최대한 부각시켰다.[54)]

오히려 그가 전 유럽을 순회하며 지휘하는 것은 확실한 정치적인 신념에서 나온 행동인 듯하다. 1943년 4월 7일 노르웨이 오슬로의 독일어 신문 인터뷰에서 그는 "우리는 모두 군인이든 정치가든 혹은 시인이든 예술가든 상관없이 승리를 위해 노력해야 합니다"[55)]라고 강조하고 있다. 고노에는 음악이라는 수단을 통해 전쟁에서 승리를 얻고자 최선을 다한 듯하다.

이에 비해 안익태는 보수를 받는 것은 물론 음악적으로 인정받는 것에 가치를 두었다. 고노에는 정치를 위해 음악을 이용한 것에 반해 안익태는 음악적 성공을 위해 전쟁이라는 정치적 상황을 최대한 이용했던 것으로 보인다.

고노에의 경쟁상대가 된 안익태

처음에 고노에의 대타 정도로 여겼을 안익태는 얼마 후 그의 경쟁상대가 된 듯하다. 그 직접적인 근거로 두 가지를 들 수 있는데, 하나는 안익태의 적극성 때문이다. 대타로서의 역할에 만족하지 않고 직접 일독회 간부에게 연주회를 제안한 것은 고노에가 연주할 기회가 그만큼 줄어드는 것을 의미했기 때문이다. 다른 하나는 안익태가 독일의 음악 전문가들에게 인정을 더 받았기 때문이다. 안익태와 고노에를 1943년 후반기 시즌에 지휘하게 하자는 일독회 베를린 본부의 제안에 대해 베를린 필하모니 오케스트라 단장 베스터만은 일본인 지휘자를 한 시즌에 두 번 초청하는 것은 불가능하다며 다음과

같은 편지를 썼다.[56)]

……그런데 고노에 백작이 베를린 필하모니를 지휘할 수 있느냐는 매우 절망적입니다. 그가 베를린 필하모니와 함께 독일 적십자 행사 연주회를 하면 성공할지에 대한 여부도 매우 의심스럽습니다. 고노에 백작 초청 건은 당분간 없던 일로 할 수 있을까요? 두 명의 일본 지휘자를 한꺼번에 초청하는 것은 좀 과한 듯합니다. 당신이 제안한 두 명 중에 선택을 하라면 나는 예술적인 관점에서 안 씨를 절대적으로 선호하겠습니다.[57)]

김경래의 서술처럼 "구라파가 전화에 휩쓸려 있는 이때가 아니면 동양인 지휘자"[58)]인 자신에게 기회가 오지 않았을 것이라 생각하고 이 절호의 기회를 최대한 이용하려 했던 안익태의 노력이 결실을 거두었다 할 수 있다. 베를린 필하모니 오케스트라 단장이 음악적인 관점에서 고노에보다 안익태를 선호했다는 내용이 고노에게는 물론 일독회 간부들에게도 알려지게 되었을 것이다. 일독회 빈 지부의 총무는 1943년 8월 21일자 편지에서 고노에는 "베를린의 중요한 음악 기관으로부터 별로 좋은 평가를 받지 못한다"는 말을 들었다고 언급하면서 "고노에가 다음 시즌에 빈에서 오페라를 두 번이나 지휘하게 된다고 하니 놀랍다"[59)]고 서술했다.

결론적으로 안익태가 수많은 일본 음악의 가능성 중에 〈에텐라쿠〉를 자신의 대표곡으로 한 것은 분명 고노에의 〈에텐라쿠〉와 무관하지 않을 것이다. 처음에 고노에의 대타 역할을 수행하던 안익태의

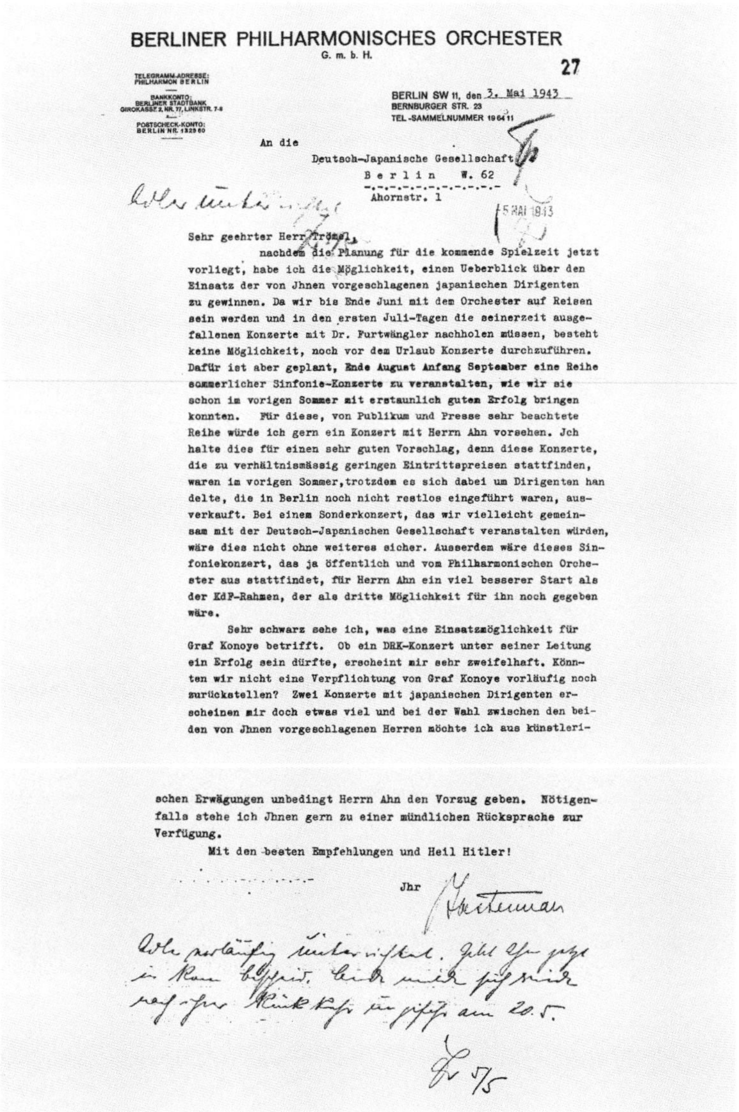

BERLINER PHILHARMONISCHES ORCHESTER
G. m. b. H.

27

TELEGRAMM-ADRESSE: PHILHARMON BERLIN
BANKKONTO: BERLINER STADTBANK GIROKASSE 2, NR. 77, LINKSTR. 7-8
POSTSCHECK-KONTO: BERLIN NR. 132960

BERLIN SW 11, den 3. Mai 1943
BERNBURGER STR. 23
TEL.-SAMMELNUMMER 196411

An die

Deutsch-Japanische Gesellschaft
B e r l i n W. 62
-.-.-.-.-.-.-.-.-.-
Ahornstr. 1

5 MAI 1943

Sehr geehrter Herr Trömel,

nachdem die Planung für die kommende Spielzeit jetzt vorliegt, habe ich die Möglichkeit, einen Ueberblick über den Einsatz der von Jhnen vorgeschlagenen japanischen Dirigenten zu gewinnen. Da wir bis Ende Juni mit dem Orchester auf Reisen sein werden und in den ersten Juli-Tagen die seinerzeit ausgefallenen Konzerte mit Dr. Furtwängler nachholen müssen, besteht keine Möglichkeit, noch vor dem Urlaub Konzerte durchzuführen. Dafür ist aber geplant, Ende August Anfang September eine Reihe sommerlicher Sinfonie-Konzerte zu veranstalten, wie wir sie schon im vorigen Sommer mit erstaunlich guten Erfolg bringen konnten. Für diese, von Publikum und Presse sehr beachtete Reihe würde ich gern ein Konzert mit Herrn Ahn vorsehen. Jch halte dies für einen sehr guten Vorschlag, denn diese Konzerte, die zu verhältnismässig geringen Eintrittspreisen stattfinden, waren im vorigen Sommer, trotzdem es sich dabei um Dirigenten handelte, die in Berlin noch nicht restlos eingeführt waren, ausverkauft. Bei einem Sonderkonzert, das wir vielleicht gemeinsam mit der Deutsch-Japanischen Gesellschaft veranstalten würden, wäre dies nicht ohne weiteres sicher. Ausserdem wäre dieses Sinfoniekonzert, das ja öffentlich und vom Philharmonischen Orchester aus stattfindet, für Herrn Ahn ein viel besserer Start als der KdF-Rahmen, der als dritte Möglichkeit für ihn noch gegeben wäre.

Sehr schwarz sehe ich, was eine Einsatzmöglichkeit für Graf Konoye betrifft. Ob ein DRK-Konzert unter seiner Leitung ein Erfolg sein dürfte, erscheint mir sehr zweifelhaft. Könnten wir nicht eine Verpflichtung von Graf Konoye vorläufig noch zurückstellen? Zwei Konzerte mit japanischen Dirigenten erscheinen mir doch etwas viel und bei der Wahl zwischen den beiden von Jhnen vorgeschlagenen Herren möchte ich aus künstlerischen Erwägungen unbedingt Herrn Ahn den Vorzug geben. Nötigenfalls stehe ich Jhnen gern zu einer mündlichen Rücksprache zur Verfügung.

Mit den besten Empfehlungen und Heil Hitler!

Jhr

베를린 필하모니 오케스트라 단장 베스터만이 일독회 베를린 본부 총무에게 쓴 1943년 5월 3일 편지. 예술적인 관점에서 고노에보다 안익태를 선호한다는 내용이 적혀 있다(코블렌츠 국립문서보관소 제공).

〈에텐라쿠〉는 고노에의 것보다 음악적으로 더 인정받는 작품이 되었던 듯하다. 하지만 이 부분도 음악 자료 발굴을 통해 더 연구되어야 할 것이다.

전쟁이 끝난 후 정치적 판도가 달라진 상황에서 한국 음악가로서 살아남으려는 안익태에게는 일제와 협력한 사실뿐만 아니라 베를린 필하모니 오케스트라라는 막강한 단체에서 일본 음악가 고노에보다 더 인정받았던 사실조차 절대 알려져서는 안 될 비밀이 되었다. 어쩌면 전쟁이 끝난 후 안익태가 슈트라우스의 제자임을 지나치게 강조한 것은 이러한 맥락과 관련이 있지 않을까? 다음 장에서는 슈트라우스와 안익태의 관계에 대해 살펴보고자 한다.

Ⅴ. 신 화

리하르트 슈트라우스

지금까지 안익태 연구에서 수없이 언급되었던 안익태와 슈트라우스와의 관계를 좀더 체계적으로 알아보기 위해 선택한 곳은 슈트라우스 연구소였다. 연구소는 독일 부자들의 관광지로 유명한 가르미슈 시내에 있었다. 가르미슈 파르텐키르헨 역에 내리니 우뚝 솟은 산이 눈앞에 펼쳐졌다. 한국에서부터 미리 연락이 되어 있었던 소장 마이(Dr. J rgen May) 박사는 곧 있을 슈트라우스 페스티벌 준비에 정신없이 바쁜 와중에도 멀리서 찾아온 나에게 연구소의 자료실로 친절히 안내했다.

그러나 기대와 달리 안익태의 편지 자료는 연구소가 아닌 시내에서 좀 떨어진 슈트라우스 저택에 있었다. 옛날 슈트라우스 가족이 살던 빌라로 지금은 리하르트 슈트라우스 문서보관소로 사용 중이었다. 20세기 음악의 대가가 살았던 멋진 저택에서 반세기가 훨씬 지난 역사적인 문서를 직접 만져보는 것만으로도 내게는 흥분되는 일이었다. 더욱이 안익태의 사라진 흔적을 찾아 그의 수수께끼를 풀 수도 있으리라는 기대감이 나를 더욱 들뜨게 했다.

하지만 리하르트 슈트라우스 문서보관소의 복사실에서 안익태와 슈트라우스의 편지 50여 통을 하나씩 훑어보며 복사하는 동안 감정의 격앙은 점차 가라앉았다. 그리고 복사가 끝났을 때에는 엄청난 자료를 수확한 듯 풍요로웠던 마음도 이성적으로 돌아와 있었다.

이 편지들에는 안익태가 언제, 어떻게 슈트라우스의 제자가 되었는지에 대한 결정적인 정보가 빠져 있었다. 뭔가 다른 것이 더 있어야 하지 않을까? 안익태는 어떤 계기로 슈트라우스와 알게 되었고, 어떤 과정을 통해 그와 친분을 쌓을 수 있었는가? 1942년 3월 빈 연주회에서 안익태는 슈트라우스가 일본 황실을 위해 작곡한 〈일본 축전곡〉을 지휘했는데, 어떻게 그가 천황을 기리는 특별한 행사음악을 지휘할 수 있었는가?

안익태가 독일에서 음악활동을 하는 데 많은 도움을 주었다는 슈트라우스의 역할은 사실 그동안 알려진 바에 비하면 미미하다. 오히려 일독회와 일본 대사관, 영사관 및 고노에, 에하라 등 일본인과 일본 기관이 안익태의 출세에 발판을 마련해주었을 가능성이 크다.

지금부터 리하르트 슈트라우스 문서보관소에서 찾은 자료를 중심으로 안익태와 슈트라우스의 관계는 어떠했는지, 안익태가 정말 그의 제자였는지, 그렇다면 언제, 어떻게 제자가 되었는지 흔적을 따라가 보자.

1. 두 일화의 문제점

지금까지의 안익태 연구에서는 안익태가 슈트라우스를 만나게 된 시기와 장소를 1938년 빈으로 추정하고 있다.[1] 60년대 안익태의 모든 연주 프로그램에 12년간 슈트라우스의 제자였다고 쓰여 있으며, 62년 5월 7일에 서울에서 국제음악제를 개최하기 위해 고국을 방문한 안익태는 한 인터뷰에서 자신의 생애에 가장 큰 영향을 미친 슈트라우스와 12년간 친분을 유지했다고 밝혔기 때문이다.[2] 그리고 어떻게 제자가 되었는지 그 이유를 밝히는 일화로 지금까지 김경래와 롤리타 안의 진술이 서로 대립하고 있다.

> 화사한 봄날 아침이었다. 익태는 문득 생각한 바 있어 한동안 들리지 않았던 발길을 쉬트라우스 저택으로 옮겼다. 멀리서 바라보니 정원사는 화초를 손질하고 있었으며 비대한 운전수는 차를 열심히 닦고 있었다. 뜰 한복판에선 은발의 젊은 유모와 세 살쯤 되

보이는 쉬트라우스의 손녀가 뛰놀고 있었다…… 익태는 문 밖에서 한동안 서성거리다가 대문으로 들어섰다. 이 때 집안에서 누구인지 뜰에서 꼬마와 노는 유모를 불러 들였다. 유모는 어린 손녀를 남겨 둔 채 하얀 삼층 대리석 저택 옆문으로 들어갔다. 화초를 가꾸던 정원사는 방금 도착한 우편물을 받아 쥐고 역시 집안으로 들어갔다. 혼자 남은 꼬마는 이리저리 비틀비틀 걸어 가다가 연못에 풍덩 빠지고 말았다. 익태는 깜짝 놀라 들고 있던 악보를 내던지고 비호같이 뛰어갔다…….[3)]

안익태가 연못에 빠진 슈트라우스의 손녀를 구해준 계기를 통해 극적으로 그의 제자가 되었다는 내용인데, 김경래가 전하는 이 일화는 슈트라우스의 제자가 되고자 하는 안익태의 간절한 소망을 간접적으로 표현하기는 하지만 신빙성이 없다. 슈트라우스에게는 손녀가 없기 때문이다. 슈트라우스의 외아들 프란츠는 슬하에 리하르트와 크리스티안이라는 두 아들만을 두었다. 만약 '손녀'라는 말이 전달 과정에서 잘못되었다 하더라도 시기상으로도 모순 되는 부분이 있다. 손자 리하르트는 1927년생이고 크리스티안은 32년생이니, 38년쯤 되면 크리스티안이 아장아장 걸을 시기는 훨씬 지났을 것이다. 리하르트는 이미 만 11세, 크리스티안은 만 6세이니 손자의 나이로 봐서도 이 일화는 성립되기 힘들다.

그렇다면 과연 안익태의 경험을 전하는 롤리타 안의 기억은 어떠한가?

어느 날 아침, 그는 음악학교 연습실에서 그의 첫 교향곡 작품인 〈강천성악〉을 연습하고 있을 때, 리하르트 스트라우스가 마침 그 연습실 앞을 지나가게 되었다고 한다. 그런데 그 방 안에서 흘러나오는 신비한 동양적 음률에 놀라움을 금치 못한 채 잠시 가던 걸음을 멈추고 귀를 기울여 듣다가,

"누가 지휘하는 건가? 도대체 무엇을 연습하고 있는 거지?"

이렇게 다그쳐 물었다. 그러자 옆에 있던 사람들이,

"안익태라고 하는 동양인 학생인데, 아마 자기 작품을 지휘하고 있는가 봅니다."

하고 대답했다. 그 소리를 듣자 리하르트 스트라우스는 연습실로 들어가서 그 음악 소리에 계속해서 귀를 기울였다. 이것이 익태가 스트라우스와 처음으로 만나게 된 동기였다.

……그건 어쨌든 간에 스트라우스는 익태를 관심 있게 지켜보았고, 곧 그를 수제자로 받아들이는 데 조금도 주저치 않았다.[4)]

롤리타 안이 전하는 이 일화는 음악과 관련 있어 김경래의 일화보다 훨씬 개연성이 높다. 슈트라우스의 제자가 되려면 무엇보다도 음악이 가장 중요한 매개체가 될 것이기 때문이다.

하지만 지금까지의 국내외 자료를 통틀어 〈강천성악〉이라는 작품명은 전쟁이 끝난 후에야 등장한다. 또한 1938년 부다페스트 국립음악원[5)]에 적을 두고 있었던 안익태가 빈 음악학교에 재학 중이었을 가능성도 희박하지만, 만약 이 회고가 36년 빈에서 바인가르트너에게 배울 때와 혼선된 것이라면 이는 '12년 제자설'과도 모순 된다.

그런데 서로 너무나 다른 두 일화의 근원이 모두 안익태에게서 시작된다는 사실을 생각하면 이상한 일이다. 김경래는 안익태의 메모를 바탕으로 썼고, 부인 롤리타는 남편에게서 직접 들었던 이야기를 서술한 것이다. 전달 과정에서 이야기가 어느 정도 첨삭될 수 있다고 가정하더라도 두 일화가 전혀 비슷하지 않은 것은 무엇 때문일까? 과연 이를 어떻게 받아들여야 할까? 또한 두 일화가 다른 사건과도 연관성이 없고 오히려 모순 되는 것은 어떻게 이해해야 할까? 이것은 어쩌면 둘 다 사실이 아닐 가능성을 암시하는 것은 아닐까? 만약 그렇다면 안익태가 슈트라우스의 제자가 된 진짜 배경은 따로 있는 것일까? 의문에 쌓인 이 문제를 자료를 통해 접근해보자.

2. 언제 슈트라우스의 제자가 되었나?

현재까지 발굴된 자료로 볼 때 1943년에 안익태가 공식적으로 슈트라우스의 제자[6]였던 것은 확실하다. '슈트라우스의 제자'라는 말이 언급된 1943년 2월 11일 빈 연주회 프로그램이 이를 증명한다.

> 에키타이 안은 동경음악아카데미에서 첼로를 공부했고 또한 작곡법과 지휘를 **슈트라우스**, 도나니, 코다이에게 배웠다. 그는 베를린, 빈, 부다페스트, 부쿠레슈티 및 다른 여러 심포니 오케스트라를 지휘했다.[7]

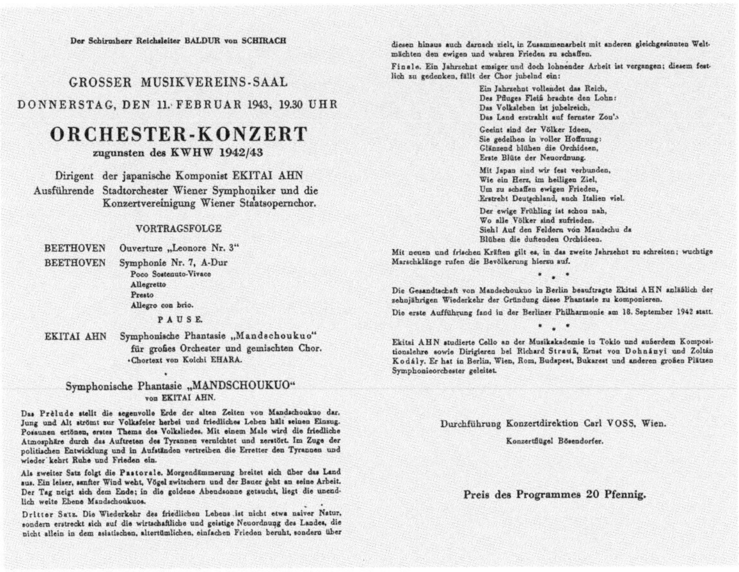

Der Schirmherr Reichsleiter BALDUR von SCHIRACH

GROSSER MUSIKVEREINS-SAAL

DONNERSTAG, DEN 11. FEBRUAR 1943, 19.30 UHR

ORCHESTER-KONZERT

zugunsten des KWHW 1942/43

Dirigent der japanische Komponist EKITAI AHN
Ausführende Stadtorchester Wiener Symphoniker und die Konzertvereinigung Wiener Staatsopernchor.

VORTRAGSFOLGE

BEETHOVEN Ouverture „Leonore Nr. 3"
BEETHOVEN Symphonie Nr. 7, A-Dur
Poco Sostenuto-Vivace
Allegretto
Presto
Allegro con brio.

P A U S E.

EKITAI AHN Symphonische Phantasie „Mandschoukuo"
für großes Orchester und gemischten Chor.
Chortext von Koichi EHARA.

Symphonische Phantasie „MANDSCHOUKUO"
von EKITAI AHN.

Das Prélude stellt die segenvolle Erde der alten Zeiten von Mandschoukuo dar. Jung und Alt strömt zur Volksfeier herbei und friedliches Leben hält seinen Einzug. Posaunen ertönen, erstes Thema des Volksliedes. Mit einem Male wird die friedliche Atmosphäre durch das Auftreten des Tyrannen vernichtet und zerstört. Im Zuge der politischen Entwicklung und in Aufständen vertreiben die Erretter den Tyrannen und wieder kehrt Ruhe und Frieden ein.

Als zweiter Satz folgt die Pastorale. Morgendämmerung breitet sich über das Land aus. Ein leiser, sanfter Wind weht, Vögel zwitschern und der Bauer geht an seine Arbeit. Der Tag neigt sich dem Ende; in die goldene Abendsonne getaucht, liegt die unendlich weite Ebene Mandschoukuos.

Dritter Satz. Die Wiederkehr des friedlichen Lebens ist nicht etwa naiver Natur, sondern erstreckt sich auf die wirtschaftliche und geistige Neuordnung des Landes, die nicht allein in dem asiatischen, altertümlichen, einfachen Frieden beruht, sondern über diesen hinaus auch darnach zielt, in Zusammenarbeit mit anderen gleichgesinnten Weltmächten den ewigen und wahren Frieden zu schaffen.

Finale. Ein Jahrzehnt emsiger und doch lohnender Arbeit ist vergangen; diesem festlich zu gedenken, fällt der Chor jubelnd ein:

Ein Jahrzehnt vollendet das Reich,
Des Pfluges Fleiß brachte den Lohn:
Das Volksleben ist jubelreich,
Das Land erstrahlt auf fernster Zon'.

Geeint sind der Völker Ideen,
Sie gedeihen in voller Hoffnung:
Glänzend blühen die Orchideen,
Erste Blüte der Neuordnung.

Mit Japan sind wir fest verbunden,
Wie ein Herz, im heiligen Ziel,
Um zu schaffen ewigen Frieden,
Erstrebt Deutschland, auch Italien viel.

Der ewige Frühling ist schon nah,
Wo alle Völker sind zufrieden.
Sieh! Auf den Feldern von Mandschu da
Blühen die duftenden Orchideen.

Mit neuen und frischen Kräften gilt es, in das zweite Jahrzehnt zu schreiten; wuchtige Marschklänge rufen die Bevölkerung hierzu auf.

* * *

Die Gesandtschaft von Mandschoukuo in Berlin beauftragte Ekitai AHN anläßlich der zehnjährigen Wiederkehr der Gründung diese Phantasie zu komponieren.

Die erste Aufführung fand in der Berliner Philharmonie am 18. September 1942 statt.

* * *

Ekitai AHN studierte Cello an der Musikakademie in Tokio und außerdem Kompositionslehre sowie Dirigieren bei Richard Strauß, Ernst von Dohnányi und Zoltán Kodály. Er hat in Berlin, Wien, Rom, Budapest, Bukarest und anderen großen Plätzen Symphonieorchester geleitet.

Durchführung Konzertdirektion Carl VOSS, Wien.

Konzertflügel Bösendorfer.

Preis des Programmes 20 Pfennig.

1943년 2월 11일 빈 연주회 프로그램. 〈만주국 축전곡〉에 대한 자세한 설명과 지금까지 발굴된 자료 중 안익태의 스승으로 슈트라우스의 이름이 처음 언급되었다(빈 심포니 오케스트라 문서보관소 제공).

슈트라우스가 생존한 때였으므로 이 프로그램 정보는 신빙성이 있다. 현재까지 확보한 국내외 자료를 통틀어 보면, 이 프로그램에서 비로소 안익태가 슈트라우스의 제자라는 문구가 처음 나온다. 안익태를 보도한 국내 자료 중 안익태의 이력이 소개되어 있는 1938년 4월 16일 〈동아일보〉 기사를 보면 바인가르트너만 언급되어 있다.

> 그러고 여기 씨의 약력을 소개하면 동경음악학교 졸업후 미국 씬씨내티 음악원에 들어가 골도브스키, 리즈노브스키 씨 문하에서 첼로를 공부하야 졸업 후 음악가의 메카인 뉴욕의 카네기 홀에

世界的컨덕터安益泰氏

愛蘭樂壇서暴風的激讚

TIMES, TUESDAY, FEBRUARY 15, 1938.

EAK TAI AHN

歷史·田園生活主題

大作 "朝鮮"을公演

안익태의 이력을 소개하고 있는 1938년 4월 16일자 〈동아일보〉 기사

> 서…… 첼로 독주를 가진 것과 그후(1935년) 빈에 가서 세계적 지휘가 **펠릭스 바인가르트너** 씨 문하에서 컨덕 공부를 마치고 부다페스트 심포니 오케스트라의 음악회를 지휘하여 컨덕터로서의 호화로운 첫발을 내어드린 것이다.[8]

사실 바인가르트너에게 고작 3개월 배우고 그의 제자라고 한다면 슈트라우스 이름이 없는 것은 아직 그에게서 이 정도의 레슨도 받은 적이 없음을 시사한다. 당시 바인가르트너의 이름보다 슈트라우스의 브랜드 가치가 더 높았으므로 이는 거의 확신할 수 있다.

'1938년 설'

김경래의 안익태 전기에는 1938년에 슈트라우스의 제자가 된 안익태가 빈에서 스승 슈트라우스에게 레슨을 받았고 쇠약한 스승이 자신을 대신하여 안익태를 부다페스트 등 연주회로 보냈다고 기록되어 있다.

그러나 쉬트라우스가 익태와 더불어 주고받는 시간이 늘어감에 따라 익태에 대한 평가도 상승되었다…… 하루는 익태에게 매우 고무적인 제안을 했다.

"내가 보니 그대는 이제 훌륭한 지휘자가 되었네. 어디에 내놓아도 손색이 없을 것을 확신하는 바이며, 내가 오늘 한 가지 청탁을 하겠는데 들어주게. 얼마 후에 부다페스트에서 교향악 연주회가 있는데 내가 미리 연락을 해 놓을 테니 그대가 나를 대신해서 지휘해 주기 바라네. 익태군 어떤가?"

쉬트라우스는 미소를 띠우면서 말했다. 익태는 너무나 뜻밖의 요청을 듣게 되니 오히려 얼떨떨했다.

"감사합니다. 힘껏 해 보겠습니다. 선생님의 명성에 흠이 돌아가지 않도록 최선을 다하겠습니다."

과연 익태는 감격했다. 쉬트라우스는 익태에게 거액의 여비와 연주곡목 스코어를 미리 안겨주었다. 물론 곡목에 관한 세밀한 지도까지 해 주었다. 부다페스트 연주회는 예정을 약간 연기했기 때문에 그 동안의 여가를 이용하여 비엔나 심포니 오케스트라에 드나들면서 지휘법의 연구를 계속하였다. 익태가 이듬 해인 1939년

비엔나에서 개최된 쉬트라우스의 75세 기념음악축제주간에서 심포니 지휘의 태반을 맡게 된 것은 쉬트라우스가 익태를 얼마나 아끼고 키워 주었는가를 보여주는 산 증거로 해석할 수 있었다.[9]

이 서술의 내적 논리에 따르면 1938년 안익태는 슈트라우스의 제자가 되고, 그해 그를 대신하여 부다페스트 연주회를 지휘하게 되었다는 것이다.

슈트라우스가 자신이 갈 수 없는 연주회에 안익태를 보내려면 안익태가 스승의 작품을 지휘할 수 있어야 한다는 점이 전제되어야 할 것이다. 노년의 슈트라우스가 직접 지휘하는 연주회라면 대부분 자신의 작품을 프로그램으로 하는 것이 원칙이었기 때문이다. 예를 들면 1939년 4월 16일과 17일에 슈트라우스는 직접 베를린 필하모니를 지휘했는데, 이때 작품은 〈돈 후안〉, 〈부르레스크(Burleske d-moll)〉, 교향곡 〈도메스티카(Domestica)〉 등으로 모두 자신의 작품이었다.[10] 또한 1942~44년까지 슈트라우스는 빈 필하모니를 12번 지휘했는데, 모차르트가 주인공인 모차르테움에서의 연주회 두 번을 제외하고 열 번 모두 자신의 작품을 지휘했다.[11]

그런데 이때 안익태가 대신해서 지휘할 수 있는 슈트라우스의 작품은 무엇이 있는가? 앞에서 살펴본 바로는 1942년 여름까지도 안익태가 내세우는 슈트라우스의 작품은 〈일본 축전곡〉 외에는 없다. 자신의 작품을 지휘할 준비도 되어 있지 않은 안익태를 슈트라우스가 대신 보내거나 슈트라우스 페스티벌에서 지휘하게 하는 것은 상상하기 힘든 일이다.

물론 안익태가 〈일본 축전곡〉을 슈트라우스 대신 지휘할 뻔한 경우가 있기는 했다. 1942년 4월 30일 일독회 뮌헨 지부의 창립 기념 연주회에서 〈일본 축전곡〉이 프로그램에 포함되었는데, 일독회에서는 슈트라우스가 직접 지휘하는 것을 원했고, 만약 슈트라우스가 못할 경우 안익태를 대타로 제안했다. 안익태가 한 달 전인 3월 빈 연주회에서 〈일본 축전곡〉을 성공적으로 지휘한 경험이 도움되었으리라 추측된다. 자세한 내용은 일독회 베를린 본부 총무의 제안에 대해 뮌헨의 일본 총영사관에서 보낸 답신을 보면 알 수 있다.

> 4월 30일 연주회에서 〈일본 축전곡〉을 프로그램에 넣자는 당신의 제안은 참 좋은 아이디어입니다. 제국 선전국에 계신 뮐러 박사가 혹시 슈트라우스가 직접 지휘할 수 있는지 알아보겠다고 했습니다. 만약 슈트라우스가 안 될 경우 에키타이 안을 선택해도 될 듯합니다. 4월 30일 에키타이 안이 시간이 되는지 확인해주시기 바랍니다.[12)]

하지만 이날 빈에서 빈의 최고 권력자 시라흐와의 약속 때문에 직접 지휘하기 힘들었던 슈트라우스는 다른 지휘자를 추천했다. 하지만 안익태가 아닌 뮌헨의 오페라 하우스 지휘자 찰링거(Heinrich von Zallinger)였다. 그가 '어려운 이 음악'을 잘 알고 있다는 점이 추천 사유였다.

> 오늘 제국 선전국에서 전해 듣기로 슈트라우스는 전화로 자신이

바라는 것을 제안했는데, 그는 자신의 축전음악을 상황에 맞춰볼 때 뮌헨의 오페라 지휘자 찰링거가 지휘하는 것이 좋겠다고 했답니다. 그 이유는 찰링거가 음악을 알고 있고 또 이 작품은 꽤 어렵기 때문이라는군요.[13)]

물론 안익태도 다른 연주회 일정이 미리 잡혀 있었다면 뮌헨의 연주회를 제안받았다 하더라도 거절할 수밖에 없었을 것이다. 하지만 허영한의 〈자필 기록에 의한 안익태의 유럽활동 재구성〉을 비롯하여 현재까지 확보된 자료로 볼 때, 안익태가 1942년 4월 30일 다른 곳에서 연주회를 한 흔적이 없다. 이는 일독회의 제안이 무시되었을 가능성을 뒷받침해준다. 그런데 여기서 슈트라우스가 추천했다고 해서 항상 그대로 추진되는 것이 아니라는 것 또한 알 수 있다. 이유를 알 수는 없지만 슈트라우스의 제안과는 달리 찰링거가 아닌 뮌헨 필하모니 오케스트라의 지휘자 카바스타(Oswald Kabasta)가 슈트라우스를 대신하여 지휘했기 때문이다.[14)] 어쨌든 1942년 3월 12일 빈 연주회에서와 마찬가지로 이번에도 안익태를 지휘자로 추천한 사람은 슈트라우스가 아니라 일독회였다는 사실이 의미심장하다.

다시 '1938년 제자설'로 되돌아와서, 김경래가 서술한 것처럼 슈트라우스와 안익태의 관계는 적어도 1938~40년 사이에는 이루어지기 힘들다. 슈트라우스가 38년 빈에 머문 날이 10월 17일 오후에서 10월 21일 사이로 겨우 나흘밖에 되지 않기 때문이다. 또한 39년에는 6월 4~12일 오후까지 넉넉잡아 9일 동안 머물렀다. 그리고 40년에 슈트라우스는 단 하루도 빈에 체류한 적이 없다.[15)]

그리고 안익태가 1938~40년 사이 빈에 있었다는 암시도 찾을 수 없다. 이 시기 그는 부다페스트 음악학교 학생으로 도나니와 코다이에게 배우고 있었다. 국내 신문뿐 아니라 헝가리와 루마니아에서의 연주회 프로그램, 그리고 독일 프로그램에 항상 이 두 스승이 언급되어 있는 것으로 보아 의심의 여지가 없다. 1940년 4월 23일 〈동아일보〉에는 다음과 같이 보도되었다.

世界的컨덕터安益泰教授
로—마放送局에서交響樂指揮
이달三十日全世界各國에中繼

안익태의 유럽 체류 시기를 확인할 수 있는 1940년 4월 23일자 〈동아일보〉 기사

> 우리가 가진 세계적 자랑의 하나로서 작곡가와 컨덕터를 겸한 안익태씨가 잇다. 지금은 헝가리의 수도 뿌다페스트에서 뿌다페스트 음악아카데미교수로 잇으면서 세계음악게에 항상 소리치고 잇는 중인데 이번 4월 20일 유고슬라비아 벨그레이도교향악을 지휘하야 만공의 박

갈채를 받어 세계악단을 다시 놀래게 하엿다.[16]

물론 당시 부다페스트 음악원 학생이었던 안익태를 교수로 보도한 이 기사는 정확하지 않지만 안익태가 부다페스트에 적을 두고 동유럽 이곳저곳에서 지휘한 것은 사실이다. 또한 일본 언어학자 야스모토 도쿠나가가 쓴 《부다페스트 일기》에도 안익태가 부다페스트 국립음악원에 다니고 있다고 기록되어 있다.[17] 무엇보다도 2006년 새로 발굴된 안익태의 부다페스트음악원 학적부[18]는 1938~41년까지 코다이에게 배웠음을 재확인시켜준다.

그럼 독일 자료는 어떤가? 1941년 8월 20일 일독회 베를린 본부 총무가 '유명한 일본 작곡가 에키타이 안'을 일독회의 지부에 추천하는 서류에서 슈트라우스의 이름은 찾아볼 수 없다. 또 같은 해 10월 11일 헝가리에서의 연주회 비평에는 발터(Bruno Walter), 도나니, 코다이가 언급되어 있지만,[19] 바인가르트너나 슈트라우스의 이름은 없다. 독일 동맹국이었던 헝가리에서 슈트라우스의 음악적 영향력이 컸을 텐데도 그의 이름이 언급되지 않았다는 것은 안익태가 아직 공식적으로 슈트라우스의 제자가 아니라는 사실을 천명해준다.

하지만 지금껏 그의 자료에서 한 번도 등장하지 않던 발터가 스승으로 언급된 것은 무엇을 의미하는가? 발터는 1936~38년까지 빈 국립 오페라의 지휘자였으므로, 안익태가 36년 바인가르트너를 찾아 빈에 왔을 때 그를 만났을 가능성이 크다. 발터는 25~29년까지 베를린 시립 오페라의 상임지휘자였는데, 29년부터 푸르트뱅글러의 후임으로 라이프치히 게반트하우스의 총감독 자리를 물려받았다. 하지만 히틀러가 권력을 잡은 33년에 유대인이라는 이유로 곤혹을 치르고 아직 나치의 입김이 강하지 않았던 빈으로 돌아가 그곳에서 일자리를 찾았다.

> 비엔나 체류기간에 거둔 또 하나의 열매는 비엔나 오페라 하우스의 악장을 알게 된 일이었다. 미국인 작곡가 어네스트 타치(Ernest Toch)의 소개로 친숙해진 악장은 익태의 천재적인 음악의 소질을 발견하고 익태에게 최대의 편의를 제공하였다.[20]

김경래의 서술에서 언급되는 당시 빈 오페라 하우스 악장은 발터였다. 1901년 말러(Gustav Mahler)의 조교로 빈 궁정 오페라에서 오랫동안 일했던 발터는 34년에 이미 미국으로 망명한 빈 출신 작곡가 토흐(E. Toch)[21]와 잘 알고 있었으므로 이 서술은 신빙성이 높다.

그런데 1941년 헝가리 연주회에서 바인가르트너 대신 오히려 푸르트뱅글러와 어깨를 겨루었던 유대인 지휘자 발터를 스승으로 언급한 것은 어찌 된 일인가? 두 가지 가설을 생각해볼 수 있다. 하나는 공식적으로 바인가르트너의 제자가 아닐 가능성이고, 다른 하나는 39년 이미 미국으로 망명한 발터의 이름을 언급해도 아무도 신경 쓰지 않는 상황과 관련이 있을 수 있다.

다른 한편, 1940년 2월 11일 부다페스트의 같은 학교 기숙사에서 안익태를 처음 만나 친구가 된 일본-헝가리의 교환학생 야스모토 도쿠나가는 그의 일기에서 안익태가 20세기의 거장 버르토크(Béla

Bartók)에게서도 배웠다고 서술하고 있다.

> 내가 유학한 지 얼마 되지 않아 알게 된 부다페스트 기숙사의 친구 중 서울 출신 안익태 군이라는 젊은 지휘자가 있었다. 그는 부다페스트의 국립음악원에서 몇 년간 버르토크에게 사사하고 있던 사람이라 버르토크 신변 얘기를 해주었다. 안 군 얘기로 버르토크는 일상생활에서도 결코 굽히지 않는 곧은 성격인 데다가 정치적으로 철저한 반나치여서 독일의 강력한 요구에 양보를 거듭하고 있던 당시 헝가리 정부에 대한 항의의 의미였는지 공직 사태하고 음악원에도 모습을 나타내지 않았다 한다.[22]

하지만 1938~41년까지 학교의 공식 학적부에는 안익태가 버르토크에게 배웠다는 기록은 없으며,[23] 지금까지 안익태의 연주회 비평이나 팸플릿 어디에도 이에 대한 언급이 없으므로 이를 증명하는 자료를 발굴하기 전에는 '버르토크 제자설'은 확신하기 힘들다. 안익태가 실제 버르토크의 제자였다면 코다이보다 더 유명한 그의 이름이 적어도 전쟁 후의 연주 프로그램에는 당연히 언급되었으리라 생각하기 때문이다.

도나니와 코다이는 1941년뿐만 아니라 42년 2월 6일 하노버의 연주회 비평이나 3월 12일 빈 연주회 비평에서도 늘 등장하지만, 43년 전에는 슈트라우스 이름이 한 번도 언급되지 않았다. 따라서 기존의 '1938년 설'은 안익태의 주장—'12년간의 제자설'—에도 불구하고 의문투성이의 수수께끼다.

'1942년 설'

'1938년 설'이 문제가 있음은 송병욱이 안익태의 두 편지에 나타나는 칭호를 근거로 이의를 제기한 바 있다. 1942년 3월 24일 편지에서는 '존경해 마지않는 슈트라우스 교수님(Hochverehrter Herr Prof. Strauss)'이라는 서두와 '근배(Ihr ergebener)'라는 존칭이 사용된 반면, 44년의 편지에서는 '친애하는 슈트라우스 교수님(Sehr geehrter Herr Prof. Strauss)'이라는 서두의 차이점이 관계의 변화를 암시한다고 주장한다. 또한 문체에 있어서도 "1942년 편지는 매우 격식을 차린 독일어로 정중하게 쓰인 데 비해 44년 2월 23일 편지는 평이한 문체로 되어 있고 사적인 내용도 포함되어 있다"[24)]라며 두 편지의 차이점을 강조한다. 따라서 그는 42년과 44년 사이에 두 사람의 '의미 있는 친분관계'가 형성되었다고 추정한다. 송병욱의 주장은 충분히 의미가 있다고 생각하지만 근거에 있어서는 빈약하다는 약점이 있다.

독일어 편지에서 '존경해 마지않는 슈트라우스 교수님'이나 '친애하는 슈트라우스 교수님'의 칭호를 그렇게 절대적으로 해석할 수 있을까 하는 의구심이 들기 때문이다.■ 더욱이 제자, 스승의 관계는 칭호 문제에서 그렇게 단순하지 않다. 개인에 따라 또 사적 관계에 따라 다르기 때문에 일반화하기 어렵다. 슈트라우스의 경우, 10여 년을 거의 '제자'■■로 또는 사적인 관계—가족 간의 친분관계—로

■ 안익태처럼 외국인인 경우—물론 그는 독일어를 잘 구사하고 있지만—이 용어를 관계의 변화로 절대적으로 해석하기 어렵다.

까지 사귀었어도 젊은 세대들은 항상 슈트라우스에게 '존경해 마지않는'을 사용했다.■ 예를 들면, 슈트라우스의 오랜 친구이자 지휘자인 클레멘스(Claus Klemens)는 가족끼리 슈트라우스와 사적으로도 친했지만 '존경해 마지않는' 칭호와 친근한 느낌이 있는 '사랑하는(Lieber)'을 동시에 사용하여 일반적으로 쓰지 않는 독특한 칭호를 만들기도 했다.[25]

1942년 편지의 칭호와 44년 편지의 칭호에 변화가 있는 것은 사실이지만, 40년대 안익태의 편지가 더 많이 보존되어 있었더라면 칭호의 일관성과 변화를 더 잘 구분할 수 있지 않았을까 하는 아쉬움이 있다.

예를 들면 안익태가 1943년 4월 28일 일독회 함부르크 지부의 총무 베커에게 보낸 편지[26]에는 44년 슈트라우스에게 사용한 서두 '친애하는(Sehr geehrter Herr Dr. Becker)'이 사용된 반면에 편지의 끝에는 42년 슈트라우스에게 보낸 편지의 근배 'Ihr ergebener' 보다 더 정중한 'Mit vorzüglicher Hochachtung'이 혼용되어 있어 일관성이 없음을 알 수 있다.

이런 불충분한 근거로 추정하기보다는 오히려 1943년 2월 11일 빈 연주회와 8월 18일 베를린 필하모니 연주회 프로그램에 공식적으로 '슈트라우스의 제자'라는 문구가 명시되어 있음에 주목하는 것

■■ 정확하게 말하면 뵘(Karl Böhm)이나 클레멘스는 슈트라우스의 제자가 아니다. 슈트라우스는 이들을 함께 음악에 헌신하는 동료로 여겼지만, 안익태의 개념으로 생각하면 제자라 할 수는 있다.

■ 물론 'Hochverehrter lieber Herr Dr. Strauss' 또는 'Lieber hochverehrter Herr Dr. Strauss'라는 표현은 일반적으로 흔히 사용하지는 않는다. 하지만 슈트라우스는 뵘이나 클레멘스를 '사랑하는 친구(Lieber Freund)' 라고 불렀다.

이 더 의미 있어 보인다.

하지만 1943년 연주회 프로그램에 명시되어 있다고 해서 '1943년 설'을 주장하는 것도 문제가 없지 않다. '슈트라우스의 제자'임을 암시하는 43년 이전 자료가 아직 발견되지 않았을 뿐 존재할 수도 있기 때문이다. 따라서 지금 단계에서 정확하게 언제 안익태가 슈트라우스의 제자가 되었는지를 계속 추정하는 것은 의미 있는 논의로 발전하기 어렵다. 대략 1942/43년이라는 시기 설정으로 만족하자. 그 근거는 슈트라우스의 제자라는 문구가 1942년 7월 홍보용 팸플릿에서조차 나타나지 않다가 43년 2월 11일 연주회에서 처음 보이기 때문이다. 43년 2월 프로그램에 공식적으로 소개를 하려면 그 전에 스승과 제자의 관계가 이미 형성되어야 가능하다.

다시 말해 1942년 후반기에서 43년 2월 전이라는 가설에 만족하고, 이제 어떤 과정을 통해 또는 어떤 계기로 슈트라우스와 가까워졌는지 추적하는 것이 현재 자료 상황에서 더 생산적일지도 모른다. 이를 통해 안익태의 음악활동을 적어도 더 입체적으로 이해할 수 있기 때문이다. 1943년 프로그램에 슈트라우스의 제자가 된 사실이 알려지게 되기까지 어떤 과정이 있었는가?

가끔 문서보관소에 나와 일을 처리한다는 가브리엘레 슈트라우스(Gabriele Strauss) 여사가 직접 나를 대면하고 자료를 줄 것이라고 슈트라우스 연구소 마이 박사에게서 전해 들었다. 슈트라우스 여사를 만나면 어떻게 말문을 열어야 할지, 안익태에 관한 자료가 왜 중요한지, 그리고 60여 년이 지난 지금 한국인에게 안익태는 어떤 음악가인지 등 그녀에게 말할 내용을 미리

슈트라우스의 사택이었던 리하르트 슈트라우스 문서보관소 내부

생각해보았다. 그녀와의 면담이 성공적일수록, 즉 내가 원하는 것이 무엇인지 그녀를 잘 납득시킬수록 나의 소득은 그만큼 많아질 것이기 때문이다.

슈트라우스 페스티벌을 알리는 포스터와 깃발이 휘날리는 거리를 따라 슈트라우스 여사와 약속한 시간보다 일찍 죄플리츠 슈트라세 42번지에 위치한 리하르트 슈트라우스 문서보관소에 도착했다. 숨을 고르기 위해 천천히 집 주위를 한 바퀴 돌아보았다. 집을 등지고 서서 앞쪽을 바라보니 우뚝 솟은 산허리에 흰 구름이 걸려 있었다. 깊은 산 속에서나 볼 수 있다고 여기던 풍경이 바로 눈앞에 펼쳐지니 그제야 멀리 온 것을 실감했다. 책에서만 보던 슈트라우스 저택과 평

슈트라우스의 손자며느리 가브리엘레 슈트라우스 여사

온함이 느껴지는 정원을 바라보니 매일 휴양지에서 사는 듯 멋진 환경에서 흥미로운 삶을—생의 마지막 몇 년을 제외하고—영위했을 슈트라우스가 고생스런 망명길을 택하지 않은 이유를 알 것 같기도 했다.

조금 일찍 왔다고 웃으며 인사하는 나를 키가 큰 은발의 노부인은 미소로 친절하게 맞이했다. 그녀는 유명한 바그너 음악 전문 성악가 호터(Hans Hotter)의 딸로 할아버지 이름을 그대로 물려받은 손자 리하르트와 결혼하여 대가의 손자며느리가 된 것이다. 양탄자가 깔린 푹신한 계단을 밟고 여사를 따라 2층으로 올라갔다. 슈트라우스의 작업실인 듯한 밝은 방으로 따라 들어가니 슈트라우스 사진, 그림, 장서와 악보, 그리고 조각상이 한눈에 들어왔다. 모두 책에서나 보던 물건들이 아닌가!

흥분을 가라앉히고 나는 미리 준비해온 질문지를 꺼내 안익태에 대해 궁금한 문제들을 하나씩 얘기했다. 신기하다는 눈빛으로 조용히 듣고 있던 그녀는 '에키타이 안'으로 되어 있는 카탈로그의 편지를 모두 내놓았다. 이미 알려진 대로 나치 시기의 안익태의 편지는 두 통밖에 없었지만, 1947년부터 슈트라우스가 작고하는 49년까지 교환한 50여 통의 편지가 전부 있었다.

아! 60여 년의 세월로 누렇게 변한 안익태의 거의 완벽한 독일어 편지가 내 앞에 있었다. 안익태를 직접 만난 듯 고개 숙여 조심스레 그의 편지를 만져보았다. 나로서는 그의 유품과 첫 대면인 셈이다. 그의 수수께끼를 풀 수 있는 첫 퍼즐을 선물 받은 듯 슈트라우스 여사에게 감사의 인사를 전하고 중요해 보이는 편지 원본을 디지털 카메라에 담았다. 또한 역사적인 물건들로 가득 찬 슈트라우스 서재와 슈트라우스 여사도 함께 찍으면서 흑백사진과 컬러사진의 차이가 뛰어넘기 힘들 정도로 먼 것만은 아니라는 생각이 들었다.

3. 1942년 슈트라우스의 인정을 받는 안익태

일독회 빈 지부는 더욱 효과적인 문화행사를 위해 안익태를 지휘자로 내세우고, 리스트의 마지막 제자인 피아니스트 자우어를 협연자로 제안하는 동시에 슈트라우스의 〈일본 축전곡〉을 프로그램에 포함시키도록 제안했다. 1941년 9월 23일자 빈 지부의 편지를 보자.

> 빈에서 아직 무명인 작곡가(안익태)를 위해서 우리는 유명한 피아니스트 대가 자우어를 피아노 협주곡 연주자로 모시려고 시도할 것입니다. 따라서 안씨의 주소를 아직 모르니 그와 접촉하여 다음의 질문에 답을 듣고자 합니다. 1) 연주회 날짜, 2) 안씨가 요구하는 것, 3) 휴식 없이 60~70분 정도의 최소한의 프로그램과 90분~100분가량에 해당하는 최대의 프로그램에 대해 그의 의견을 듣고 싶습니다. 이 프로그램에 슈트라우스의 〈일본 축전곡〉을 포함시키는 것도 가능합니다. 이 곡이 아직 빈에서 연주되지 않은 관계로 많은 사람들을 유인할 수 있기 때문입니다…….[27] (편지 원본은 89쪽 참조)

이 편지는 빈 연주회가 결코 슈트라우스의 추천으로 성사된 것이 아님을 입증한다.■ 오히려 일독회의 연주회를 성공적으로 이끌기

■ 안익태가 독일에서 지휘활동을 할 수 있게 된 것이 슈트라우스의 도움 때문일 것이라는 지금까지의 정설을 무색하게 만든다. 한 가지 더 언급하면 1943년 8월 18일 베를린 필하모니 연주회도 슈트라우스의 직접적인 추천이나 압력이 아니었다. 일독회 베를린 본부 총무가 두 개의 연주회를 제안하고 베를린 필하모니 오케스트라 단장이 음악적인 이유로 안익태를 선택한 결과였다.

위해 슈트라우스의 작품을 이용하고자 한 것이다. 뿐만 아니라 빈에서 전혀 알려져 있지 않은 안익태를 위해 배려하는 일독회 실무자의 언술에서 이 연주회를 통해 안익태가 빈에서 첫 데뷔를 한다는 사실도 알 수 있다.

물론 일독회 빈 지부 총무가 안익태의 음악활동을 적극적으로 지원하는 이유가 무엇인지 구체적으로 언급되어 있지는 않지만, 빈 지부와 베를린 본부가 교환한 편지 내용을 종합해보면 적어도 슈트라우스가 영향력을 행사했다는 단서는 찾아볼 수 없다. 1942년 그의 작품이 연주회 프로그램에 포함되어 있었을 때를 제외하면, 일독회가 주관하는 안익태의 연주활동에 슈트라우스는 거의 관련이 없어 보인다.

이미 이전에 안익태가 슈트라우스를 본 적이 있고, 일본 음악가로 인사했을 가능성도 없지 않으나, 1942년 연주회는 비로소 두 사람의 만남을 공식적으로 기록에 남기게 된 계기인 듯하다. 당시에 찍은 슈트라우스와 안익태가 나란히 앉아 악보를 보며 뭔가 열중하고 있는 사진에서 보듯이, 연주회 전에 작품 해석과 토론을 위해 슈트라우스와 안익태가 빈에서 만나 의논했을 가능성이 매우 높다.

촬영 시기가 문서에 정확히 명시되어 있지는 않지만 이 사진은 코블렌츠 국립문서보관소에 소장된 일독회 빈 지부의 1942년 1월 19일자 편지와 2월 3일자 빈 연주회 프로그램 사이에 들어 있었다.[28] 따라서 이 사진은 안익태와 슈트라우스가 빈 연주회를 위해 그 전에 만나 찍었을 가능성이 크다.

그런데 1942년 1월 19일과 2월 3일 사이에 두 사람이 공식 모임에

1942년 3월 12일 빈에서 있을 연주회를 앞두고 슈트라우스의 〈일본 축전곡〉에 대해 슈트라우스와 안익태가 의논하는 모습. 1942년 1월 29일 일본 총영사관의 조찬 모임에서 찍은 것으로 추정된다(코블렌츠 국립문서보관소 제공).

서 만날 수 있었던 기회는 슈트라우스 전기에 따르면 1월 29일 빈 일본 영사관에서였다. 굳이 공식 모임을 염두에 두는 것은 이들의 옷차림 때문이다. 편하게 슈트라우스의 집에서 만나 레슨하는 모습이 아니라, 매우 격식을 차린 매무새가 공식적인 분위기를 말해준다.

1월 29일 슈트라우스는 동경에서 온 지휘자 펠머(Helmut Fellmer) 및 '18명의 손님'과 함께 일본 총영사관의 조찬 모임에 초청되었는데, 이때 안익태가 동참한 것은 거의 확실하다. 그는 2월 3일로 예정되었던 자신의 연주회 초대 손님을 일본 총영사에게 제안하여 호응을 얻은 바 있으며, 곧 〈일본 축전곡〉을 지휘할 사람이었기 때문

〈일본 축전곡〉 동경 초연 연주회 프로그램의 표지(리하르트 슈트라우스 문서보관소 제공)

이다.■

참고로 슈트라우스와 함께 참석한 펠머는 슈트라우스의 〈일본 축전곡〉을 1940년 12월 14일 동경에서 초연한 독일 음악가인데, 잠시 유럽을 방문하는 중이었다. 그는 동경 우에노음악학교 교수로서 토마스 만(Thomas Mann)의 처남 프링스하임(Klaus Pringsheim)이 1937년 유대인이라는 이유로 해고되자 그의 후임자가 되었다.[29] 조찬 모임에서 슈트라우스, 펠머, 안익태는 모두 〈일본 축전곡〉이라는 공통 주제로 서로 의견을 교환했으리라 추정된다. 종합해서 말하면 이 사진은 1월 29일, 일본 총영사관의 조찬 모임에서 만나 〈일본 축

■ 일독회 빈 지부는 1월 29일자 편지에 연료 부족으로 연주회가 연기되었다고 본부에 보고하는데, 연주회 때문에 이미 빈에 와 있는 연주회 관련자들을 위해 일본 총영사관이 조찬을 베풀었을 가능성이 높다.

전곡〉에 대해 논의할 때 찍은 것일 가능성이 매우 높다.[30]

슈트라우스는 빈에서 1941년 11월 8일~1942년 5월 7일까지 6개월 동안 빈에서 체류했다.[31] 42년 2월 3일 계획되었던 안익태의 연주회가 연료 부족으로 3월 12일로 연기된 것도 오히려 안익태에게는 행운이었다. 300라이히스마르크로 책정되었던 지휘자 사례금이 500라이히스마르크로 인상되었을 뿐 아니라, 시간적으로도 여유가 생겨 슈트라우스와 만날 기회도 그만큼 더 많았을 것이다.

빈 연주회가 끝나고 슈트라우스는 〈일본 축전곡〉의 지휘자 안익태를 '깨끗이' 인정한다는 서명을 해주었다(51쪽 참고). 물론 당시 함께 연주회에 있었던 슈트라우스 전문가 빌헬름은 안익태의 지휘에 대해 결코 긍정적으로 평가하지 않았다.

> 휴식이 끝난 후 〈일본 축전곡〉이 연주되었다. 얼마 전에 모랄트■가 지휘할 때보다 훨씬 더 느린 템포였다. 그런데 지휘자와 오케스트라는 서로 호흡이 맞지 않았고 그로 인해 중간에 전혀 곡을 모르는 사람도 눈치 챌 수 있는 실수가 있었다. 그리고는 한참 동안 헤매다가 제자리를 찾았다. 하지만 슈트라우스는 가만히 앉아 있다가 모든 것이 아무 문제 없다는 듯 정중한 태도를 보였다.[32]

빌헬름의 주관적인 견해가 엿보이기는 하지만 안익태의 연주에

■ 〈일본 축전곡〉은 안익태가 지휘하기 전 빈의 음악애호가학회에서 모랄트 지휘로 1942년 1월 14일 연주되었다.

실수가 있었던 것은 분명해 보인다. 그렇다면 슈트라우스가 안익태를 인정한다는 헌정서는 빌헬름의 서술과 모순 된다. 그러나 대가의 판단 기준은 다를 수도 있으므로 빌헬름의 서술 내용보다는 슈트라우스가 안익태를 인정했다는 진술이 더 설득력 있다고 생각된다.■

대가의 인정을 받은 안익태의 기쁨은 대단했을 것이다. 게다가 이날 연주회에 참석했던 만주국 외교 공사 에하라 고이치는 이틀 후인 3월 14일 빈에서 슈트라우스를 저녁 만찬에 초대했다.[33] 연주회의 주인공이 안익태였으니 그도 당연히 슈트라우스와 함께 자리했을 것이다.

4. 안익태와 에하라 고이치의 친분

안익태보다 열 살 정도 위인 에하라는 1896년 11월 19일 일본 오카야마 주에서 태어나 1923년 동경제국대학에서 법학을 공부하고 38년부터 만주국 고위 관리로 베를린에서 근무했다. 만주국과 외교관계에 있는 나라는 적었으므로 그는 베를린에 주재하면서 헝가리, 루마니아, 핀란드의 만주국 공사도 겸임했다.[34] 그의 상관 뤼-이-웬이 있었지만 일본인 에하라가 실세임은 쉽게 추측할 수 있다. 일독회의 행사 및 만찬회에 자주 초대되지만 한 번도 부인의 존재가

■ 일독회 빈 지부의 보고서에도 이 연주회에서 안익태가 청중의 열광적인 박수를 받았다고 기록되어 있다.

언급되지 않는 것으로 보아 독신일 가능성이 크다. 이 점은 그의 사택에 안익태가 함께 살게 된 것과 무관하지 않을 수 있다.

그런데 안익태가 어떻게 에하라와 친분을 맺게 되었는지는 의문으로 남는다. 안익태와 에하라가 이미 동경에서부터 알고 지낸 사이일 수도 있다. 하지만 현재까지 발굴된 자료에서 이에 대한 언급은 아직 찾지 못했으므로, 이것을 제외한 세 가지 가능성을 더 생각해볼 수 있다. 첫 번째로 우선 에하라가 만주국 외교 공사로 1938년 이후 독일과 동맹국인 헝가리, 루마니아 등지를 업무상 순회하면서 일본인 지휘자로 활동하던 안익태를 연주회나 만찬회에서 만났을 경우를 가정해볼 수 있다. 1941년 10월 21일 부다페스트 연주회 비평(한스 아들러 팸플릿 참고)에서도 알 수 있듯이 안익태의 연주회에 일단의 일본인들이 청중석을 채우고 있었고, 연주회가 끝나면 거의 항상 만찬회가 있었으므로 이 가설도 어느 정도 개연성이 있다.

두 번째로 일본인 지인을 통해 소개받았을 수도 있다. 제3자를 통해 알게 되었다면 고노에 히데마로[35]나 부다페스트의 친구 야스모토 도쿠나가가 가능하지만 지금까지 자료에 나타나지 않은 인물도 얼마든지 가능하다. 독일과 헝가리 등지에서 일본인들은 서로 매우 긴밀한 유대관계를 형성하고 있었고, 만주국과 일본제국의 기념일 행사를 위해 자주 모였으므로 쉽게 교류할 수 있었기 때문이다.

마지막으로 일독회의 역할을 지적해볼 수 있다. 즉 그들은 일독회 행사에 참여하면서 서로 얼굴을 익혔을 수도 있다. 1940년 12월 19일 일본 황실 기원 2600년 기념행사로 뤼-이-웬과 함께 일독회 베를린 본부의 만찬에 초대되었던 에하라는 일독회에서도 매우 중요한 인사였기 때문이다.[36] 일독회는 에하라와 고노에, 안익태를 잇는 구심적 역할을 단단히 했을 것이다.

5. 슈트라우스, 에하라, 안익태 그리고 〈만주국 축전곡〉

3월 14일 빈에서의 저녁 만찬이 있고 5일 후에 작성된 에하라의 편지를 보면, 에하라는 슈트라우스를 집으로 초대하는데, 이는 안익태에게 대가 슈트라우스의 인정을 받는 만큼이나 기쁜 일이었으리라. 베를린에서 쓴 에하라의 3월 19일자 편지다.

보내는 사람: 에하라 고이치

베를린 주재 만주국 공사관 **베를린, 1942년 3월 19일**

존경하는 고문님께

고문님께서 최근 빈을 방문하셨을 때 존경하는 사모님과 함께 행복한 시간을 보낼 수 있었던 것에 대해 뭐라고 감사의 말씀을 드려야 할지 모르겠습니다. 예술과 음악에 관한 좋은 이야기로 평소 지내던 저의 생활과는 전혀 다른 세상을 생생하게 경험할 수 있었습니다.

고문님께서 6월에 베를린으로 오실 때, 누추하지만 **저의** 집에 모실 수 있다면 정말 큰 영광일 것입니다.

사모님께서도 함께 오실 수 있다면 역시 진심으로 환영합니다. 다시 사모님과 담소를 나눌 수 있다면 정말 기쁠 것입니다…….[37]

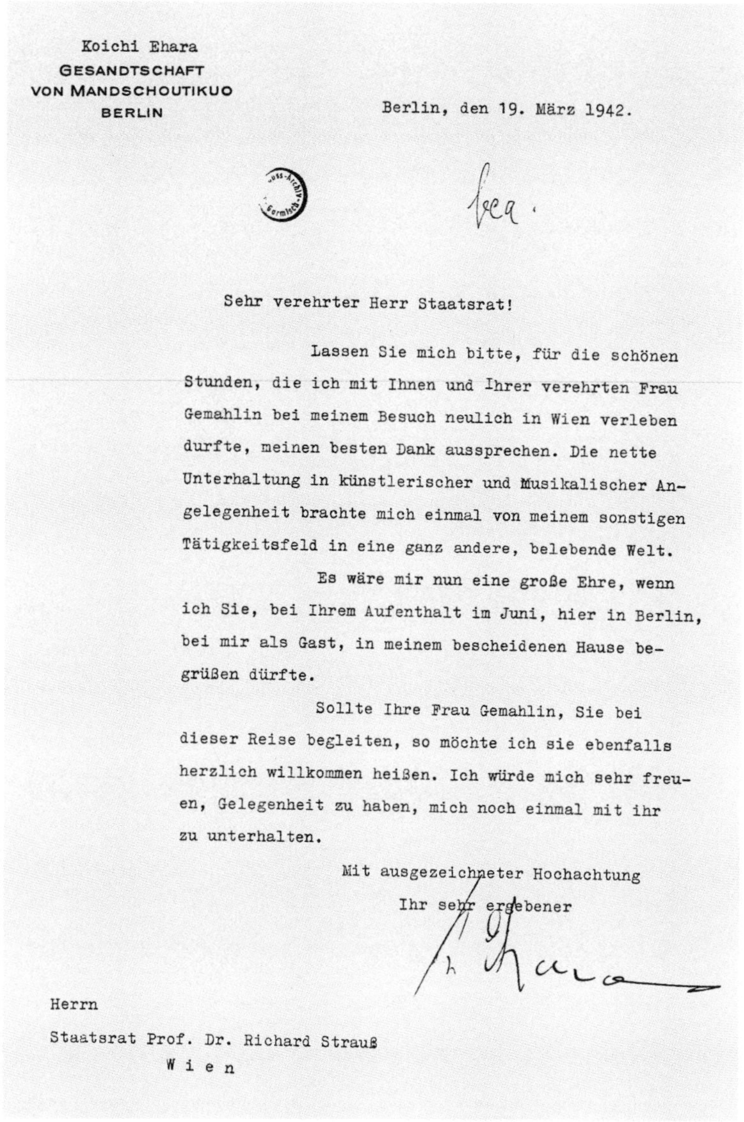

Koichi Ehara
GESANDTSCHAFT
VON MANDSCHOUTIKUO
BERLIN

Berlin, den 19. März 1942.

Sehr verehrter Herr Staatsrat!

Lassen Sie mich bitte, für die schönen Stunden, die ich mit Ihnen und Ihrer verehrten Frau Gemahlin bei meinem Besuch neulich in Wien verleben durfte, meinen besten Dank aussprechen. Die nette Unterhaltung in künstlerischer und Musikalischer Angelegenheit brachte mich einmal von meinem sonstigen Tätigkeitsfeld in eine ganz andere, belebende Welt.

Es wäre mir nun eine große Ehre, wenn ich Sie, bei Ihrem Aufenthalt im Juni, hier in Berlin, bei mir als Gast, in meinem bescheidenen Hause begrüßen dürfte.

Sollte Ihre Frau Gemahlin, Sie bei dieser Reise begleiten, so möchte ich sie ebenfalls herzlich willkommen heißen. Ich würde mich sehr freuen, Gelegenheit zu haben, mich noch einmal mit ihr zu unterhalten.

Mit ausgezeichneter Hochachtung
Ihr sehr ergebener
K. Ehara

Herrn
Staatsrat Prof. Dr. Richard Strauß
W i e n

1942년 3월 19일 에하라가 베를린에서 빈에 있는 슈트라우스에게 보낸 편지(리하르트 슈트라우스 문서 보관소 제공)

어차피 슈트라우스는 6월에 선전 장관 괴벨스를 만나러 베를린으로 여행을 해야 했으므로 이 기회를 이용해 에하라는 슈트라우스를 자신의 집에 초대하고자 했다. 물론 초대의 정확한 동기는 알 수 없지만, 단순히 개인적인 호의라고 보기에는 석연치 않은 점이 있다. 반면 〈만주국 축전곡〉과 관련 있을 확률은 매우 높다. 어쨌든 에하라가 편지를 보내고 5일 후 1942년 3월 24일 안익태도 에하라의 집 주소 구스타프 프라이타크 슈트라세 15번지에서 슈트라우스에게 편지를 썼다.

보내는 사람: 에키타이 안

베를린 그뤼네발트

구스타프 프라이타크 슈트라세 15번지

베를린, 1942년 3월 24일

다시 베를린으로 돌아와 빈에서 너무나도 친절하게 대해주신 데에 대해서, 그리고 일독회 연주회에 대해서 진심으로 감사드리고 싶은 마음이 간절합니다.

에하라 씨와 저는 교수님과 사모님이 6월 베를린에 오실 때, **저희 집**에 손님으로 모실 수 있기를 바랍니다. 저는 저희 집이 교수님과 사모님에게 안락하고 조용한 곳이 되리라 확신합니다.

언제 베를린에 도착하시는지 저에게나 에하라 씨의 사무실로 전보를 주시면 좋겠습니다. 에하라 씨와 제가 교수님과 귀한 사모님을 6월에 마중 나갈 수 있다면 정말 행복할 것입니다.

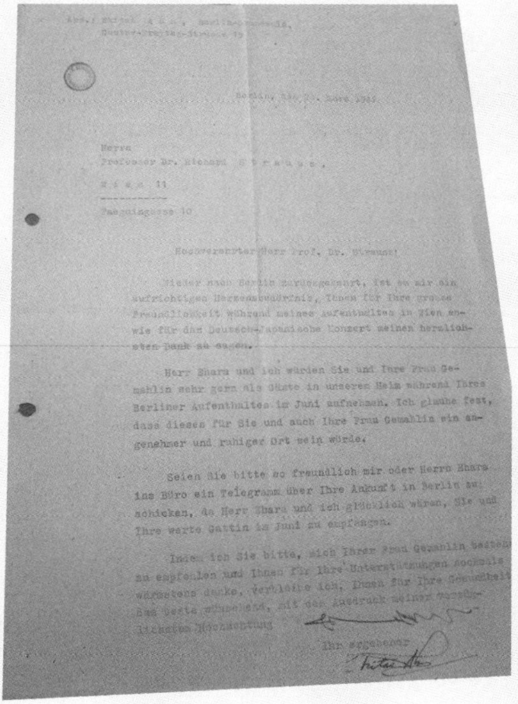

Herrn
Professor Dr. Richard S t r a u s s,
W i e n 11
[illegible] 10

[illegible] Herr Prof. Dr. Strauss!

[illegible] Berlin [illegible], ist es mir ein aufrichtiges [illegible], Ihnen für Ihre grosse Freundlichkeit während meines Aufenthaltes in Wien sowie für das Deutsch-Japanische Konzert meinen herzlichsten Dank zu sagen.

Herr Ehara und ich würden Sie und Ihre Frau Gemahlin sehr gern als Gäste in unserem Heim während Ihres Berliner Aufenthaltes im Juni aufnehmen. Ich glaube fest, dass dieses für Sie und auch Ihre Frau Gemahlin ein angenehmer und ruhiger Ort sein würde.

Seien Sie bitte so freundlich mir oder Herrn Ehara ins Büro ein Telegramm über Ihre Ankunft in Berlin zu schicken, da Herr Ehara und ich glücklich wären, Sie und Ihre werte Gattin im Juni zu empfangen.

Indem ich Sie bitte, mich Ihrer Frau Gemahlin [illegible] zu empfehlen und Ihnen für Ihre Unterstützungen nochmals wärmstens danke, verbleibe ich, Ihnen für Ihre Gesundheit das Beste wünschend, mit dem Ausdruck meiner vorzüglichsten Hochachtung

Ihr ergebener

1942년 3월 24일 안익태가 슈트라우스에게 보낸 편지(리하르트 슈트라우스 문서보관소 제공)

사모님께 제 안부를 전해주시고, 저를 후원해주신 데 대해 다시 한 번 진심으로 감사드리면서 교수님의 건강을 빕니다…….[38]

집주인인 에하라가 먼저 슈트라우스에게 초대의 편지를 썼던 만큼 안익태의 편지에 본질적으로 새로운 내용은 없다. 감사의 말과 초대의 뜻을 다시 한 번 강조하는 정도다. 에하라와 안익태의 편지

를 비교해보면, 에하라는 자신(mein : '나의')의 집을 누추하다고 표현하지만, 안익태는 이 집이 안락하고 조용한 곳이라는 확신에 차 있다. 그리고 '저희(unser : '우리의') 집'이라는 표현에서는 스스로를 에하라의 손님이 아닌 가족으로 여기는 당당함이 느껴진다. 언제부터 안익태가 에하라 집에 기거했는지 알 수 없고, 또 두 사람이 어떻게 알게 되었는지도 알려진 바 없으나, '저희 집'이라는 표현은 안익태가 에하라의 집에 산 지 꽤 오래되었음을 암시한다.

리하르트 슈트라우스 문서보관소에 남아 있는 자료에 따르면 슈트라우스는 5월 26일 에하라에게 초대에 응하겠다는 답장을 보냈다.■ 슈트라우스가 답장을 보낸 곳이 일본 대사관이 소재했던 티어가르텐 근처 레싱 슈트라세 1번지[39]의 만주국 외교관 사무실이었는지, 아니면 그뤼네발트의 집이었는지는 알 수 없다. 하지만 슈트라우스에게 답장을 보낸 사람은 다시 에하라였다. 5월 28일 에하라가 슈트라우스에게 보낸 편지도 철저하게 '나'라는 1인칭 시점에서 서술되어 있다.

보내는 사람: 에하라 고이치

베를린 주재 만주국 공사관 **베를린, 1942년 5월 28일**

존경하는 슈트라우스 교수님!

5월 26일 보내주신 편지에 대해 진심으로 감사합니다. 교수님께

■ 슈트라우스가 보낸 1942년 5월 26일 답장은 발굴하지 못했다.

Gesandtschaftsrat Koichi Ehara

Gesandtschaft
von Mandschoutikuo
Berlin

L

Berlin, den 28. Mai 1942

Hochverehrter Herr Professor Dr. Strauss!

Für Ihre Zeilen vom 26. Mai haben Sie herzlichsten Dank. Ich freue mich von ganzem Herzen, dass Sie am 10. Juni nach Berlin kommen und mein Gast sein werden. Nur bedauere ich aufrichtig, dass Ihre Gattin Sie nicht begleiten kann.

Herr Ahn wird Sie auf dem Anhalter Bahnhof willkommen heissen und Sie dann in mein Heim führen, wo Sie es sich so bequem wie möglich machen sollen und auch Ihre Gewohnheit, zur Erholung und Ausspannung die freien Nachmittage mit Ihren Freunden zu verleben, nicht missen sollen. Wenn Sie auch wegen Proben und Aufführungen in der Oper sich nicht an die Tageseinteilung halten können, brauchen Sie sich deswegen keine unnötigen Sorgen zu bereiten, da Sie sich in erster Linie bei mir ungebunden und wohl fühlen sollen.

Indem ich auf ein gesundes und frohes Wiedersehen hoffe, verbleibe ich, Sie und Ihre Gattin verbindlichst grüssend,

mit vorzüglicher Hochachtung

Ehara

Herrn
Staatsrat Prof. Dr. Richard Strauss,

G a r m i s c h

Zoeppritzstr. 42

에하라가 슈트라우스에게 보낸 1942년 5월 28일자 편지(리하르트 슈트라우스 문서보관소 제공)

서 6월 10일 베를린으로 오셔서 **저의** 손님이 되어주신다니 너무나 기쁩니다. 사모님께서 동행하지 못하는 것이 그저 안타까울 따름입니다.

안씨가 교수님을 안할트 역에 마중 나가서 **저의 집**으로 모실 것입니다. 가능한 한 편안하게 지내시길 바랍니다. 그리고 늘 오후에 자유롭게 친구들과 여가를 즐기셨던 것처럼 저의 집에서도 그렇게 하십시오. 오페라 리허설이나 공연 때문에 시간을 지킬 수 없으시더라도 그 때문에 신경 쓰실 것은 없습니다. 교수님께서 저의 집에서 자유롭고 기분 좋게 지내시는 것이 무엇보다 중요하기 때문입니다.

건강하고 기쁜 만남을 희망하면서 교수님과 사모님께 **저의** 인사를 전하면서…….[40]

슈트라우스는 6월 9일 아내 파울리네(Pauline) 없이 개인 기사 마르틴(Thomas Martin)과 함께 차를 타고 베를린으로 왔다. 따라서 안익태는 안할트 기차역으로 슈트라우스를 마중 나갈 필요가 없었을 것이다. 6월 11일에 78번째 생일을 맞은 슈트라우스는 베를린에서 축하 연회를 가졌는데, 에하라와 안익태가 함께했으리라. 여러 가지 행사와 공식 모임, 연주회 등 일이 많았던 슈트라우스에게 에하라는 300년 된 붉은색의 중국 자기를 선물하여 슈트라우스를 기쁘게 했다. 또한 괴벨스 장관에게서 글루크(Wilibald Gluck)의 흉상을 생일 선물로 받았던 슈트라우스는 6월 20일 '행복하고 기분 좋게'[41] 집으로 돌아갔다.

슈트라우스의 전기에는 그의 베를린 체류 시기와 관련하여 에하라의 이름만 언급되어 있을 뿐[42] 안익태의 이름은 찾아볼 수 없다. 하지만 같은 집에서 슈트라우스, 에하라, 안익태 세 사람이 친분을 쌓았으리라 추측할 수 있다. 그 이후의 문서들과 〈만주국 축전곡〉이 이를 증명해준다.

베를린여행이 흡족했던 슈트라우스는 가르미슈 집에서 에하라에게 감사의 편지를 썼다. 물론 슈트라우스의 편지는 분실되었지만 1942년 7월 2일 쓴 에하라의 답장이 남아 있다.

보내는 사람: 에하라 고이치

베를린 주재 만주국 공사관 **베를린, 1942년 7월 2일**

존경하는 슈트라우스 교수님!

소식 주셔서 정말 감사합니다. **저의 집**에서 기분 좋게 계시다 무사히 돌아가셔서 정말 다행입니다. 교수님이 베를린에 계시는 동안 제 집에 모실 수 있었고 또한 생신 축하를 함께할 수 있었던 것이 제게는 너무나 큰 기쁨이며 영광이었습니다. 이는 강조할 필요조차 없을 것입니다.

스케치 노트와 자필로 서명한 사진을 선물해주셔서 얼마나 감사한지 글로 표현하기 힘듭니다. 제게 매우 소중하고 귀한 추억이 될 것입니다. 그만큼 지금 전하는 감사의 표현은 저의 엄청난 기쁨과 감사의 아주 작은 부분에 불과합니다. 너무나도 유명하신 독일 작곡가의 값진 유물을 제가 소유하고 있기 때문이지요. 귀국하면 고

Gesandtschaftsrat Koichi Ehara

Gesandtschaft
von Mandschoutikuo
Berlin

L

Berlin, den 2. Juli 1942

Sehr verehrter Herr Professor Dr. Strauß!

Haben Sie ganz herzlichen Dank für Ihre Nachricht, aus der ich ersah, dass Sie sich bei mir wohlfühlten und glücklich an Ort und Stelle eintrafen. Dass es für mich eine ausserordentlich grosse Freude und Ehre war, Sie während Ihres Berliner Aufenthaltes aufzunehmen und mit Ihnen Ihren Geburtstag zusammen begehen zu können, will ich Ihnen nicht mehr besonders versichern.

Wenn ich Ihnen nun für das mir zur bleibenden Erinnerung überlassene Skizzenbuch sowie auch für Ihr mit einer Widmung versehenes Bild wärmstens danke, soll dies nur soweit ich es in Worte zu fassen vermag, ein kleiner Ausdruck meiner grossen Freude und Dankbarkeit sein, denn ich besitze ja somit das kostbare Vermächtnis eines ganz berühmten deutschen Komponisten, was ich bei meiner Rückkehr einem Heimatmuseum zeigen und dann für immer als meinen grössten und unvergesslichen Schatz aufbewahren werde.

Mit Freuden werde ich am 7. August dem Konzert in Salzburg beiwohnen und Sie gern wenn es möglich sein sollte, in Verbindung einer Reise in Ihrer Villa in Garmisch aufsuchen.

Indem ich Sie und Ihre werte Gattin vielmals grüsse, verbleibe ich mit den besten Wünschen für Ihre Gesundheit

Herrn
Staatsrat Prof. Dr. Richard Strauß,
G a r m i s c h

에하라가 슈트라우스에게 보낸 1942년 7월 2일자 편지(리하르트 슈트라우스 문서보관소 제공)

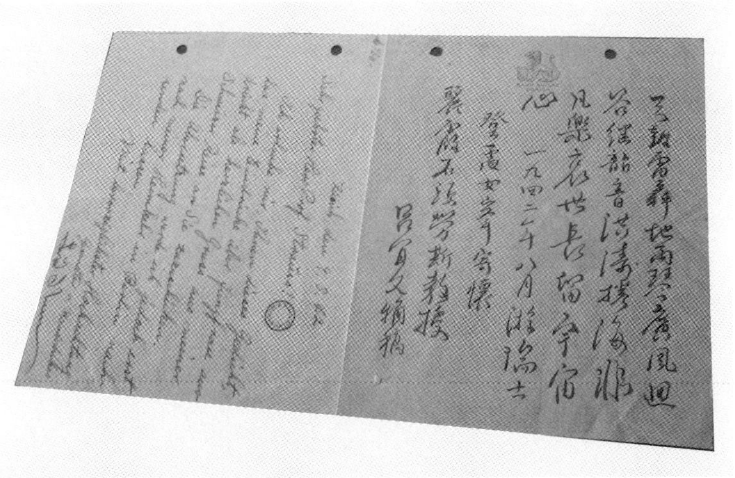

에하라가 1942년 8월 스위스를 여행하면서 슈트라우스에게 보낸 한시(리하르트 슈트라우스 문서보관소 제공)

> 향의 박물관에 모셔두고 위대하고 영원히 잊을 수 없는 위대한 보물로 간직할 것입니다.
>
> 저는 8월 7일 잘츠부르크 연주회에 참석하려 합니다. 제게는 기쁜 일이지요. 그리고 가능하면 이 여행과 연계해서 가르미슈에 있는 빌라로 교수님을 찾아뵙겠습니다.
>
> 교수님과 사모님께 인사드리고, 건강하시기를 간절히 바라면서…….[43]

에하라가 편지에서 언급한 8월 7일 잘츠부르크 연주회는 모차르테움에서 열리는 슈트라우스의 모차르트 연주회[44]를 가리키는데, 안익태도 이 연주회에 에하라와 함께 갔는지 현재로서는 알 수 없다. 잘츠부르크 연주회가 있고 이틀 후 8월 9일 에하라는 취리히에서 한시(漢詩) 한 편이 담긴 편지를 슈트라우스에게 보냈다. 에하라의 편지에는 가르미슈로 가서 찾아뵙겠다는 인사는 없고, 베를린으로 돌아가 집에서 한시를 다시 번역하여 보내겠다는 내용만 있다. 즉흥적인 감흥이 담겨 있는 이 편지 자료로 보면 에하라와 슈트라우스는 인간적으로 가까운 사이가 된 듯하다.

세 사람의 친분에 대해서는 전쟁이 끝난 후 1947년의 편지 교환에서도 다시 확인할 수 있다. 47년 안익태가 슈트라우스와 다시 서신을 주고받게 되었을 때, 슈트라우스는 같은 해 5월 11일 편지에서 "**우리의 친구** 에하라의 소식을 들었는지" 물으며 "나는 그의 생각을 많이 한다"[45]라고 쓰고 있다. 혹시 에하라가 만주에서 변을 당하지나 않았을까 슈트라우스는 걱정했다.

이런 맥락에서 안익태가 1942년 9월 18일 일장기와 만주국기가 보이는 연주회에서 만주국 건국 10주년 기념행사를 위해 〈만주국 축전곡〉을 작곡하고 지휘하게 된 것은 자연스러워 보인다. 게다가 43년 2월 빈에서 다시 이 곡을 지휘할 수 있도록 일본 대사관 관료에게 제안한 것도 에하라와의 관계에서 이해할 수 있다(95쪽 참고). 이 빈 연주회는 일독회의 연주회가 대체로 그러하듯 적자를 면치 못했는데, 에하라는 일독회의 행사임에도 불구하고 개인적으로 2,000 라이히스마르크를 후원했다. 안익태가 받은 지휘자 사례금(500라이히스마르크)의 4배에 해당하는 액수다.[46]

그렇다 해도 만주국 건국 10주년 기념 연주회처럼 정치적인 행사를 고노에나 슈트라우스가 지휘했다면, 이는 만주국 입장에서 구색도 제대로 갖췄고 정치적으로도 더욱 큰 효력을 발휘했을 것이다. 따라서 안익태가 〈만주국 축전곡〉을 위촉받고 지휘한 것은 그리 당연하다고 볼 수 없다. 에하라가 직접 쓴 〈만주국 축전곡〉 합창 텍스트의 세 번째 연은 다음과 같다.

> 일본과 우리는 튼튼하게 연결되었네 / 심장이 하나인 것처럼, 신성한 목표 속에서 / 영원한 평화를 위해 / 독일도, 이탈리아도 모두 노력하네.[47)]

만주국도 일본, 독일, 이탈리아의 3국 동맹에 속해 있다는 것을 선전하는 내용으로, 만주국이 일본의 괴뢰정부에 지나지 않다는 것이 여지없이 드러난다. 만주국이 얼마나 일본과 밀접한 관계에 있는지를 과시하여 독일과도 동맹국이라는 것을 선전하는 것이 이 연주회 행사의 목적이라면 여기에 막강한 정치 권력의 후광을 입은 고노에나 세계적인 명성을 지닌 독일 음악가 슈트라우스가 적임자이지 않았을까?

그런데도 안익태가 위촉된 데에는 두 가지 설명이 가능하다. 첫째, 당시 독일 적십자 행사 연주회 때문에 바쁜 고노에를 대신하여 안익태에게 기회가 돌아갔을 가능성을 배제할 수 없다. 9월 16일 드레스덴과 9월 23일 브레멘에서의 독일 적십자 연주회 일정 때문에 고노에는 1942년 9월 16일, 18일, 24일 코부르크에서 제안한 〈피델리오〉 공연을 거절했다.

둘째, 만주국 공사관도 일본 대사관이 그랬던 것처럼 슈트라우스에게 〈만주국 축전곡〉을 위촉했지만 슈트라우스가 거절했을 수도 있다. 그는 1940년 2월 〈일본 축전곡〉을 작곡하면서 "그동안 나는 일본적인 영감으로 잉태된 뇌에서 '하찮은' 12쪽 총보를 쥐어 짜냈다네"[48]라며 자신의 작업을 비꼬아 말한 바 있다. 따라서 슈트라우스가 또다시 이런 '시원찮은' 일로 자신을 괴롭히지 않았을 것이다. 대신 안익태의 작품에 대해 조언해주는 것으로 에하라와 합의했을 가능성은 있다. 그러나 입증할 자료가 나올 때까지 가설에 불과할 뿐이다.

어쨌든 〈만주국 축전곡〉 연주회는 건국 10주년이라는 비중 있는 기념행사에 맞게 문화영화[49]로도 제작되고, 또한 빈제국 방송이 음반으로 제작하려는 계획도 있었던 것 같다. 일본 대사가 만주국 황제에게 연주회 음반을 보내겠다고 언급[50]한 것은 이 연주회의 정치적 가치가 얼마나 높은지를 의미하며 안익태가 일본제국의 정치적 이데올로기를 공식적으로 잘 수행했음을 증명해준다.

에하라가 슈트라우스에게 한시를 독일어로 번역하여 보냈을 편지가 분실된 것처럼 전쟁 중 안익태의 편지도 1942년과 44년 것 외에는 리하르트 슈트라우스 문서보관소에 남아 있지 않다.[51] 하지만 당시 연주회 프로그램에서 세 사람의 관계, 그리고 안익태와 슈트라우스의 관계를 다시 확인해볼 수 있다.

1943년 8월 18일 베를린 필하모니의 프로그램에는 안익태가 슈트라우스로부터 작곡을 배워서 만든 작품을 '심포니적 판타지 〈토아〉'와 〈만주국 축전곡〉'이라고 언급하고 있다. 여기에서 슈트라우스가 1942년 6월 에하라의 집에 있었을 때 안익태가 3개월 후에 초연될 자신의 작품 〈만주국 축전곡〉을 슈트라우스에게 보이고 그의 지도를 받아 완성했음을 짐작할 수 있다. 따라서 스승-제자의 관계로 진척되는 과정은 편지가 아닌 구두로 이루어졌을 가능성이 높다.

베를린에서 슈트라우스와 가까이 지낸 후 시간상으로 안익태가 다시 슈트라우스를 만날 수 있는 확실한 기회는 1943년 2월 11일 일독회가 주관한 안익태의 빈 연주회에서다.[52] 슈트라우스도 이때 참석하기 때문이다. 1943년 1월 15일 취리히에서 연주회가 끝나자마자 안익태는 바로 빈으로 달려갔다.■

나는 가브리엘레 슈트라우스 여사에게 나치 정책과 슈트라우스, 〈일본 축전곡〉과 안익태, 그리고 베를린에서 안익태와 같은 집에 살았던 만주국 고위 관료 에하라에 대한 의문점들을 진지하게 얘기했다. 그러자 여사는 뭔가 생각났는지 다른 카탈로그를 열더니 에하라의 편지 4통을 내주었다. 그러면서 에하라가 슈트라우스에게 선물한 300년 된 중국 자기를 보여주겠다고 했다. 멋진 한시가 적힌 에하라의 편지를 보니 안익태의 편지만 볼 때와는 전혀 다른 관점이 생겼다. 하지만 에하라의 편지 내용도 주로 슈트라우스에게 보내는 감사의 미사여구였으므로 나의 근본적인 물음에 대해서는 주변 자료인 듯했다.

여전히 아쉬워하는 나에게 슈트라우스 여사는 헤어지면서 자신이 편집한 리하르트 슈트라우스 서간집 《사랑하는 동료에게(Lieber Collega!)》 제1권

■ '토아'가 의미하는 바를 알기 위해 중국인과 일본인에게 문의해보았으나 아무런 정보도 얻지 못했다. 만주어는 아닌지 추측해보지만 아직 확인된 바 없다.

■ 일독회 빈 지부가 1943년 2월 5일 베를린 본부에 보낸 편지를 참조하라.

을 선물했다. 그리고 앞으로 출판할 내 책에 편지와 사진을 싣도록 허락해주었다. 결정적인 문서는 찾지 못했지만 대가의 집에서 역사적 문헌과 사물들을 직접 보면서, 슈트라우스 여사와 대화하는 동안 2차 문헌만 가지고 할 때와는 다른 연구의 묘미를 느꼈다.

그런데 베를린으로 향하는 기차 안에서야 비로소 에하라가 선물한 300년 된 중국 자기를 보지 못하고 온 것이 생각났지만, 이미 때는 늦은 후였다. 여사도 나도 얘기에 몰두하다가 중국 자기를 보려던 생각을 그만 잊었던 것이다.

6. 안익태 홍보용 팸플릿(1942/43년)의 정보

1943년 다시 빈에 온 안익태는 1년 전과 달리 '공식적'으로 본격적인 직업 음악가가 되었다. 물론 푸르트뱅글러나 뵘, 크레멘스, 카라얀(Herbert von Karajan)처럼 정해진 직장을 얻었다는 것을 의미하지는 않는다. 안익태는 여전히 객원지휘자로 생계를 유지하고 있었지만, 전문 매니저를 두고 좀더 적극적인 연주활동을 시도한 듯하다. 늦어도 1942년 7월부터는 매니지먼트 한스 아들러가 제작한 '홍보용 팸플릿'을 가지고 다니는 음악가가 되었다. 팸플릿에 열거한 그의 레퍼토리를 보면 일본이라는 인기 브랜드를 표명한 직업 음악가로 살아남고자 하는 숨은 의지를 엿볼 수 있다.

팸플릿은 두 부분으로 구성되어 있는데, 제1부는 안익태의 파스토랄레를 제외하고 모두 일본과 관련된 곡으로 구성되어 있다. 가장 먼저 언급된 곡은 일본 작곡가 이후쿠베 아키라의 〈일본 랩소디〉이고, 이어서 안익태의 음악 〈에텐라쿠〉와 심포니적 판타지 2번 〈교쿠토〉, 그리고 파스토랄레의 순서로 이루어져 있다. 그 다음에 이어지는 베레스의 교향곡 〈일본〉과 피제티의 교향곡 〈일본〉, 슈트라우스의 오케스트라곡 〈일본 축전곡〉은 모두 일본 황국 기원 2600년을 기념하는, 1940년에 위촉되어 작곡되고 또 1940년 12월 동경에서 초연되었던 곡들이다. 일본 중심의 이 레퍼토리는 안익태의 음악활동 영역이 정치적 맥락과 밀접한 관련이 있음을 암시한다.

제2부의 레퍼토리는 주로 베토벤 교향곡, 바그너 서곡들을 중심

으로 한 독일 음악과 드보르자크의 〈신세계〉, 시벨리우스의 교향곡 등 민족주의 음악가의 작품, 그리고 차이코프스키나 베를리오즈와 같은 낭만주의 음악을 프로그램으로 내세우고 있다.[53)] 20세기 음악으로는 유일하게 스트라빈스키의 〈페트루슈카(Petrushka)〉가 있는데, 슈트라우스의 음악이 없는 것이 주목할 만하다. 이것은 무엇을 의미하는가? 슈트라우스의 작품으로 〈일본 축전곡〉밖에 내세울 것이 없었는가? 만약 그렇다면 안익태는 아직 슈트라우스의 작품을 연구하지 못한 것임에 틀림없다. 1943년 8월 18일 안익태의 베를린 필하모니 연주회에서도 슈트라우스의 작품은 연주 목록에 포함되지 않았다. 현재 확보된 자료로는 1944년 2월 23일 편지에서 비로소 슈트라우스의 작품 〈죽음과 정화〉를 루마니아에서 연주했다는 내용이 처음 언급된다.▪

홍보용 팸플릿이 작성된 1942년 7월을 전후하여 안익태는 슈트라우스의 작품을 막 공부하려는 단계에 있었거나, 적어도 공식적으로는 슈트라우스의 제자가 아님을 암시한다. 또 이 팸플릿을 보면 슈트라우스와 안익태가 악보를 두고 나란히 앉아 상의하는 사진(191쪽 참고) 옆에 이탈리아의 잡지 《템포(Tempo)》에 실린 기사 일부도 함께 게재되어 있는데 이것도 위의 주장을 뒷받침한다.

> ……에키타이 안은 매우 재능 있는 일본 작곡가이자 지휘자이며, 일본의 토스카니니로 불린다…….

▪ 안익태가 슈트라우스의 작품을 본격적으로 연주하는 때는 전쟁이 끝난 후로 추정된다.

> 그는 베를린, 로마, 빈, 부다페스트, 부쿠레슈티, 뉴욕, 필라델피아 및 여러 나라의 오케스트라를 지휘했고, 성공을 거두었다…… 안씨는 동경음악아카데미에서 첼로를 공부했고, 특히 작곡법과 지휘는 **도나니, 코다이**와 여러 대가들에게서 배웠다…….[54)]

슈트라우스와의 사진도 있고 1942년 3월 12일 빈 연주회의 성과를 인정받는 서명도 있지만 스승으로서 슈트라우스의 이름은 전혀 언급되어 있지 않다. 도나니와 코다이에게서 작곡 이론과 지휘를 배웠다는 내용만 있다. 그리고 여기서는 국내 신문에서 언급된 바인가르트너의 이름도 빠져 있다. 이는 안익태가 공식적으로 바인가르트너■와 슈트라우스의 제자가 아니었음을 다시 한 번 확인할 수 있다.

만약 안익태가 이미 슈트라우스의 제자였다면 팸플릿에 독일 최고의 명성을 누리는 음악의 권위자 슈트라우스의 문하생이었다는 문구가 누락되어 있다는 것은 생각하기 힘들다. 안익태를 음악가로 홍보해서 수익을 얻으려는 에이전시가 이를 놓칠 리 만무하기 때문이다. 하지만 팸플릿에 인용된 여러 나라의 연주 비평문에서도 슈트라우스의 제자라는 문구는 전혀 찾을 수 없다. 그 대신 슈트라우스

■ 물론 3개월 정도 배우고 제자가 되긴 힘들지만 불가능한 것만은 아니다. 스위스 바젤대학에 바인가르트너의 유고 문서가 보관되어 있지만, 정리가 되지 않은 상태였기 때문에 시간상 아직 연구를 하지 못했다. 바인가르트너와 안익태의 관계도 자료 발굴을 통해 더 연구되어야 할 것이다. 설령 안익태가 바인가르트너의 제자였다 하더라도 앞으로 슈트라우스의 문하생이 되고 싶은 욕망으로 슈트라우스와 사이가 좋지 않은 바인가르트너를 아예 언급하지 않고자 했을지도 모른다. 두 사람은 1910년대 지휘자로서 서로 경쟁관계에 있었다. 말러가 세상을 떠나자 빈의 궁정 오페라 총감독 자리를 물려받은 바인가르트너는 슈트라우스의 음악을 경멸했고, 슈트라우스도 바인가르트너의 음악을 좋아하지 않았다. Kurt Wilhelm, *Richard Strauss Persönlich, Eine Bildbiographie*, Henschel, 1999, pp. 292~293.

와 함께 찍은 사진과 그의 서명으로 '대가와도 교류하는 안익태'라는 이미지의 가치를 높이려고 했다. 그 외에 다른 자랑거리가 없는 것으로 보아 안익태가 슈트라우스의 인정을 받는 것은 1942년 3월 빈 연주회에서 처음임을 암시한다.

7. 다섯 가지 가설

지금까지 논의된 슈트라우스와 안익태와의 관계를 정리해보면 다음과 같이 다섯 가지의 가설을 세울 수 있다.

첫째, 슈트라우스를 만나 그를 가깝게 대하게 되는 계기는 안익태가 그의 〈일본 축전곡〉을 지휘하는 1942년 빈 연주회였고, 이를 성사시킨 주역은 빈 일본 총영사관의 지지를 받은 일독회 빈 지부였다.

둘째, 안익태와 슈트라우스의 관계가 사적인 친분으로 발전된 데에는 만주국 고위 관리 에하라의 역할이 컸다. 저녁 만찬에 슈트라우스를 초대했을 뿐 아니라, 집으로까지 초대하여 안익태에게 사적인 분위기에서 대가를 사귈 수 있는 좋은 기회를 제공했다. 따라서 공식적으로 슈트라우스의 제자라고 밝히게 되기까지 에하라의 역할을 무시하기 어렵다. 이러한 에하라의 호의는 사적인 교제의 의미를 넘어 〈만주국 축전곡〉이라는 국가적 차원의 목적 때문이었을 가능성이 크다.

셋째, 1943년 베를린 필하모니 연주회 프로그램에 언급되었듯이 슈트라우스의 조언을 받은 곡이 〈만주국 축전곡〉이라면 이 작품은 세 사람이 함께 만들어낸 결과물이라고 할 수 있다. 이를 계기로 세 사람의 친분은 돈독해졌고, 그 이후 안익태는 '슈트라우스의 제자'라는 문구를 공식적으로 사용하게 되었다.

넷째, 그렇다면 안익태는 슈트라우스가 작고(1949년 9월 8일)하기 7년 정도 전에 제자가 되었다는 말이다. 하지만 1944~47년 초까지 전쟁과 그로 인한 폐허 상황으로 안익태는 슈트라우스를 만나지도 못했고, 48~49년까지는 슈트라우스의 건강 악화로 겨우 한 번 스위스에서 만났으니, 7년 동안 제자였다라고 주장하는 것도 무리가 없지 않다. 그런데도 안익태가 12년간 슈트라우스의 제자임을 주장한 것은 오랜 시간 동안 슈트라우스와 교류했음을 강조하려는 것으로 받아들일 수 있다.

다섯째, 안익태와 슈트라우스의 관계는 일독회와 〈일본 축전곡〉, 일본인 에하라와 〈만주국 축전곡〉을 언급하지 않고서는 불가능하므로, 전쟁이 끝난 후 슈트라우스와의 관계는 필요 이상으로 강조되고 일본과 관련 있는 부분은 모두 침묵되어야 했을 것이다. 슈트라우스가 안익태를 인정한다는 영광스러운 서명마저도 숨길 수밖에 없었다.

Ⅵ. 잃어버린 시간

독일에서의 안익태

내가 베를린에 큰 희망을 걸었던 이유는 단순히 이곳이 안익태의 활동 무대였기 때문만은 아니다. 베를린에는 나치가 남긴 수많은 문서를 체계적으로 보관하고 관리하는 국립문서보관소가 있다는 점이 그보다 더 중요했다. 나치 시기에 오케스트라는 모두 공적인 단체였고, 더욱이 안익태처럼 외국인이 독일의 오케스트라를 지휘하기 위해서는 공적 기관의 허락이 있어야 가능했다. 이 시기의 음악에 대해 박사학위 논문을 쓴 내게 안익태의 음악활동을 기록한 문서가 국립문서보관소에 있으리라는 것은 거의 확실했다.

한국에서 미리 문서 열람 신청 절차를 해놓았던 덕분에 리히터펠데에 있는 베를린 국립문서보관소 정문에서 바로 방문자 번호표를 받아 도서관으로 들어갈 수 있었다. 그곳에는 다양한 연령층의 연구자들이 문서에 얼굴을 파묻고 있었다. 다시 한 번 이름을 확인받고 나서야 'Kyung'으로 준비되어 있는 낡고 색바랜 종이 뭉치를 자료실 직원으로부터 받을 수 있었다. 먼저 심호흡을 크게 하고 첫 번째 서류철을 한 장씩 검토했다. 1934~44년까지 독일과의 문화교류 행사에 참여한 일본 연극인, 무용인들의 활동과 이를 허가한다는 나치 관료의 공문서 및 편지가 주를 이루었다. 그러나 일본 음악가로 고노에 히데마로의 이름은 있었지만 안익태의 이름은 어디에도 보이지 않았다.

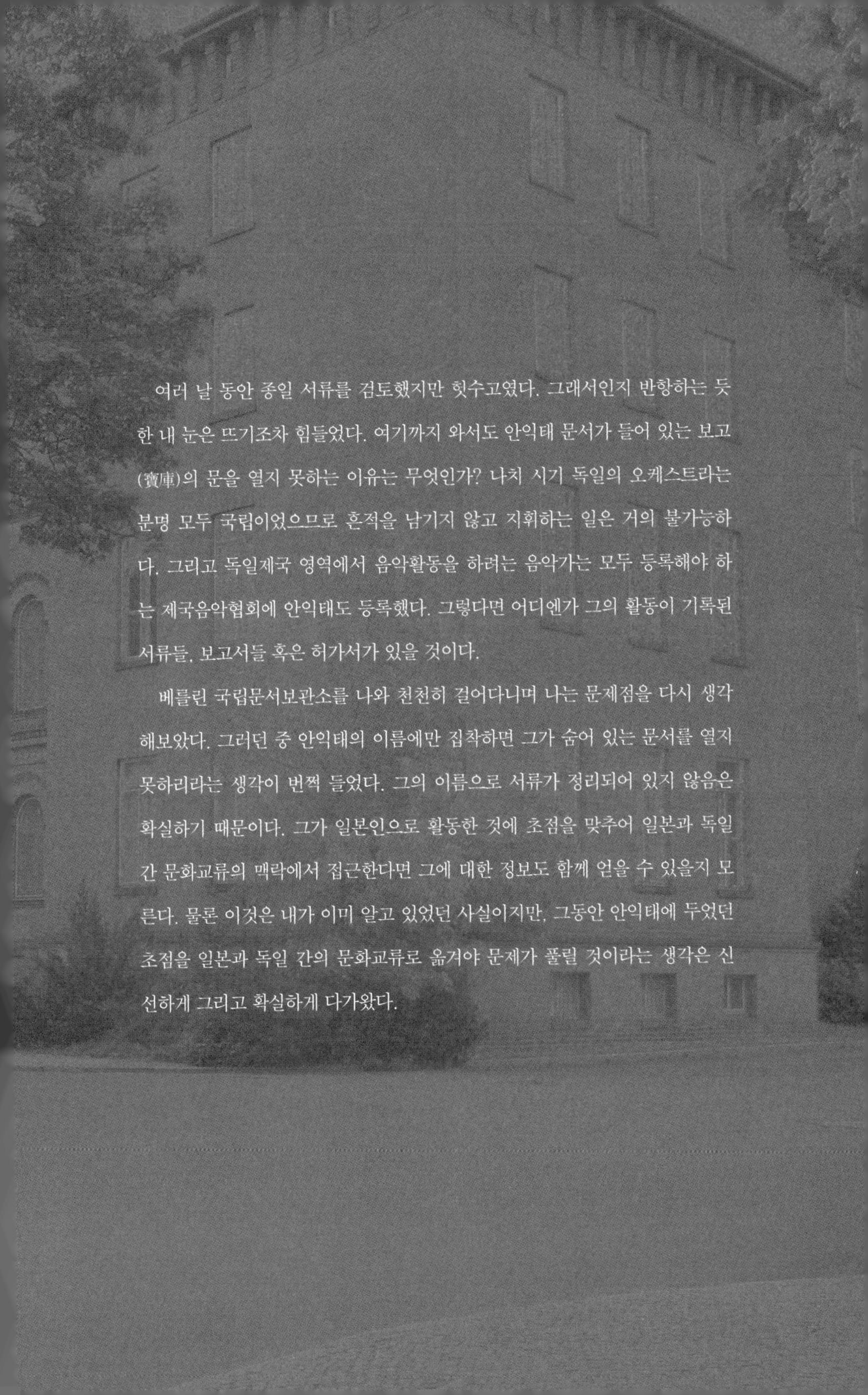

여러 날 동안 종일 서류를 검토했지만 헛수고였다. 그래서인지 반항하는 듯한 내 눈은 뜨기조차 힘들었다. 여기까지 와서도 안익태 문서가 들어 있는 보고(寶庫)의 문을 열지 못하는 이유는 무엇인가? 나치 시기 독일의 오케스트라는 분명 모두 국립이었으므로 흔적을 남기지 않고 지휘하는 일은 거의 불가능하다. 그리고 독일제국 영역에서 음악활동을 하려는 음악가는 모두 등록해야 하는 제국음악협회에 안익태도 등록했다. 그렇다면 어디엔가 그의 활동이 기록된 서류들, 보고서들 혹은 허가서가 있을 것이다.

베를린 국립문서보관소를 나와 천천히 걸어다니며 나는 문제점을 다시 생각해보았다. 그러던 중 안익태의 이름에만 집착하면 그가 숨어 있는 문서를 열지 못하리라는 생각이 번쩍 들었다. 그의 이름으로 서류가 정리되어 있지 않음은 확실하기 때문이다. 그가 일본인으로 활동한 것에 초점을 맞추어 일본과 독일 간 문화교류의 맥락에서 접근한다면 그에 대한 정보도 함께 얻을 수 있을지 모른다. 물론 이것은 내가 이미 알고 있었던 사실이지만, 그동안 안익태에 두었던 초점을 일본과 독일 간의 문화교류로 옮겨야 문제가 풀릴 것이라는 생각은 신선하게 그리고 확실하게 다가왔다.

1. 야심이 강한 음악가의 정치적 이용 가치

예술의 특성상 예술가는 천성적으로 정치와는 거리가 멀다. 그러나 음악적 성공이라는 야심과 명예욕은 예술가들이 가질 수 있는 정치적인 요소일 것이다. 야심과 명예욕이 클수록 더욱 뿌리치기 힘든 유혹이다. 이 점을 유용하게 이용한 나치의 선전 장관 괴벨스는 비정치적인 예술가들을 정치 방향으로 유도하는 데 성공했다. 그는 예술가들에게 예술적 성공을 위해 노력할 수 있는 자유로운 활동 공간을 주는 대신 그들이 타고 있는 배의 키는 자신이 가지고 있었던 것이다. 호화 여객선 위의 예술가들은 최고의 대접을 받으며 욕구대로 배에 있는 모든 것을 이용하면서 자유를 보장받았지만, 배가 향하고 있는 방향이나 목적에 대해서는 그 어떤 발언권도, 영향력도 없었다. 이런 조건에서 괴벨스는 예술가들을 자신이 원하는 정치 목적을 위해 손쉽게 이용할 수 있었다.

특히 망명의 기회가 여러 번 있었지만 거절하고, 제2차 세계대전 중 나치의 음악 외교관이 되어 나치 정책에 크게 기여한 푸르트뱅글러가 대표적인 예일 것이다. 항상 음악 분야의 중심에 있고자 했으며, 자신의 명성을 통해 다른 사람들을 돕거나 해칠 수 있는 권력을 즐겼던[1] 푸르트뱅글러는 괴벨스의 신뢰와 무제한적 후원으로 점차 나치 정책에 말려들었던 것이다.

푸르트뱅글러에게 제시한 괴벨스의 매혹적인 제안은 예술가로서의 최고 대접이었는데, 이것은 경제 이득과도 직결된다. 베를린 필하모니의 상임지휘자에서 물러났다가 다시 복직하는 1937년부터 독일제국 내에서 푸르트뱅글러는 음악가로서는 최고의 수입을 보장받았다.[2] 34년에는 1,000라이히스마르크였던 보수가 복직 후에는 1회 지휘에 2,000라이히스마르크를 받았다. 그 전과 비교했을 때 2배 상승한 금액이다. 또한 38년 하반기에 이르러서는 1회 지휘에 4,000라이히스마르크로 그의 주가는 또다시 2배 인상되었다. 39년 그해 총수입이 20만 라이히스마르크 이상이 되어 34년보다 10배가량 더 많아졌다. 공직에서 물러났을 때만 아니라 38년에도 망명할 기회가 있었으나, 매번 망설였던 이유는 나치제국에서 치솟는 자신의 주가와도 관련이 없지 않을 것이다. 끝없이 인상되는 연봉이 말해주듯이 푸르트뱅글러는 제국에서 히틀러와 괴벨스에게 없어서는 안 될 중요한 인물로 그의 권력은 대단했다.

푸르트뱅글러는 뛰어난 음악 해석으로 베토벤을 위시한 독일 음악을 훌륭하게 연주하여 나치 정부가 이 위대한 독일 음악가들을 대표하는 '정당한' 기관임을 보여주었다. 독일 동맹국과 점령지에서의 연주회를 통해 이러한 메시지를 전달했을 뿐만 아니라 나치의 노르웨이 점령 일주일 전에 오슬로에서 연주회[3]를 개최하여 나치의 침략을 용이하게 하는 데도 기여했다. 전쟁 말기가 되면 "푸르트뱅글러는 진정한 애국자다. 우리 정책과 전쟁 정책을 마음으로 후원하는 추종자이며 옹호자다. 그냥 이런저런 것이 필요한 데라고 말만 해도 그는 당장 이를 알아서 행한다"라고 괴벨스가 기뻐했을 정도였다.[4]

또한 유대인들이 쫓겨나면 음악계의 중요한 자리에 공백이 생길 것을 예측하고 출세를 위해 두 번이나 나치당원이 되었던 카라얀도 크게 다르지 않다. 히틀러가 정권을 장악했을 때, 25세의 야심만만했던 지휘자 카라얀은 유명한 유대인 지휘자들이 해고되는 상황을 목격했다. 이때가 음악적인 성공을 거둘 수 있는 절호의 기회임을 인식한 카라얀은 1933년 4월 8일 잘츠부르크에서 나치당원에 가입했다. 하지만 독일에서 성공하려면 오스트리아—당시 오스트리아의 돌푸스(Engelbert Dollfuss) 정권이 자국 내에서 나치당을 금지하려 했다—에 속하는 잘츠부르크의 당원증으로는 한계가 있을 것이라 생각하고 다시 4월 말에 독일 울름에서 나치당원에 가입했다. 이때 울름의 지휘자 자리를 두고 그와 경쟁했던 유대인 슐만(Otto Schulmann)은 카라얀에게 밀려 미국으로 망명했다. 전쟁 후 카라얀이 나치 과거로 불리하게 되었을 때, 슐만은 카라얀이 적이 아니라 친구였다고 그를 위해 유리한 증언을 해주었다. 이에 대해 카라얀이 돈으로 슐만을 매수하지 않았나 하는 의구심이 없지 않다.[5]

전쟁이 끝난 후 푸르트뱅글러와 카라얀은 나치 협력 문제로 혐의를 받았으나 그들의 탁월한 음악적 능력으로 음악계의 거장으로 남았다. 하지만 나치에 협력하면서 정치성에만 의존했던 수많은 이류, 삼류 음악가들은 이름도 없이 사라졌다.

자료를 발굴하는 과정은 애가 타는 만큼이나 흥미진진한 일들의 연속이다. 안익태가 숨겨놓은 비밀을 찾아내는 일은 생각보다 쉽지 않았다. 여러 날을 베를린 문서보관소에서 보낸 후 얻은 것은 이곳에 제국음악협회 회원증 외에 안익태와 직접 관련된 자료가 없다는 사실이었다. 희망이 컸던 만큼 실망도 컸다. 나는 산책을 하며 다시 처음부터 생각하기 시작했다. 역사적인 도시 베를린은 다양한 박물관과 문서보관소, 오페라 하우스, 베를린 앙상블과 같은 유명한 극장, 수백 년 된 도서관과 역사적인 건물 등 문화유산으로 가득하고, 도시 곳곳에 조용히 걷고 싶은 장소 또한 많았다. 특히 2005년 5월에 완공된 '홀로코스트 경고 기념비(Holocaust-Mahnmal)'는 유대인 학살을 추모하는 건축물임에도 관광객을 모으는 또 다른 장소가 되어 있었다. 이것을 마치 입증이라도 하는 것처럼 청소년들이 이 기념비 조형물 위에 앉아 마치 소풍이라도 온 듯 잡담하며 놀고 있었다. 나치 희생자의 말하기 힘든 고통을 기억하는 행동과는 전혀 거리가 먼 광경이었다.

하지만 크고 작은 대리석으로 만들어진 기념비들 사이로 들어가 보니 밖에서는 보이지 않던 높고 낮은 길이 형성되어 있었다. 누구나 원한다면 나치의 과거와 역사에 대해 생각하며 산책하는 것도 가능했다. 이 추상적인 기념비는 기존의 근엄하고 육중한 기념비와는 달라서 희생자의 고통을 제대로 표현하지 못하는 것으로 비난을 받기도 했지만, 바로 이 추상성으로 추상적 예술을 배척한 나치 미학을 비판할 수 있다는 점에서 내게는 나름대로 의미가 있어 보였다.

유대인 희생자들을 추모하기 위해 설립한 홀로코스트 경고 기념비

2. '일본의 토스카니니' 안익태

성공적인 야심가 카라얀처럼 독일에서 안익태는 출세를 위해 자신이 처한 상황을 최대한 이용하고자 노력했다. 새로 발견된 일독회 문서는 전쟁 중 일본과 독일의 동맹관계라는 절호의 기회를 이용해 가능한 한 많은 연주회를 갖기 위해 기울인 안익태의 노력이 어느 정도 성공했음을 보여준다.

안익태에 대한 연구가 전반적으로 미진한 상황에서 이 시기의 안익태를 평가하는 것은 조심스러운 일이 아닐 수 없지만, 지금까지 앞에서 서술했던 제2차 세계대전 중 안익태의 음악활동을 결론적으로 종합해보자.

전쟁 당시 조선이라는 나라는 존재하지 않았으므로, 모든 음악 기관이 국가의 통제를 받는 독일에서 지휘활동을 했다는 것은 일본을 매개로 하지 않을 수 없는 당연한 일이었다. 1940년에 생활필수품 배당권제가 실시되었던 독일에서 일본인들은 일본 대사관이나 영사관을 통해 배급표를 받도록 되어 있었다. 만약 안익태가 김경래의 말대로 일본 정부에 저항했거나 요주의 인물이었다면, 가장 기본적인 생존 문제에 봉착했을 것이다. 따라서 독일에서 음악활동을 하는 것은 조선인의 주체성을 포기하는 것을 의미했다 할 수 있다. 그것이 싫다면 음악적 캐리어에 대한 야심을 버리고 독일을 떠나야 했을 것이다. 어떤 이유에서건 1941년 11월에 안익태가 계획대로 '아시마 호'를 타고 귀국했다면 아마도 독일에서의 음악적 성공도, 국제적인 차원에서 일제와 협력하는 일도 없었을 것이다. 41년 12월 일본이 태평양전쟁을 일으킨 후에 유럽과 아시아를 잇는 교통수단이 단절된 상태에서 다시 유럽으로 올 수 있는 가능성은 거의 없었기 때문이다. 안익태가 귀국했다면 41~44년까지 그의 음악활동은 전혀 다른 모습이었을 것이다.

하지만 유럽에 남아 성공을 꾀한 안익태는 독일에서 '유명한 일본 지휘자' '일본의 토스카니니' '일본의 지도적 지휘자'라는 칭송을 들으며, 고노에 히데마로와 함께 일본을 대표하는 지휘자로 골수 나치들과 일본제국의 관료들이 영향력을 행사하는 일독회에서 활동했다. 적어도 독일제국 내에서 있었던 안익태의 연주회는 모두 일독회가 관여했다. 문화영화로 제작되어 배포될 정도로 프로파간다 가치가 높았던 만주국 10주년 기념 음악회와 나치의 '전쟁빈민구제사업' 일환으로 진행된 빈 연주회뿐만 아니라 겉으로 정치성이 그다지 부각되지 않는 베를린 필하모니의 여름 연주회도 일독회의 제안과 후원으로 이루어졌다. 3국 동맹의 행사 연주회에서 일본 대표로도 활약했던 안익태는 예술적인 노력으로 일본제국의 대외적인 이미지를 높이고, 만주국의 존재를 공식적으로 알리는 '음악 대사'의 역할을 했을 뿐만 아니라 나치 정책에도 도움을 주었다.

안익태가 1943년 7월 독일 제국음악협회의 회원이 되었다는 것도 이런 맥락에서 이해할 수 있다. 고노에처럼 나치와 일본 관료의 정치적인 신뢰를 받았음을 의미한다. 일독회의 총무들이 단순한 나치 당원에 그치는 것이 아니라 나치 친위대나 돌격대 소속 대원인 경우가 대부분이었으며, 안익태가 이들과 친밀한 관계를 유지하고 있는 것에서도 유추해볼 수 있다. 따라서 일본제국의 정보원 같은 〈요미우리신문〉 기자 기타무라 히로시가 관여한 안익태의 1943년 1월 15일 취리히 음악회가 스위스의 나치가 모이는 기회로 이용되었듯이 일독회가 직접 관여하지 않았던—지금까지 발견되지 않은—안익태의 다른 음악회도 정치적 목적이 강한 행사였을 가능성이 크다.

이런 맥락에서 보면 지금까지 기정사실로 알려져 왔거나 안익태에 의해 주장되었던 것도 사실과 다름을 알 수 있다.

첫째, 이 시기의 안익태는 〈코리아 판타지〉를 지휘하지 않았으며, 그의 대표작은 〈에텐라쿠〉였다. 1942년 홍보용 팸플릿에서 오히려 안익태는 자작곡 〈에텐라쿠〉, 〈교쿠토〉 및 일본 황국 기원 2600년 기념 위촉곡인 이탈리아, 헝가리, 독일 작곡가의 일본 작품을 레퍼토리로 내세워서 일본 음악가로서의 이미지를 높이고자 했다.

둘째, 안익태가 독일에서 지휘할 수 있도록 물심양면으로 도운 사람은 그의 전기에서 늘 강조되었던 슈트라우스가 아니었다. 안익태의 음악 경력에 중요한 빈 연주회, 베를린 연주회는 일독회가 자신들의 행사로 기획했던 것이며, 안익태는 오히려 일독회를 통해 슈트라우스와 가까워지는 계기를 얻었다.

셋째, 12년간 슈트라우스의 제자였다('1938년 제자설')는 안익태의 주장은 신빙성이 떨어진다. 그리고 1942년 안익태 홍보용 팸플릿에도 없던 '슈트라우스의 제자'라는 문구가 43년 2월 빈 연주회 프로그램에 나타나게 되는 과정에서 만주국 고위 관료 에하라 고이치가 큰 역할을 했다. 안익태의 〈만주국 축전곡〉은 슈트라우스가 베를린의 에하라 집에 체류했을 때 대가의 조언을 받았던 작품이며 '슈트라우스의 제자'라는 문구를 공식적으로 사용하게 된 계기를 마련했다.

넷째, 사정이 생겨 자신이 갈 수 없는 연주회에 안익태를 대신 보낸 사람은 슈트라우스가 아니라 동경음악학교 시절 스승인 고노에일 가능성이 크다. 〈에텐라쿠〉를 비롯하여 비슷한 레퍼토리와 유사한 지휘 스타일로 고노에의 대타 역할을 했던 안익태는 시간이 흐름에 따라 고노에보다 음악적으로 더 인정을 받았으며, 그의 경쟁자가 되었다. 1943년 베를린 필하모니 여름 연주회에 고노에 대신 안익태가 지휘자로 선택된 사실이 이를 증명해준다.

다섯째, 이러한 성공이 있기까지 안익태는 적극적으로 나치와 일본 관료들에게 협력하고 연주회를 제안했다. 고노에와 달리 든든한 배경이 없었던 그는 1943년 2월 빈에서 〈만주국 축전곡〉을 다시 지휘할 수 있도록 직접 일본 대사관 관료에게 부탁하거나, 43년 4월 함부르크 연주회를 위해서 일독회 총무에게 자발적으로 제안하고 감사의 편지를 쓰는 등 자신이 할 수 있는 최선의 노력을 기울였다.

여섯째, 제2차 세계대전 중 독일에서 〈코리아 판타지〉를 지휘했다고 되어 있는 1954년 버전의 자필 정보는 신빙성이 없고, 〈에텐라쿠〉와 같은 주제 선율을 가진 〈강천성악〉이 세종조의 멜로디를 주 선율로 했다는 1960년 런던 필하모니 연주회 프로그램의 정보도 오류다. 이런 왜곡된 1차 자료는 안익태 연구를 어렵게 만드는 요인이 되었다.

독일 시기 안익태의 비밀스러운 과거는 봉인되어 꼭꼭 숨겨져 있었다. 일독회의 존재도, 일본인 에하라의 역할이나 〈에텐라쿠〉, 〈만주국 축전곡〉의 존재도 철저하게 침묵되어야 했다. 그 대신 슈트라우스와의 오랜 친분 관계는 필요 이상으로 강조되어야 했고, 〈코리아 판타지〉와 〈강천성악〉의 존재가 더욱 부각되어야 했으리라. 별로 중요하지 않은 악보와 프로그램은 보존되었지만, 최고 음악적 캐리어를 증명하는 독일 시기 음악회 프로그램이나 홍보용 팸플릿, 특히 이 시기 〈교쿠토〉나 〈만주국 축전곡〉과 밀접한 관련이 있어 보이는 자작곡 〈코리아 판타지〉의 악보 등이 사라진 것도 이런 맥락에서 이해할 수 있을 것이다. 또한 안익태의 자필 정보를 항상 그대로 믿을 수 없는 혼란스러움은 전쟁 후 일본제국과 관련된 흔적이 드러나지 않도록 사실들을 부분적으로 왜곡하고 비역사화한 것과 관련이 있어 보인다.■ 이 시기는 그의 생애에서 잊혀지고 숨겨져야 하는 잃어버린 시간이었다.

■ 이를 증명할 수 있는 근거들 중 한 가지를 더 들자면, 정확한 날짜를 기재하지 않은 슈트라우스의 추천서가 있다.

다시 국립문서보관소로 돌아와 다른 관점에서 문서 검색을 새로 시작했다. 그러다 '니폰(Nippon)'이라는 독일어로 된 '일본학 잡지(Zeitschrift für Japanologie)'의 1940년대 장서가 일본과 독일의 문화교류를 위해 세워진 베를린 일독 문화센터(Japan Zentrum)에 있음을 알게 되었다. 그러나 정작 그곳에 가보니 보잘것없는 장서만 있을 뿐 역사적 자료는 아예 찾아보기 힘들었다. 어찌 된 일인지 나는 그곳 도서관 담당자 구와바라 세츠코 박사에게 문의하면서 내가 알고 싶은 안익태와 에하라에 대해 그리고 나치 시기 독일의 문화 정책과 일독회에 대해 얘기했다. 그녀는 '옛날 일독회는 학문적이고 진지한 단체였으나 지금의 일독회는 친목단체에 불과하다' 는 자신의 견해를 밝히면서 일본 관련 독일어 자료가 최근에 다른 도시의 일본학 도서관으로 흩어졌다며 내게 여러 명의 도서관 담당자 전화번호를 적어주었다.

그래도 여전히 실망한 표정을 감추지 못하는 내게 구와바라 박사는 점심도 거른 채 컴퓨터에 앉아 고개를 절레절레 흔들기를 거의 2시간 하더니 드디어 에하라에 대한 정보를 복사해주었다. 1942년에 작성된 일본인 인명사전의 자료로, 영국 케임브리지대학 도서관 자료를 그곳 친구로부터 팩스로 받아서 내게 주었던 것이다. 에키타이 안의 이름으로는 자료가 없었으므로 그나마 기뻤다.

처음 보는 한국 학자의 질문에 편견 없이 최선을 다하는 이 일본인의 자세에서 느끼는 바가 많았다. 우리나라 사람들도 일본인 학자가 자료를 찾으러 왔을 때 이렇게 대할 것인가?

3. 식민지 음악 엘리트의 모순: 긍정적인 일본 경험과 애국 사이에서

여기서 다시 이 책 제1장에서 가졌던 의문을 상기해보자. 미국에서 애국가를 작곡하고, 1938년 2월 아일랜드에서 조선의 독립을 위해 음악으로 자신의 재능을 바치려던 안익태가 42년 만주국의 음악 대사(大使)로 활약한 모순을 어떻게 해명할 수 있을 것인가? 조선이라는 나라의 존재조차 몰랐던 세계인들에게 〈코리아 판타지〉를 대표작으로 내세우며 한국의 음악 대사 역할을 자처했던 안익태와 일제 협력자로서의 안익태를 연결하는 고리는 과연 무엇인가?

만약 안익태를 정치적 신조가 굳은 애국자로 본다면 이 문제는 풀기 어려운 수수께끼일 것이다. 그러나 그에게 정치적인 것은 중요하지 않았고, 오로지 음악가로 성공하려는 욕망이 강한 사람으로 본다면 그의 모순 된 행위를 어느 정도 이해할 수 있을 것이다. 하지만 그렇다 하더라도 단순히 음악가로 성공하려는 안익태의 야심만으로 설명하는 것은 문제를 너무 단순화 또는 축소화하는 것일지도 모른다.

이 어려운 물음에 대한 답은 어떤 자료에도 암시되어 나타나지 않지만 일제강점기 때 우리 음악인 연구에서 무엇보다 중요한 문제라 생각된다. 이것은 안익태에게만 국한된 것이 아니라 일제강점기에 영향력이 컸던 여성 지도자들, 문화 엘리트들[6] 대부분에게서 나타나는 현상이라는 점에서 단순히 '친일'로만 치부하고 끝낼 일이 아니다. 더욱이 한 개인의 출세욕만으로 설명하기에 이 문제는 훨씬 더 복잡하게 얽혀 있으며 심층 분석이 필요하다.

만주국 10주년 건립 기념회를 담은 선전영화에서 열정적으로 헌신하는 안익태의 모습이나 김경래의 안익태 전기에서 폭격이 떨어지는 파리 연주회에서도 "눈썹 하나 까딱하지 않고 지휘를 계속했던 안익태의 일사불란한 태도"[7]에는 기회주의적인 인간에게서 찾아보기 힘든 자기 확신을 엿볼 수 있다. 위험을 무릅쓰고 전선을 돌며 적십자 음악회를 지휘했던 고노에처럼 안익태도 생명의 위험은 신경 쓰지 않을 정도로 자신의 역할에 확고한 신념을 가지게 되었는가? 독일의 패망이 보이는 1944년 그는 나치제국과 일본제국이 패전하게 될 경우 받게 될 불이익에 대해서는 전혀 생각하지 않았는가? 아니면 일본제국이 진정 승리하리라 믿었는가?

애국 청년이 처음에는 음악적 성공을 위해 일제와의 협력을 시작했지만, 그 활동 영역이 점점 확장됨에 따라 점차 자신의 역할에 스스로 설득 당한 것은 아닐까? 다시 말해 음악을 민족과 국가에 헌신하는 도구로 보았던 안익태는 처음에 헌신의 대상이 민족 조선이 아닌 국가 일본이라는 점이 마음에 걸렸겠지만, 나중에는 진정으로 열의를 다해 헌신하게 된 것이 아닐까? 1906년에 태어나 일제강점기에 학교를 다니고 동경에서 대학을 졸업한 안익태에게 일본이란 무엇일까? 또 민족과 조국이란 과연 어떤 의미를 가질까? 그가 어른으로 성장하는 기간 동안 끊임없이 훈계하고 포상하며 벌도 주는 존재는 다름 아닌 일본이었다. 조선이라는 조국은 아주 어릴 때 돌아가신 부모처럼 추상적일 뿐 실제 그의 삶에 직접 영향을 미치지 못했을지도 모른다.

김경래의 《안익태의 영광과 슬픔. 코리아 판타지》에서 감동적으로 회고하는 일들은 거의 모두 일본과 관련 있다. 동경음악학교 재학 중에 있었던 일로 교내 오케스트라에서 첼로 파트에 한 명이 결원되자 허락도 없이 끼어들어 열심히 첼로를 켜다가 고노에 교수에게 들켰지만 쫓겨나지 않고 오히려 예외적으로 단원으로 인정받았던 이야기나 일본 친구 하나마루 고오조가 스즈키 첼로를 선물하여 그 덕에 졸업할 수 있었던 일화,[8] 동경에서 아르바이트를 하던 시절의 동료를 다시 재회한 감격스러운 일, 동경의 음악회에서 〈논개〉를 연주하려 했을 때 일본인들의 반대에 대해 언론계의 중진인 아베 신노스케가 안익태를 옹호했던 일,[9] 그리고 전쟁 후 고국을 찾은 안익태를 냉대하는 한국인들과 달리 80세의 옛 일본 스승이 그가 지휘하는 관서 오케스트라의 제1 첼리스트로 연주하며 제자를 높이 대했던 감동스러운 일.[10] 그의 추억은 미국에서 한인교회의 목사와 한국 교민들의 따뜻한 인정을 제외하고는 고마운 일본인, 감격스러운 일본 경험들로 가득 차 있다. 가끔 시기하는 일본 친구들 이야기가 나오기도 하지만, 그 정도는 한국인 사이에서도 얼마든지 있을 수 있는 일이니 그리 비중 있다고 할 수 없다.

전반적으로 고학하며 유학했던 일본 시절은 그에게 꿈을 키워주었고 음악가로 성공하고 싶은 야망을 심어주었던 시기였다. 또한 그가 음악가로 성공할 수 있는 조건은 조선이 아니라 미국과 유럽임을 알게 해준 시기이기도 했다.

그러나 당시 식민지인 한반도에서 태어난 안익태의 민족은 공식적인 제도와 공권력을 가진 일본이라는 국가와 동일하지 않다. 민족과 국가가 일치하지 않는 식민지 시대에 일본에서 고등교육을 받은 안익태에게—어쩌면 그 세대 모두에게—애국과 일제 협력은 외형은 다르지만 내적으로 쉽게 치환될 수 있는 것이었는지도 모른다.

막연하고 추상적인 조국 조선을 되찾아야 하는 당위성이 의식적인 차원이었다면, 일본의 교육은 무의식적으로 그의 경험과 삶을 지배하는 차원, 즉 의식적으로 생각하지 않아도 몸에 배어 있어 자연스러운 것이었다. 안익태가 받은 교육과 제도, 그의 언어, 음악이 모두 일본과 연결되어 있다. 어쩔 수 없는 일이다. 이것은 안익태만의 문제가 아니라 일본에서 고등교육을 받은 식민지 엘리트의 슬픈 운명인지도 모른다. 꿈을 키워주고 세계를 보는 눈을 뜨게 해준 일본과 고마운 일본인의 경험을 안고 있는 이들에게 일본은 배척하고 타도해야 할 대상이 되는 것이다. 이런 모순 때문인지 조선 독립을 위해 자신의 음악을 바치고자 했던 시기에도 안익태는 조선과 일본의 역사를 혼동하고 있었다. 1938년 아일랜드에서의 인터뷰 내용에서 확인할 수 있다.

> 우리 이천만 한국인들은 음악을 하늘로부터의 선물이라고 생각합니다. 이 음악은 한국인들의 첫 황제와 더불어 이천여 년 전 하늘로부터 직접 내려온 것입니다.[11)]

안익태는 한국을 말하면서 이천여 년이라는 일본 역사와 혼동하고 있다. 영어를 매우 잘한다는 인터뷰 기사로 보아 언어 실수인 것 같지는 않다. 만약 이것이 의도하지 않은 실수라 한다면, 이 속에는 그의 민족의식과 일본교육의 충돌이 반영되었다 할 수 있다. 따라서 이것은 안익태의 역사적 · 정치적 인식이 그리 철저하지 못함을 암시하는 것이기도 하다.[12)]

아직 일본의 브랜드 가치가 돋보이지 않은 시기였을 1936년 6월 베를린을 방문하여 힌데미트를 만나고 자신의 음악적 가능성을 타진해보았던 때에 그는 여전히 애국 청년이었다. 미국에서 토호와 같은 망명음악가의 추천을 받고 나치 독일에서 불리한 위치에 있었던 힌데미트나 유대인 지휘자 발터를 찾아 인사했던 사실로 미루어 보아 당시만 하더라도 그는 아직 정치적 상황을 이용하여 출세하려는 생각을 하지 못했던 것 같다. 1938년까지만 하더라도 부다페스트의 음악학교에 출생지를 '평양, 조선'으로 기록했던 그가 40년 일본과 독일, 이탈리아의 3국 동맹이 맺어진 후, 곳곳에 일장기가 휘날리며 일본에 대한 관심이 고조되는 독일을 오가면서 마음의 변화를 느꼈을지도 모른다. 전쟁이라는 상황에서 급격히 상승하는 일본의 브랜드 가치가 그에게 커다란 유혹이었으리라 추측된다. 더욱이 야심이 컸던 그에게 40년대 그 어느 때보다 부각되었던 일본의 장점은 거부하기 힘든 기회로 보였으리라. 아무리 봉사하려 해도 잘했다, 못했다 칭찬도 질책도 주지 않는 멀고 힘없는 민족 조선보다 음악가로서 성공할 수 있는 탄탄대로를 보여주며 너의 재능이 필요하다고 손짓하는 강한 국가 일본이 더 가깝고 매력적으로 느껴졌을 것이다.

종합적으로 말하면, '일본 음악'이라는 값진 브랜드를 이용하여 음악적으로 성공하려던 야심과 음악가로 성장하기까지 일본교육제도의 혜택을 받은 경험, 그리고 국가 권력과 민족에 헌신하는 음악관은 애국가를 작곡한 안익태가 열성적으로 일제에 협력하게 되었던 복합적인 요인이 아닐까 생각된다.

독일 국립문서보관소에는 일본에서 보내온 프로파간다 책자, 일본어로 된 문서들도 보관되어 있었다. 일본어를 읽을 수 없는 것이 원통할 정도였다. 일독회의 문서이므로 당연하겠지만 안익태에 관한 문서보다 일본 음악가들의 활동에 대해 더 많은 자료가 있음을 보았다. 수없이 반복되어 등장하는 일본 음악가들의 이름을 보면서 일본의 음악학자들은 나치 독일에서의 일본 음악인에 대해 어느 정도 연구를 하고 있는지 궁금해졌다. 일제강점기 조선의 음악인들이 거의 모두 일본에서 공부했다는 것을 감안하면 독일 국립문서보관소에 보존되어 있는 일본 음악인 자료들이 남의 일만은 아니라는 생각도 들었다. 독일 나치즘과 일본 파시즘이 어떻게 연결될 수 있는지, 또 이것이 일제강점기 우리 음악사에 어떤 영향을 미쳤는지…… 한 달간의 독일여행은 내게 더 큰 연구과제를 안겨주었다.

안익태 연구는 계속되어야 한다

역사란 무엇인가? 과거란 변할 수 없는 사실의 총체인가? 역사 연구는 사건과 사실을 나열하는 것이 아니라 과거를 해석하는 일이다. 그래서 자료를 발굴하는 작업보다 해석하는 일이 더 힘들며, 과거가 고정된 것이라는 생각도 허구일 경우가 허다하다.

그동안 널리 알려져 있었듯이 일본의 핍박과 방해로 인해 어려움을 겪고도 유럽에서 항상 〈코리아 판타지〉를 지휘했다던 안익태의 과거는 새로운 독일 자료의 발굴과 해석으로 인해 수정이 필요하게 되었다. 독일 시절 안익태는 오히려 일본 관료들과의 협력하에 〈코리아 판타지〉가 아니라 일본곡 〈에텐라쿠〉를 연주했고, 나치와 일본의 전쟁 프로파간다에 기여하면서 일본의 음악 대사로 활동했음이 새로이 밝혀졌기 때문이다.

그동안 안익태 연구에서 언급되지 않았던 일본곡명과 일본인, 일독회의 존재가 충격적이긴 하지만, 안익태의 더 큰 문제는 '나는 그저 음악가로 성공하려 했다'를 넘어서는 애국가 작곡가로서의 강한 이미지 때문이다. 전쟁이 끝난 후 애국가의 작곡가가 아니라, 푸르트뱅글러나 슈트라우스처럼 음악적 수준으로 승부한 작곡가로 남았더라면 우리의 상처는 사실 그리 크지 않을지도 모른다. 하지만 사실을 은폐하고 기록을 왜곡하여 은연중에 애국자의 이미지를 만들어낸 것은 안익태를 평가하는 잣대가 음악이 아니라 다시 정치적인 것이 될 수밖에 없도록 만들었다. 따라서 그에 대한 정치적 믿음이 깨어지고 신화가 무너질 때, 그는 음악가로서 살아남기 힘든 위험에 처하게 된다.

안익태 연구가 계속되어야 하는 이유

나는 연구자의 입장에서 우리가 자랑스러워하던 애국가의 작곡가가 일제 협력자로 추락하는 현상을 '친일이냐, 아니냐'의 흑백논리로 단정 짓고 안익태를 말살하자는 태도에 대해서는 경계하고자 한다. 미국에서 공부하며 애국가를 작곡하는 동안, 그리고 1938년 2월 아일랜드에서 연주회를 하던 때에 그는 적어도 '친일'과는 거리가 멀었다. 또한 1950년대부터 65년 작고하기 전까지 〈코리아 판타지〉를 통해 음악적으로 한국을 세계에 알리기 위해 애썼던 것은 분명한 사실이다. 우리는 그의 5년간 일제 협력 행위를 전쟁 이전과 그 이후 한국 음악가로서 애쓴 노력을 통해 전체적으로 평가해야 할 것이다.

바로 여기에 안익태 연구가 계속되어야 할 이유가 있다.

첫 번째, 안익태를 전체적으로 평가하기 위해서는 아직 발견되지 않은 작품과 자료를 더 발굴하고 연구를 계속할 수밖에 없다. 무엇보다도 음악가로서 그를 재평가하는 작업이 급선무다. 아직 시작에 불과한 독일에서의 추가 자료 발굴 작업은 물론이고, 1938~41년 가을까지 머물렀던 헝가리의 부다페스트를 중심으로도 자료 발굴이 가능할 것이다. 또한 스위스, 스페인, 프랑스의 자료뿐만 아니라 당시 동맹국 독일에서의 문화행사를 일일이 보도했을 일본의 언론 자료, 음악 자료도 이 시기 안익태의 활동에 대해 많은 정보를 제공할 것이다.

두 번째, 매우 현실적인 생각에 기인한다. 안익태를 '친일'로 몰아 그의 모든 작품을 부정하고 우리 20세기 음악사에서 제외시킨다면 식민지 시대의 우리 음악 문화유산은 거의 남는 것이 없을 것이다. 일제강점기에 성공한 대부분의 음악가는 결코 일제 협력자의 혐의에서 자유로울 수 없는 것이 사실이지 않은가. '친일'이라는 어두운 면을 보기 힘들다고 해서 외면한다면, 이런 식으로는 우리의 아픈 과거에 대한 진정한 성찰을 이룰 수 없다. 과거의 아픈 역사로 남아 있는 아우슈비츠 수용소를 없애버리기보다 이를 보존하여 후손들이 교훈으로 삼아 보고 배울 수 있게 하는 방법이 있지 않은가. "실패한 예언이 우리에게 영감을 준다"■는 말이 있듯이, 모범적이고 성공적인 역사에서만 배울 점이 있는 것은 아니다. 아직 어둠에 묻혀 있는 20세기 전반의 우리 음악 역사를 알기 위해서는 안익태를 비롯한 일제에 협력한 음악가들을 더욱 활발히 연구하여 우리의 아픈 과거를 제대로, 사실에 근거하여 인식하는 일부터 시작해야 할

■ Richard Rorty, *Das Kommunistische Manifest 150 Jahre danach ; Gescheiterte Prophezeiungen, glorreiche Hoffnungen*, Frankfurt a. M., 1998.(이진우, 〈해제-철학자 마르크스, 공산주의에서 공생주의로〉; 카를 마르크스·프리드리히 엥겔스, 《공산당 선언》, 책세상, 2006, 114쪽 재인용).

것이다.

세 번째, 한 단계 더 성숙한 일제강점기 음악 연구를 위해서다. '친일'이냐, 아니냐의 이분법적 시각과 방법론으로는 애국자이면서 동시에 일제 협력자가 될 수 있는 식민지 시대의 상황에 대한 심층 이해가 불가능하다. 다시 말해 애국자에서 일제 협력자가 되는 것은 단순히 안익태만의 문제가 아니라 일제강점기에 활동한 대부분의 엘리트들이 처한 운명이었기 때문이다. 음악가 각 개인의 다양한 조건과 행위, 작품에 대한 연구가 충분히 축적되어야 당시 상황에 대한 깊이 있는 이해가 가능할 것이며, 이와 더불어 과거에 대한 진정한 성찰 작업도 시작할 수 있을 것이다.

민족에 헌신하고자 하는 예술가들이 거의 대부분 민족주의자에서 일제 협력자가 되는 정신적·사회적 배경은 무엇인가? 민족의 미래가 현실적으로 일제와의 협력에서만 보장될 수 있었다고 믿었는가? 조선의 문화 엘리트들이 이런 생각을 하게 되었다면 이들을 동원한 이데올로기와 눈에 보이지 않는 그 구조는 어떤 것인가? 애국과 일제 협력은 상반된 행위지만, 동시에 내적으로는 쉽게 치환될 수 있는 것은 아닐까? 당장에 나치를 물리칠 힘이 없는 프랑스의 처지를 인정하고 나치와 협력한 페탱(Philippe Pétain)이나 나치에 대항하여 레지스탕스를 조직하고 싸운 드골(Charles André Joseph Marie de Gaulle)이나 마찬가지로 민족주의자였던 것은 무엇을 말하는가?

이런 질문들은 누가 '친일'이냐, 아니냐로 사람을 구분하는 데 초점이 모인 연구 방식으로는 해명하기 힘들다. 물론 지금까지 과거 성찰 작업을 제대로 시작도 하지 못한 우리의 단계에서 이런 작업

방식은 그 문제점에도 불구하고 어쩌면 한 번은 거쳐야 할 과정일지도 모른다. 그 역사적인 필요성은 분명 인정한다 하더라도, 이것만으로는 복잡하게 얽혀 있는 당시의 상황과 조건을 파악하기에는 역부족이다. 우리의 과거 성찰이 오랫동안 지속적으로 이루어지려면 아픈 과거를 비밀로 꼭꼭 덮어두고 접근하지 못하도록 하거나, 수치스러운 과거라 하여 모두 깨끗하게 잘라버리고자 하는 태도 모두 경계해야 하리라.

네 번째, 안익태의 음악적인 최고 전성기가 나치 독일에서 전개되었던 것은 안익태 연구가 음악과 정치의 관계를 고려할 수밖에 없음을 의미한다. 스위스 망명 중에 있었던 토마스 만은 열렬한 바그너 숭배자였음에도 불구하고 독일 바이로이트에서 공연되던 〈신의 황혼(Götter dämerung)〉의 라디오 생중계를 듣지 않았는데, '독일에서 오는 것에는 뭐든지 순수함이 결여'되어 있어 이제 더 이상 바그너 음악을 음악만으로 순수하게 받아들일 수 없기 때문이라고 기록했다.■ 나치 독일에서 오는 '모든 것에 문화 프로파간다가 깔려 있다'고 느꼈던 만이 옳았음은 나치의 선전부 장관 괴벨스가 증명해준다.■■ "나치즘은 단순히 정치관이 아니라 모든 사회적 행위를 통째로 총괄하는 총체적 시각이며, 우리가 지휘자에게 이렇게 또는 저렇게 지휘하라고 일일이 지시하는 열성을 가지고 있지는 않지만, 무엇이 연주되고 무엇이 우리 시대정신에 부합하는지에 대해서 우리는

■ Thomas Mann, *Tagebücher 1933~1934*(hg. v. Peter de Mendelssohn), Frankfurt/M. 1977, p. 502.

■■ Ibid., p. 502.

절대적인 권리를 가지고 결정한다"■라며 이 시기 음악을 순수하게 음악적 관점에서 볼 수 없음을 직접 폭로했다. 독일 시기 안익태의 음악과 활동에 대한 연구는 음악이 사회·정치적 맥락의 산물임을 밝히는 구체적인 예가 될 것이다. '음악은 음악이다'라고 주장하는 연구는 많지만, 음악이 정치사회와 어떤 상호작용을 하는지를 밝히는 연구가 드문 상황에서 안익태 연구는 방법론적으로도 기여할 수 있을 것이다.

결국 안익태 연구를 통해 음악과 문화가 인간을 인간답게 만드는 데 큰 역할을 하지만, 동시에 권력자의 폭력적인 의도를 그럴듯하게 치장하고 포장하여 비인간적인 위력을 떨치게 할 수 있다는 것도 구체적으로 알 수 있을지도 모른다.

■ Helmut Heiber(Hg.), *Goebbels-Reden*. Düsseldorf 1971, p. 228 이하

미 주

Ⅰ. 표상, 그는 어떤 음악가로 기억되고 있는가?

1) 전정임, 《안익태》, 시공사, 1998, 11쪽.
2) 앞의 책, 15쪽. 전정임은 '안익태가 친일 무능교사 배척운동에 가담했기 때문'이라는 주장이 신빙성이 없음도 밝히고 있다.
3) 허영한, 〈미주 '한인학생회보'를 통해 본 안익태의 미국 유학 시절〉, 《낭만음악》 제40호 가을, 1998, 18~20쪽.
4) 애국가 표절 시비에 대해서는 전정임, 앞의 책, 117~130쪽을 참고하라. 니콜로프의 주장에 동조하는 미국의 음악비평가 제임스 웨이드의 원문은 같은 책, 236~239쪽을 참고하라.
5) 김경래, 《안익태의 영광과 슬픔. 코리아 판타지》, 현암사, 1966, 132쪽.
6) 에바 리거, 김금희 역, 《서양음악사와 여성》, 이화여자대학교출판부, 1990, 292쪽.
7) Marie Wieck, *Aus dem Kreise Wieck-Schumann*, Dresden, 1914, p. 268.
8) Theodor W. Adorno, *Einleitung in die Musiksoziologie, Suhrkapm*, Frankfurt a. M, 1996, p. 129.
9) 김경래, 앞의 책, 74쪽.
10) 德永康元, 《ブダペスト日記》, 新宿書房, 2004, 49쪽. 이 책에 대한 정보를 주고 번역을 도와준 윤대석 박사께 감사드린다.
11) 전정임, 앞의 책, 208쪽. 전정임은 안익태가 첼리스트로서의 경력으로 만족하지 못했음을 언급하고 있다.
12) "구미의 악도에서 〈방아타령〉 방송", 〈조선일보〉, 1936. 9. 8.
13) 德永康元, 앞의 책, 234쪽.
14) 제3장을 참고하라.
15) 제3장을 참고하라.
16) 제5장을 참고하라.
17) 전정임, 앞의 책, 223쪽을 참고하라.
18) "안익태 미공개 육필 악보 2편 발굴", 〈문화일보〉, 2006. 2. 17.

19) 김동진, 〈첼리스트로서의 안익태 선생〉, 《월간 FM》, 1976, 50쪽.
20) 앞의 글, 50쪽.
21) "안익태 선생 유학 기록에 무엇이 담겨 있나", 〈연합뉴스〉, 2006. 11. 13.

Ⅱ. 발견, 1941~44년 어떤 일들이 있었는가?

1) 전정임, 《안익태》, 시공사, 1998, 33~34쪽, 258~261쪽.
2) "우리의 세계적 컨덕터 안익태 씨 구주 제 교향악단에서 지휘", 〈동아일보〉, 1938. 4. 16.
3) "전파 타고 전 세계에 퍼진 조선 환상 교향곡", 〈동아일보〉, 1938. 12. 11.
4) 제4장을 참고하라.
5) "안익태가 로마의 만이(滿伊) 친선 연주회에서 로마 방송관현악단을 지휘하다", 〈매일신보〉, 1943. 5. 21.
6) 허영한, 〈자필 기록에 의한 안익태의 유럽활동 재구성〉, 《낭만음악》 제73호, 2006, 22쪽.
7) 1942년 4월 8일 일독회 베를린 본부에서 주관한 만찬에도 안악태는 초대를 받지만 이제는 더 이상 에키타이 안이라는 이름 옆에 도쿄라는 지명이 붙지 않았다. BA Kobl R 64 IV/176권, 260 뒷면.
8) BA Kobl R 64 IV/91권, 134면. 독일 문서에서 가져온 정보이므로 일본인의 정확한 한자 이름을 제시하지 못했다.
9) 1941년 7월 11일자 일독회 빈 지부의 편지에는 7월 '국가 간 뉴스'에서 안익태의 연주회 소식을 알게 된 빈의 연주 매니지먼트 카를 포스(Carl Voss)가 안씨를 빈에 데뷔시키면 어떻겠느냐고 제안해 왔다는 내용이 있다. BA Kobl R 64 IV/209권, 80면.
10) BA Kobl R 64 IV/26권, 7면. 일독회 연말 보고서.
11) 김경래, 《안익태의 영광과 슬픔. 코리아 판타지》, 현암사, 1966, 63~64쪽.
12) BA Kobl R 64 IV/64권, 35면 ; Günther Haasch(Hg.), *Die Deutsch-Japanischen Gesellschaften 1888~1996*, Berlin, 1996, p. 270.
13) 일독회 빈 지부에 보내는 베를린 본부의 1941년 8월 21일자 편지. BA R 64 IV/209권, 79면.
14) 발견된 증거 자료로만 해도 에하라는 1940년 12월 16일, 41년 1월 31일과 2월 1일, 뤼-이-웬(만주국 공사관의 대표인 듯하다)과 함께 일독회의 만찬회에 초대되었음을 알 수 있다. BA Kobl R 64 IV/90권, 69면 ; BA Kobl R 64 IV/91권, 273면, 308면.
15) 1941년 9월 23일 일독회 빈 지부에서 베를린 본부에 보낸 편지. BA Kobl R 64 IV/209권, 77면.
16) BA Kobl R 64 IV/209권, 74면.
17) 德永康元, 《ブダペスト日記》, 新宿書房, 2004, 260쪽.
18) 매니지먼트 한스 아들러에서 제작한 안익태 팸플릿. BA Kobl R 64 IV/180권, 340면.
19) 德永康元, 앞의 책, 269쪽.
20) 앞의 책, 284쪽.
21) 앞의 책, 314쪽.
22) 일독회 빈 지부 실무자가 베를린 본부에 보낸 1941년 10월 29일자 편지. BA Kobl R 64 IV/209권, 70면.

23) 1942년 매니지먼트 한스 아들러에서 만든 안익태 팸플릿 뒷면. BA Kobl R 64 IV/180권, 339면.

24) 일독회 빈 지부에서 베를린 본부에 보낸 1941년 9월 23일자 편지. BA Kobl R 64 IV/209권, 77면.

25) BA Kobl R 64 IV/209권, 170~171면.

26) 일독회 빈 지부에서 베를린 본부에 보낸 1942년 1월 19일자 편지. BA Kobl R 64 IV/209권, 63면.

27) BA Kobl R 64 IV/209권, 58~59면.

28) "Japanischer Gastdirigent in Hannover", *Die Musikwoche Berlin*, 1942. 3. 20 ; BA Kobl R 64 IV/181권, 35면.

29) BA Kobl R 64 IV/208권, 11면.

30) BA Kobl R 64 IV/180권, 340면.

31) 리하르트 슈트라우스 문서보관소에 소장되어 있다.

32) 김경래, 앞의 책, 168쪽. 1948년 9월 11일에 작성된 추천서가 마치 제2차 세계대전 중에 쓰인 것인 듯 안익태 연주회에 대한 1940년 음악 비평문 앞에 자리 잡고 있다. 전정임, 앞의 책, 95쪽 참고.

33) 에하라가 슈트라우스의 생일인 6월 11일에 선물한 붉은 중국 자기는 리하르트 슈트라우스 문서보관소에 소장되어 있다. Kurt Wilhelm, *Richard Strauss persönlich. Eine Bildbiographie*, Berlin, 1999, p. 615.

34) BA Kobl R 64 IV/176권, 260 뒷면.

35) 일독회 베를린 본부의 1942년 7월 6일자 편지. BA Kobl R 64 IV/167권, 188면.

36) BA Kobl R 64 IV/193권, 10면.

37) 진화영, 〈한국인 최초 베를린 필 지휘, 그리고 알려지지 않은 진실들〉, 《객석》, 2000. 5, 100쪽.

38) "안익태 선생 만주국 창립 기념음악 작곡", 〈조선일보〉, 2006. 3. 8.

39) 진화영, 앞의 글, 100쪽. 2000년 3월 초 국내 한 방송사 뉴스 프로그램에서 "선생의 열정적인 지휘 모습에 나치 고위 관료들과 일본 황실의 가족들도 찬탄을 금하지 못하고 있습니다"라고 보도되었던 것도 이를 뒷받침해준다.

40) BA Kobl R 64 IV/180권, 340면. 참고로 이 연주회 매니지먼트 한스 아들러는 1960년대에 제작한 안익태 홍보용 팸플릿(독립기념관 분류 번호 759-6)에 나타나 있는 것처럼 안익태의 독일 매니저로 지속적인 작업을 했다. 이 기업은 현재 베를린 아우구스테 빅토리아 슈트라세 64번지에 소재하고 있다. 홈페이지 www.musikadler.de

41) 독일어 원문은 다음과 같다 : Herr Ekitai Ahn hat um seine Phantasie "Mandchukuo" hier in Wien aufführen zu können, durch den Botschaftsattache M. Imai einen Brief an uns richten lassen. BA Kobl R 64 IV/210권, 34면.

42) 1943년 2월 5일 일독회 빈 지부의 편지. BA Kobl R 64 IV/210권, 220면.

43) 허영한, 앞의 글, 23쪽. 안익태가 소장했던 드보르자크 악보의 자필 기록은 빈 연주회와 함부르크 연주회 사이에 프라이부르크에서(4월 5일) 연주회가 있었음을 암시한다.

44) BA Kobl R 64 IV/180권, 338면. 일독회 베를린 본부에서 보낸 1943년 3월 12일자 편지. 안익태를 소개하는 팸플릿이 동봉되었다. 함부르크의 상원의원이자 일독회 총무인 베커가 안익태를 연주회 전날인 4월 21일 낮 1시의 오찬에 초대하여 호감을 보였다. BA Kobl R 64 IV/180권, 287면.

45) 함부르크의 연주회 매니지먼트 루돌프 괴테(Rudolf Goette)가 베를린 본부에 보낸 1943년 6월 8일자 편지. BA Kobl R 64 IV/180권, 213면.

46) BA Kobl R 64 IV/180권, 262면. 1943년 4월 28일 안익태가 일독회 함부르크 지부에 쓴 편지. 이 편지의 내용은 제3장에 전문이 실려 있다.

47) 이들의 서신 교환은 안익태와 고노에를 베를린 필하모니 오케스트라의 객원지휘자로 선정하는 문제에 집중된다. 1943년 4월 5일 편지에서 트뢰멜(Rudolf Trömel) 총무는 지난번 대사관 공사 사쿠마와 함께한 자리에서 고노에와 에키타이 안을 올해 베를린 필하모니 프로그램에 영입하겠다고 한 베스터만의 말을 상기시킨다. BA Kobl R 64 IV/81권, 29면.

48) 안익태에 대한 일독회 간부의 서신과 보고서는 1944년부터는 고노에와 바이올리니스트 수바, 그리고 소프라노 다나카의 연주회에 대한 준비 과정 및 보고 내용으로 충만하다. 그리고 안익태 자필 자료에도 1943년 8월 18일 이후 독일에서의 연주회는 더 이상 나타나지 않는다. 허영한, 앞의 글, 17쪽.

49) 1944년 2월 23일 안익태의 편지. 리하르트 슈트라우스 문서보관소 소장.

50) 베토벤 페스티벌이었던 연주회인 만큼 프로그램은 모두 베토벤 음악이었다. *Information Musicale*, No. 153-4e Annee, 15 Avril 1944, p. 254, p. 258, p. 261 ; 허영한, 앞의 글, 24쪽 재인용.

51) 안익태 자필의 〈코리아 판타지〉. 독립기념관 분류 번호 760-1, 42쪽, 154쪽.

52) 김경래, 앞의 책, 190쪽.

Ⅲ. 탐색, 음악과 삶, 그리고 일독회

1) Harald Kleinschmidt, "Geschichte der Württembergisch-Japanischen Beziehungen. Dargestellt am Beispiel der Deutsch-Japanischen Gesellschaft Baden-Württemberg", Klaus Antoni(Hg.), *Referate der 7. deutschen Japanologentages in Hamburg 11~13. Juni 1987*, Hamburg, 1988, pp. 130~131.

2) Harald Kleinschmidt, Ibid., p. 132.

3) Ibid., p. 142.

4) Günther Haasch(Hg.), *Die Deutsch-Japanischen Gesellschaften 1888~1996*, p. 138. 〈아사히신문〉, 〈오사카 마이니치신문〉, 〈도쿄 니히니치〉, 독일의 〈도이치 알게마이네 차이퉁(Deutsche Allgemeine Zeitung)〉과 제국방송협회 직원도 일독회 이사회에 속했다.

5) 이 중 명예회원은 모두 독일인이었다. 1935년 베를린에 거주하는 일본인 정규회원은 79명이었다. Günther Haasch(Hg.), Ibid., p. 136. 1936년 회원은 총 561명이었는데 독일인이 450명, 일본인이 111명이었다. BA Kobl R64 IV/26권, 135면.

6) Günther Haasch(Hg.), Ibid., p. 137.

7) Ibid., p. 150, p. 152. 1940년 9월부터 총무로 일했던 베르너와 1943년 4월부터 베르너의 대리인으로 일했던 트뢰멜 모두 나치당원이었다. 이들은 전쟁이 끝난 후 모두 일본과는 무관한 직업에 종사했다.

8) Günther Haasch(Hg.), Ibid., p. 136.

9) 그 외에도 푀르스터는 1938년 반공산주의 조약 2주년 기념 연설에서 그동안은 정치·경제면에서 독일에 유리하도록 일본을 이용했는데, 이제는 문화행사를 일본에 유리하도록 하자고 피력했다. Günther Haasch(Hg.), Ibid., p. 176.

10) Ibid., p. 241.

11) Ibid., p. 170.

12) Ibid., p. 172. 빈 지부를 제외하고 거의 모든 지부가 전쟁 이후에 창립되었다.

13) Ibid., p. 181.

14) 오시마 일본 대사의 방문을 계기로 일본 현대 회화 전시회가 열렸다. Günther Haasch(Hg.), Ibid., pp. 280~281.

15) 1939년 3월에 '고대 일본 미술'이라는 전시회에는 히틀러, 괴링(Hermann Goering), 헤스(Rudolf Hess), 로젠베르크(Alfred Rosenberg), 리벤트로프와 같은 나치 최고 권력자들이 방문했고, 일본 대표로 이노우에 사부로 후작이 설명을 맡았다. Günther Haasch(Hg.), Ibid., p. 278.

16) 유명한 일본 무용가 구니 마사미가 번역, 각색한 이 작품은 1944년 7월 7일 라이프치히에서 초연되었는데, 이 자리에 일본 대사 오시마가 참석했다. Günther Haasch(Hg.), Ibid., p. 269.

17) 슈나이더(Arthur Schneider)가 만든 연극으로 1942년 11월 8일 라이프치히에서 공연되었다. 일독회는 이 작품을 1944년 2월 11일에 일본 기원 축하 기념행사의 일환으로 계획했지만, 실제로 공연이 되었는지는 알 수 없다. Günther Haasch(Hg.), Ibid., p. 268; BA R 55/20562번.

18) 작가는 오스트리아인 예루지흐(Mirko Jelusich)이며, 1942년 12월 20일 빈에서 초연되었다. Günther Haasch(Hg.), Ibid., p. 269.

19) 1943년 10월 9일 일독회의 편지에는 일본의 참전 3주년 기념으로 이후쿠베 아키라의 무곡 〈본 오도리(盆踊り)〉를 구니 마사미 연출로 진행하자는 제안이 쓰여 있다. BA R55/20562번.

20) Günther Haasch(Hg.), Ibid., p. 257. 이 영화는 일독회의 재산으로 영화 검열 부서의 허락에 따라 일독회의 행사에서만 상영될 수 있었다. 또 1940년 일본의 문화협회 고쿠사이 분카 신코카이가 제작한 〈일본의 국민학교〉라는 문화영화는 1944년 여름까지도 일독회 행사에서 상영될 정도로 상영 기간이 길었다.

21) 소프라노 다나카 미치코는 1930년 빈에서 큰 성공을 거두었다. 1931년 빈의 부유한 상인과 결혼하여 남편의 후원으로 제국 내에서 화려한 경력을 펼쳤다. Josef Kreiner(Hg.), *Japan und die Mittelmächte im ersten Weltkrieg und in den Zwanziger Jahren*, Bonn, 1986, p. 212.

22) Günther Haasch(Hg.), Ibid., p. 270.

23) BA Kobl R 64 IV/76권, 34면.

24) 1939/40년 일독회 빈 지부의 연말 보고서. BA Kobl R 64 IV/206권, 17~18면.

25) BA Kobl R 64 IV/81권, 88면.

26) BA Kobl R 64 IV/167권, 74면.

27) Harald Kleinschmidt, Ibid., p. 132.

28) Ibid., p 134.

29) 김경래, 《안익태의 영광과 슬픔. 코리아 판타지》, 현암사, 1966, 131쪽.

30) 안익태, "구주음악 여행기(상)", 〈동아일보〉, 1936. 8. 8.

31) 김경래, 앞의 책, 130~131쪽.

32) 일본인이 베를린에 왔을 때 여러 가지 정보를 얻기 위해 찾는 곳은 일본 센터나 일독회였을 것이다. 일본 센터는 일본인이 주를 이루는 반면, 일독회는 일본에 관심이 많은 독일인이 주도하고 있었다. 1941년 6월 안익태가 이들의 정식 만찬회 행사에 초대받게 된 것은 그가 이 모임과 접촉했음

을 말해준다. Günther Haasch(Hg.), Ibid., p. 192.

33) Ibid., p. 135.

34) 1941년 9월 23일자 일독회 빈 지부의 편지. 1941년 10월 2일 매니지먼트 한스 아들러가 일독회 빈 지부와 통화한 내역을 보면, 연주회에 관한 모든 세부사항이 일독회를 통해 이루어지고 있음을 알 수 있다. BA Kobl R 64 IV/209, 76면.

35) 김경래, 앞의 책, 188쪽.

36) 일독회 베를린 본부가 함부르크 지부에 보낸 1943년 3월 12일자 편지. BA Kobl R 64 IV/209권, 338면. 강조된 부분의 원문은 다음과 같다 ; "Der in Berlin lebende japanische Komponist und Dirgent Ekitai Ahn hat den Wunsch, falls in Hamburg ein Interesse dafür besteht, gelegentlich ein Konzert mit dem Hamburger Philharmonie Orchester zu geben…."

37) BA Kobl R 64 IV/180권, 356면. 독일어 원문은 다음과 같다 ; "dass von seiten der kaiserlichen japanischen Botschaft und des hieigen japanischen Generallkonsoulats der Wunsch besteht, dass der japanische Dirigent Ekitai Ahn im Lauf des Monats April in Hamburg ein Konzert gibt".

38) BA Kobl R 64 IV/180권, 213면, 356면. 안익태 연주회를 맡아 진행시킨 함부르크 매니지먼트 루돌프 괴테는 베커에게 이러한 결과가 선전국의 열성적인 작업으로 이루어진 것이니 이 수익금을 나중에 필요할 때 쓰자고 일독회 함부르크 지부에 제안했다.

39) BA Kobl R 64 IV/180권, 262면. 원문은 다음과 같다 ; "In Hoffnung, dass Sie auch in Zukunft immermehr zur Förderung der Freundschaftsbeziehungen und kulturellen Verständigung zwischen Deutschland und Japan beitragen werden…."

40) BA Kobl R 64 IV/167권, 37면. 안익태는 자신이 소장한 슈베르트 악보와 드보르자크 악보에 자필로 "1943년 4월 22일, 함부르크 제국방송의 대오케스트라, 함부르크 콘체르트가르텐 대강당에서"로 적어놓았다. 허영한, 〈자필 기록에 의한 안익태의 유럽활동 재구성〉, 《낭만음악》 제73호 겨울, 2006, 23쪽.

41) 일독회 빈 지부가 베를린 본부에 보낸 1943년 2월 11일자 편지. BA Kobl R 64 IV/210권, 34면. 강조된 부분의 독일어 원문은 다음과 같다 ; "Herr Ekitai Ahn hat um seine Phantasie Mandsukuo hier in Wien aufführen zu können, durch den Botschaftsattache M. Imai einen Brief an uns richten lassen, worin dieser Wunsch zum Ausdruck gebracht erscheint."

42) BA Kobl R 64 IV/209, 63면. 강조된 부분의 독일어 원문 다음과 같다 ; "…lege ich heute die Liste jener Berliner japanischen Stellen vor, die über Wunsch des Herrn Ahn eingeladen werden sollen… Das hierortige kaiserlische japanische Generallkonsulat ist orientiert und unterstützt die Bitte des Herrn Ahn wärmstens."

43) BA Kobl R 64 IV/81권, 29면. 참고로 일본 대사관 공사인 사쿠마는 1942년 11월 18일부터 일독회의 부회장이 되었다. 그의 저서 《무사도-일본의 군인정신(Bushido-Soldatengeist von Japan)》은 1943년 라이프치히에서 일독회가 편집하여 출간했다. Günther Haasch(Hg.), Ibid., p. 231.

44) BA Kobl R 64/81권, 26면.

45) 허영한, 앞의 글, 22~29쪽 부록 참고.

46) BA Kobl R 64 IV/63권, 22면. 일독회 베를린 본부 총무 베르너가 동경의 오타카에게 보낸 1941년 3월 3일자 편지.

47) 안익태는 1941년 3월 시벨리우스의 악보 〈폭풍〉을 베를린에서 구입한 흔적을 남기고 있지만(허영한, 앞의 글, 22쪽), 같은 해 10월 귀국을 종용하는 부다페스트 공사관에 항의한 것으로 보아 적어도 10월까지는 여전히 부다페스트에 적을 두었던 것 같다. 德永康元, 《ブダペスト日記》, 新宿書房, 2004, 269쪽.

48) 제4장을 참조하라.

49) 안익태는 전쟁 후 성악가 이병두를 세라피니에게 추천하는 편지를 썼다. 〈특집 : 안익태 선생 가신 지 11년〉, 《월간 FM》, 1976, 47쪽.

50) 1942/43 안익태 홍보 팸플릿에 사진이 남아 있다. BA Kobl R 64 IV/180, 339면.

51) 고노에는 자신의 음악과 이탈리아 작곡가 레스피기(Ottorino Respighi), 독일의 슈트라우스와 바그너, 베토벤의 작품을 연주하여 3국의 음악을 골고루 안배했다. BA Kobl R 64 IV/82권 167면; BA Kobl R 64 IV/27권, 129면.

52) "세계적 컨덕터 안익태 교수", 〈동아일보〉 1940. 4. 23 ; "체구 중의 안익태 씨", 〈조선일보〉 1940. 4. 24.

53) 김경래, 앞의 책, 176～177쪽.

54) 김동진, 〈첼리스트로서의 안익태 선생〉, 《월간 FM》, 1976, 50쪽.

55) Peter Muck(Hg.), *Einhundert Jahre Berliner Philharmonisches Orchester III*, Hans Schneider Tutzing, 1982, pp. 288~314.

56) 1942년 빈 연주회 재정 계획서. BA Kobl R 64 IV/209권, 50면.

57) BA RKK. A 115. 독일어 원문은 다음과 같다 ; Nachteilige Notierungen in politischer Hinsicht liegen nicht vor.

58) 김경래, 앞의 책, 206쪽.

Ⅳ. 환상, 심포니적 판타지 〈코리아 판타지〉의 수수께끼

1) BA Kobl R 64 IV/209권, 70면.

2) 안익태 홍보용 팸플릿에 실린 1940년 9월 5일 부다페스트에서의 연주회 비평문. BA Kobl R 64 IV/180권, 339면.

3) 김경래, 《안익태의 영광과 슬픔. 코리아 판타지》, 현암사, 1966, 168쪽.

4) 안익태 홍보용 팸플릿. BA Kobl R 64 IV/180권, 339면.

5) 김경래, 앞의 책, 168～169쪽.

6) 안익태 홍보용 팸플릿. BA Kobl R 64 IV/180권, 339면.

7) 김경래, 앞의 책, 169쪽.

8) 안익태 홍보용 팸플릿. BA Kobl R 64 IV/180권, 339면.

9) 김경래, 앞의 책, 169쪽

10) 안익태 자필 〈코리아 판타지〉 악보 1954년 버전의 첫 장. 독립기념관 소장, 분류 번호 760-003.

11) 롤리타 탈라베라 안, 장선영 옮김, 《나의 남편 안익태》, 신구문화사, 1974, 167쪽.

12) 제3장을 참조하라.

13) BA Kobl R 64 IV/81권, 29면.

14) 허영한, 〈자필 기록에 의한 안익태의 유럽활동 재구성〉, 《낭만음악》 제73호 겨울, 2006, 23~24쪽 비교.

15) Peter Muck(Hg.), *Einhundert Jahre Berliner Philharmonisches Orchester III*, Hans Schneider Tutzing, 1982, pp. 288~308 참고.

16) 롤리타 탈라베라 안, 앞의 책, 167쪽.

17) 허영한, 앞의 글, 22~24쪽.

18) 앞의 글, 22~23쪽.

19) Hanns Mesecke, "Japanischer Gastdirigent in Hannover", *Die Musikwoche Berlin*, 1942. 3. 20. 안익태는 제1부만 지휘하고 제2부는 니더작센의 상임지휘자가 맡았다. BA Kobl R 64 IV/181권, 35면.

20) Fritz Scorzeny, "Deutsch-Japanisches Konzert", *Neues Wiener Tageblatt*, 1942. 3. 14; BA Kobl R 64 IV/209권, 40면 재인용.

21) 베를린 필하모니 문서보관소 제공.

22) 1941년 10월 11일 헝가리 연주회에서는 헝가리 작곡가 베레스의 교향곡 〈일본〉을 연주한 흔적이 있다. BA Kobl R 64 IV/180권, 339 뒷면.

23) Detlev Schauwecker, "Musik und Politik. Tokyo 1934~1944", Gerhard Krebs/Bernhard Martin (Hg.), *Formierung und Fall der Achse Berlin-Tokyo*, München Iudicium Verlag, 1994, p. 224.

24) Ibid., p. 229.

25) 송병욱, 〈안익태의 알려지지 않은 두 작품〉, 《객석》, 2006. 3, 86~89쪽.

26) BA Kobl R 64 IV/69권, 38면.

27) BA Kobl R 64 IV/81권, 87면. 1943년 3월 28일자 함부르크 신문 비평에는 고노에를 '일본에서 독일 음악의 선구자'로 칭하고 그의 〈에텐라쿠〉를 드뷔시(Claude Debussy)처럼 인상주의적인 음색이라고 평했다(BA Kobl R 64 IV/81권, 39면).

28) 송병욱, 앞의 글 비교.

29) 〈강천성악〉 악보 9~10쪽. 독립기념관 소장, 분류 번호 760-002.

30) 송병욱, 앞의 글, 87쪽.

31) 끝 문장의 원문은 다음과 같다 ; "The main leitmotiv of the work is an old Korean court theme supposed to have been composed by King Seazong in the fifteenth century". 1960년 6월 15일 런던 필하모니 오케스트라 연주회 프로그램. 독립기념관 소장, 분류 번호 759-6.

32) 필자에게 보낸 남상숙 선생의 2006년 9월 8일과 9월 9일자 메일. 상세한 정보를 준 남상숙 선생에게 감사드린다.

33) BA Kobl R 64 IV/81권, 113면.

34) 고노에의 〈에텐라쿠〉는 안익태의 것과 달리 빈의 유니버설 에디션(Universal Edition) 출판사에서 출판되었다. Morihide Katayama, Japanese Orchestral Favourites, Naxos 8.555071, p. 2.

35) 오타카의 연주회 비평문이 1939년 12월 함부르크의 〈동아시아 룬트샤우(Ostasiatische Rundschau)〉에 실렸다. BA Kobl R 64 IV/69권, 4면.

36) BA Kobl R 64 IV/81~83권.

37) Joseph Wulf, *Musik im Dritten Reich*, Gütersloch, 1963, p. 94.

38) Ibid., p. 94.

39) BA Kobl R 64 IV/81권, 48면.

40) BA Kobl R 64 IV/81권, 71면.

41) BA Kobl R 64 IV/64권, 35면; Günther Haasch(Hg.), *Die deutsch-Japanischen Gesellschaften 1888~1996*, p. 270 재인용.

42) BA Kobl R 64 IV/4권, 197면 ; Günther Haasch(Hg.), Ibid., p. 270 재인용.

43) 빈의 마르(Joseph Mar)의 제자였다. BA Kobl R 64 IV/69권, 4면.

44) 바인가르트너는 베토벤, 슈베르트, 브람스, 슈트라우스 등 모두 독일과 빈 음악으로 프로그램을 편성하여 빈 필하모니를 지휘했다. 일본인의 환호 속에 모두 11번의 성공적인 연주회를 가졌다. Josef Kreiner(Hg.), *Japan und die Mittelmächte im ersten und in den zwanzier Jahren*, p. 212.

45) 오타카의 〈모음곡〉 2번은 1941년에 유니버설 에디션에서 출판되었다. BA Kobl R 64 IV/63권, 3면.

46) Peter Muck(Hg.), Ibid., p. 293.

47) BA Kobl R 64 IV/63권, 31면. 오타카가 베르너에게 1940년 10월 30일 동경에서 쓴 편지.

48) 김경래, 앞의 책, 63~64쪽.

49) 徳永康元, 《ブダペスト日記》, 新宿書房, 2004, 277~278쪽.

50) BA Kobl R 64 IV/26권, 41면.

51) BA Kobl R 64 IV/26권, 41면. 1943년 4월 29일 일독회 보고서.

52) 미주 〈한인학생회보〉, 제16권 제2호, 1938, 5면 ; 허영한, 〈미주 한인학생회보를 통해 본 안익태의 미국 유학 시절〉, 《낭만음악》 제40호 가을호, 1998 재인용.

53) 고노에는 안익태보다 3년 먼저 홍보용 팸플릿을 제작했고, 또 제국음악협회 회원으로도 등록했다. 이는 그의 음악활동이 단순히 손님의 수준을 넘어 직업 음악가라는 것을 의미한다. 제국연극협회에서 일독회 베를린 본부에 보낸 1942년 3월 6일자 편지. BA Kobl R 64 IV/81, 167면.

54) Günther Haasch(Hg.), Ibid., p. 274.

55) "Deutsch-Japanische Kulturbeziehungen", *Deutsche Zeitung in Norwegen*, 1943. 4. 7; BA Kobl R 64 IV/81권, 38면.

56) 제3장을 참조하라. BA Kobl R 64 IV/81권, 25~27면, 29면.

57) 베스터만이 일독회 베를린 본부에 보낸 1943년 5월 3일자 편지. BA Kobl R 64 IV/81권, 27면.

58) 김경래, 앞의 책, 188쪽.

59) 일독회 빈 지부의 1943년 8월 21일자 편지. BA Kobl R 64 IV/211권, 96면.

Ⅴ. 신화, 리하르트 슈트라우스

1) 전정임, 《안익태》, 시공사, 1998, 92쪽.

2) 롤리타 탈라베라 안, 장선영 옮김, 《나의 남편 안익태》, 신구문화사, 1974, 106~107쪽. 롤리타 안은 16년의 관계라고 회상하고 있으나 어디까지나 회상이므로 정확한 데이터로 보고 추론하기에는 무리가 있다.

3) 김경래, 《안익태의 영광과 슬픔. 코리아 판타지》, 현암사, 1966, 150~151쪽.

4) 롤리타 탈라베라 안, 앞의 책, 18~19쪽. 롤리타 안이 서술한 맥락으로 보아 안익태가 슈트라우스를 만난 곳은 빈으로 추정된다.

5) 德永康元, 《ブダペスト日記》, 新宿書房, 2004, 49쪽, 234쪽.

6) Kurt Wilhelm, *Richard Strauss Persönlich, Eine Bildbiographie*, Henschel, 1999, pp. 372~374. 여기서 슈트라우스의 제자라는 말은 우리가 이해하는 일반적인 개념과 좀 다른 듯하다. 레슨하기를 싫어했던 슈트라우스에게는 제자가 거의 없었다. 그의 제자 중 유명인이 된 사람은 별로 없으며, 유일한 작곡 제자로 알려진 비쇼프(Hermann Bischoff)도 성공하지 못했다. 슈트라우스는 1919년 이후 수업 개념의 레슨은 더 이상하지 않는 대신 자문을 구하거나 도움을 요청하면 열성적으로 조언해주었다. 또한 김경래의 《안익태의 영광과 슬픔. 코리아 판타지》에 제자로 언급된 푸르트뱅글러와 클레멘스는 슈트라우스의 제자가 아니라 동료이며 친구였다.

7) 1943년 2월 11일 빈 연주회 프로그램. 빈 심포니 오케스트라 문서보관소.

8) "역사 전원생활 주제 대작 '조선' 을 공연", 〈동아일보〉, 1938. 4. 16.

9) 김경래, 앞의 책, 157쪽.

10) Peter Muck(Hg.), *Einhundert Jahre Berliner Philharmonisches Orchester III*, Hans Schneider Tutzing, 1982, p. 288.

11) 빈 필하모니 문서보관소의 연주 기록.

12) 일독회 베를린 본부 총무 베르너에게 보낸 1942년 3월 25일자 편지. BA Kobl R 64 IV/198권.

13) 뮌헨의 일본 총영사관에서 일독회 베를린 본부에 보낸 1942년 4월 11일자 편지. BA Kobl R 64 IV/198권, 140면.

14) BA Kobl R 64 IV/198권, 131면, 139~140면, 143면, 146면.

15) Franz Trenner, *Richard Strauss Chronik*, Wien 2003, pp. 588~606. 1940년 슈트라우스는 대부분의 시간을 가르미슈 자택에서 보냈고, 한 달 이상 이탈리아 여행을 했다. 또한 안익태가 이 시기에 빈에 있었다는 흔적도 현재 확보된 자료 어디에서도 찾아볼 수 없다.

16) "세계적 컨덕터 안익태 교수", 〈동아일보〉, 1940. 4. 23.

17) 德永康元, 앞의 책, 234쪽.

18) "안익태 선생 유학 기록", 〈연합뉴스〉, 2006. 11. 13.

19) 안익태 팸플릿. BA R 64 IV/180권, 340 뒷면.

20) 김경래, 앞의 책, 140쪽.

21) 예술음악을 작곡하던 토흐는 미국으로 가서 주로 영화음악을 작곡했고, 거슈윈(George Gershwin)과도 친분이 있어 그의 조언에 따라 1936년부터 캘리포니아에 정착했다. 서던캘리포니아대학에서 강의하면서 쇤베르크와 클렘페러(Otto Klemperer) 등 망명음악가들과 교류했고, 39년 미국으로 망명한 발터를 다시 만났다. Habakuk Traber, *Elmar Weingarten, Verdrängte Musik*, Berlin, 1987, pp. 342~343.

22) 德永康元, 앞의 책, 49쪽.

23) "안익태 선생 유학 기록에 무엇이 담겨 있나", 〈연합뉴스〉, 2006, 11. 13.

24) 송병욱, 〈안익태의 민족 정체성 어느 음악가의 정당한 평가를 위하여〉, 《객석》, 2006, 4, 89쪽.

25) Günter Brosche(Hg.), *Richard Strauss-Clemens Kraus Briefwechsel*, Tutzing, 1997 참고. 지휘자

뵘도 마찬가지였다.

26) 제3장을 참조하라.

27) 1941년 9월 23일자 일독회 빈 지부의 편지. BA Kobl R 64 IV/209권, 77면.

28) BA Kobl R 64 IV/209권, 61~63면.

29) 동경 우에노음악학교에서 1931~37년까지 교수로 재직했던 프링스하임은 그의 해고가 나치당의 압력 때문이 아니라 베를린 선전국의 신임을 얻은 고노에가 뒤에서 조종한 결과로 믿었다. Detlev Schauwecker, "Musik und Politik. Tokyo 1934~1944", Gerhard Krebs/Bernhard Martin(Hg.), *Formierung und Fall der Achse Berlin-Tokyo*, München Iudicium Verlag, 1994, p. 242.

30) 빌헬름의 책에는 1940년 슈트라우스가 일본 대사에게 〈일본 축전곡〉 악보를 전달하는 사진과 슈트라우스가 피아노 버전으로 작품을 연주하는 사진, 그리고 그 옆에 안익태와 슈트라우스의 사진을 함께 싣고 있다. Kurt Wilhelm, Ibid., p. 365.

31) Franz Trenner, Ibid., pp. 610~613.

32) Kurt Wilhelm, *Fürs Wort brauch ich Hilfe*, München, 1999, p. 314. 다른 책에서 빌헬름은 "일본 지휘자 에키타이 안이…… 슈트라우스가 참석한 가운데 엄청난 실수를 했다. 1분 후에야 비로소 오케스트라는 다시 정비되었다. 특별석에 앉은 슈트라우스는 꼼짝 않고 있더니 끝에 정중하게 박수를 쳤다"라고 서술했다. Kurt Wilhelm, *Richard Strauss Persönlich, Eine Bildbiographie*, p. 365.

33) Franz Trenner, Ibid., p. 613. 물론 지금까지 에하라가 슈트라우스를 초대하게 된 동기에 대해 알려진 바 없지만, 〈일본 축전곡〉을 작곡한 슈트라우스에게 〈만주국 축전곡〉 작곡을 부탁하려 했거나, 이미 안익태가 위촉받은 상황이었다면 안익태의 작업을 도와달라고 부탁했을 가능성도 없지 않다.

34) 《昭和人名辭典》, 第一卷 : 東京篇, 東京, 1987, 10. 1939년 마크데부르크에 일본 관리와 만주국 관리가 모임차 왔을 때 에하라가 이들을 인도하는 모습을 담은 사진과 신문 기사("성공적인 일본 문화의 밤(Japanischer Kulturabend ein Erfolg)", 1939. 6. 1. 정확한 신문 이름은 알 수 없음)가 코블렌츠 국립문서보관소에 소장되어 있다. BA R 64 IV/193권, 116면.

35) 야스모토는 베를린의 만주국 공사관에서 1940년 8월 29일 일만(日滿) 유학생의 모임에 참석한 바 있다. 德永康元, 앞의 책, 252쪽.

36) 호텔 아드론에서 있었던 일독회의 만찬회에서 누가 어디에 앉을 것인지에 대한 계획 문서도 코블렌츠 국립문서보관소에 소장되어 있다. 에하라가 앉을 식탁 번호는 21번이었다. 이날 〈일본 축전곡〉을 위촉받은 슈트라우스도 만찬회에 초대되었으나 참석하지 않은 듯하다. 트레너가 쓴 슈트라우스 연대기에 따르면 1940년 12월 19일 슈트라우스가 베를린으로 간 기록이 없고 뮌헨에 머문 것으로 되어 있기 때문이다. Franz Trenner, Ibid., p. 606.

37) 에하라의 1942년 3월 19일자 편지. 리하르트 슈트라우스 문서보관소.

38) 1942년 3월 24일자 안익태의 편지. 리하르트 슈트라우스 문서보관소.

39) 일독회의 문서를 보면 일본 대사관도 티어가르텐 지역에 위치한다. BA R 64 IV/209권, 64면.

40) 1942년 5월 28일자 에하라의 편지. 리하르트 슈트라우스 문서보관소.

41) Franz Trenner, Ibid., p. 615.

42) 6월 14일 점심때 슈트라우스는 친구이자 음악학자인 슈(Willi Schuh) 박사를 대동하고 에하라 집에서 함께 시간을 보냈다. Franz Trenner, Ibid., p. 615.

43) 1942년 7월 2일 쓴 에하라의 편지. 리하르트 슈트라우스 문서보관소.
44) 슈트라우스는 '바이올린과 비올라를 위한 신포니아 콘체르탄테 Eb장조' '교향곡 29번 A장조' '교향곡 41번 C장조(주피터)' 모두 모차르트의 작품만을 지휘했다. 빈 필하모니 문서보관소.
45) 슈트라우스가 안익태에게 보낸 1947년 5월 11일자 편지. 리하르트 슈트라우스 문서보관소.
46) BA Kobl R 64 IV/210권, 177면.
47) 1943년 2월 11일 빈 연주회 프로그램. 빈 심포니 오케스트라 문서보관소. 송병욱, 〈안익태의 알려지지 않은 두 작품〉, 《객석》, 2006. 3, 88~89쪽 비교.
48) 슈트라우스가 크라우스에게 보낸 1940년 2월 21일자 편지. Franz Trenner, Ibid., p. 601 재인용.
49) "안익태 선생, 만주국 창립 기념음악 작곡", 〈조선일보〉, 2006. 3. 8. 참고.
50) BA Kobl R 64 IV/208권, 220면. 안익태 연주회의 라이브 음향 기록은 더 발굴되어야 할 것이다.
51) 안익태와 슈트라우스와의 관계를 증언해주는 자료는 오히려 1947~48년까지 약 50여 통의 편지이다. 리하르트 슈트라우스 문서보관소.
52) 슈트라우스는 1942년 10월 30일~1943년 6월 21일까지 빈에 머물렀다. Franz Trenner, Ibid., pp. 617~621.
53) 제4장을 참조하라.
54) BA Kobl R 64 IV/180권 38면.

Ⅵ. 잃어버린 시간, 독일에서의 안익태

1) Micahel Kater, *Die mißbrauchte Muse : Musiker im Dritten Reich*, München, Wien, 1998, p. 375.
2) Ibid., p. 25. 제국에서 작곡가로 가장 수입이 많았던 슈트라우스도 1936년 총수입이 8만 라이히스마르크 정도였다.
3) Ibid., p. 385.
4) Ibid., p. 386.
5) Ibid., p. 115.
6) 소현숙, 〈교육계 여성들의 '친일 협력 행위'를 둘러싼 기억의 정치학〉, 《친일, 대독 협력과 기억의 정치》, 2006년 6월 2~3일 한국-프랑스 수교 120주년 기념 제1차 한국-프랑스 국제학술대회 문서집, 53~55쪽.
7) 김경래, 《안익태의 영광과 슬픔. 코리아 판타지》, 현암사, 1966, 188쪽.
8) 앞의 책, 74쪽.
9) 앞의 책, 266~267쪽.
10) 앞의 책, 234~235쪽.
11) 미주 〈한인학생회보〉, 1938 ; 전정임, 《안익태》, 시공사, 1998, 259쪽 재인용.
12) 숭실학교에서 일제에 저항해 퇴학당했다는 이야기는 사실이 아닌 듯하다. 전정임, 앞의 책, 15쪽.

참 고 문 헌

1. 국내 자료

1) 악보 및 연주회 프로그램

〈한국 환상곡〉 1944년 버전 자필 악보. 독립기념관 소장, 분류 번호 760-1
〈한국 환상곡〉 1956년 버전 자필 악보. 독립기념관 소장, 분류 번호 760-3
〈강천성악〉 독립기념관 소장, 분류 번호 760-2
1960년 6월 15일 런던 필하모니 연주회 프로그램. 독립기념관 소장, 분류 번호 759-6

2) 국내 신문, 잡지 기사

안익태, "구주음악 여행기(상하)", 〈동아일보〉, 1936. 8. 8~9
"구미의 악도에서 〈방아타령〉 방송", 〈조선일보〉, 1936. 9. 8
"구주 제 교향악단에서 지휘", 〈동아일보〉 1937. 8. 7
"첼리스트 안익태 씨 차제 구주에 연주 행각", 〈조선일보〉, 1937. 8. 7
"세계적 컨덕터 안익태 씨 애란 악단서 폭풍적 격찬", 〈동아일보〉, 1938. 4. 16

"역사 전원생활 주제 대작 '조선'을 공연", 〈조선일보〉, 1938. 4. 16
"구주에서 활약하는 안익태 씨 명지휘", 〈조선일보〉, 1938. 8. 21
"전파 타고 전 세계에 퍼진 조선 환상 교향곡", 〈동아일보〉, 1938. 12. 11
"세계적 컨덕터 안익태 교수. 로마 방송국에서 교향악 지휘. 이달 30일 전 세계 명국에 중계", 〈동아일보〉, 1940. 4. 23
"체구 중의 안익태 씨", 〈조선일보〉, 1940. 4. 24
"세계적 명컨덕터 안익태 씨의 연주 행각", 〈동아일보〉, 1940. 7. 3
"안익태가 로마의 만이 친선 연주회에서 로마 방송관현악단을 지휘하다", 〈매일신보〉, 1943. 5. 21.
"세계적 컨덕터 안익태 씨 고국 악단 위해 악기 기증", 〈동아일보〉, 1947. 9. 5
김동진, 〈첼리스트로서의 안익태 선생〉, 〈특집: 안익태 선생 가신 지 11년〉, 《월간 FM》, 1976.
이장직, 〈국제무대에서 각광받은 한국 음악의 선구자 안익태 그의 삶과 예술〉, 《음악동아》, 1991. 10
이남재, 〈음악으로 담아낸 한민족의 수난사〉, 《객석》, 1997. 11
허영한, 〈철저한 자료 수집. 가감 없는 정확한 접근 절실〉, 《객석》, 1997. 11
진화영, 〈한국인 최초 베를린 필 지휘, 그리고 알려지지 않은 진실들〉, 《객석》, 2000. 5
"안익태 선생 만주국 창립 기념음악 작곡", 〈조선일보〉, 2006. 3. 8
송병욱, 〈안익태의 알려지지 않은 두 작품〉, 《객석》, 2006. 3
송병욱, 〈안익태의 민족 정체성-어느 음악가의 정당한 평가를 위하여〉, 《객석》, 2006. 4

3) 연구 논문 및 단행본

김경래, 《안익태의 영광과 슬픔. 코리아 판타지》, 현암사, 1966

김철, 《'국민' 이라는 노예. 한국 문학의 기억과 망각》, 삼인, 2005
노동은, 〈만주음악연구〉, 《동아시아 속의 만주/만슈》, 제26차 한국문학 국제학술대회 문서집, 동국대학교 한국문학연구소, 2007. 2. 2~3
롤리타 탈라베라 안, 장선영 옮김, 《나의 남편 안익태》, 신구문화사, 1974
소현숙, 〈교육계 여성들의 '친일 협력 행위' 를 둘러싼 기억의 정치학〉, 《친일, 대독 협력과 기억의 정치》, 2006. 6. 2~3, 한국-프랑스 수교 120주년 기념 제1차 한국-프랑스 국제학술대회 문서집, 한양대학교 비교역사문화연구소
송봉희, 〈안익태의 '한국 환상곡'에 관한 연구〉, 연세대학교 석사학위 논문, 1982
아이리스 장, 《역사는 힘 있는 자가 쓰는가. 난징의 강간, 그 진실의 기록》, 미다스북스, 2006
안인희, 《게르만 신화 바그너 히틀러》, 민음사, 2003
앙리 루소, 이학수 옮김, 《비시 신드롬》, 휴머니스트, 2006
윤대석, 《식민지 국민문학론》, 역락, 2006
이경분, 《망명음악, 나치음악》, 책세상, 2004
이경분, 〈R. 슈트라우스의 오페라 〈평화의 날(Friedenstag)〉의 정치·사회적 고찰-〈평화의 날〉 속의 나치 이데올로기를 중심으로〉, 《낭만음악》, 제68호 가을, 2005
이경분, 〈베토벤 수용을 통해서 본 나치의 음악정책〉, 《음악이론연구》, 서울대학교 서양음악연구소, 제6집, 2001
임지현 · 김용우 엮음, 《대중독재. 강제와 동의 사이에서》, 책세상, 2004
전정임, 《안익태》, 시공사, 1998
테사 모리스-스즈키, 김경원 옮김, 《우리 안의 과거. 미디어, 기억, 역사》, 휴머니스트, 2006
한상우, 《기억하고 싶은 선구자들》, 서울지식산업사, 2003
허영한, 〈미주 한인학생회보를 통해 본 안익태의 미국 유학 시절〉, 《낭만음악》

제40호 가을, 1998
허영한, 〈자료 기록에 의한 안익태의 유럽활동 재구성〉, 《낭만음악》 제73호 겨울, 2006

2. 독일 문서보관소 자료

1) 리하르트 슈트라우스 문서보관소 : 안익태의 편지와 리하르트 슈트라우스 편지, 에하라 고이치 편지 4점(새로 발굴함) 및 사진 자료
2) 빈 필하모니 문서보관소 : 1940~44년 슈트라우스 연주회 프로그램
3) 빈 심포니 오케스트라 문서보관소 : 1942년 또는 43년 빈 심포니에서 지휘하는 안익태의 사진 자료 9점(새로 발굴함) 및 42년 3월 12일 연주회 프로그램
4) 베를린 필하모니 문서보관소: 1943년 8월 18일 안익태 연주회 프로그램
5) 스위스 취리히대학 당대 역사 문서보관소 내 롤프 헨네 문서보관소 : '에키타이 안' 문서 및 1943년 1월 16일자 기사, Die Tat, 8/Nr. 22, P. 3(새로 발굴함)
6) 베를린 국립문서보관소 : BA R 55/20562. 안익태의 제국음악협회 회원등록증(새로 발굴함)
7) 코블렌츠 국립문서보관소 BA Kobl R 64 IV/26, 27, 63, 64, 69, 76, 80, 81, 82, 83, 90, 91, 167, 169, 176, 180, 181, 193, 198, 206, 208, 209, 210(새로 발굴한 안익태와 직접 관련 있는 일독회 문서는 주석 참고) ; 58, 89, 170, 174, 179, 175, 182, 190, 204, 211, 230, 232(맥락상 중요한 일독회 문서)

3. 외국어 연구 논문 및 단행본

後藤暢子, 〈日本の皇紀二千六百年に寄せる祝典曲〉, 日本 R. シュトラウス會誌, 東京, 1995

広瀬 大介, 〈シュトラウスの未完成《チエロ協奏曲》(1935年) : ナチズム・戰爭への抗議の証〉, 日本 R. シュトラウス會誌, 東京, 2003

安益泰・八木浩, 《R. シュトラウス》, 東京 音樂之友社, 1964

《昭和人名辭典》, 第一巻 : 東京篇, 東京: 日本圖書センター, 1987

日本 R. シュトラウス會誌, 東京, 1989~2005

德永康元, 《ブダペスト 日記》, 新宿書房, 2004

Eak Tai Ahn, "The Story of Korean Music", Korean-American Cultural Association, *The culture of Korea*, Honolulu, 1946

Günter Brosche(Hg.), *Ricchard Strauss-Clemens Kraus Briefwechsel*, Tutzing, 1997

Nobert Frei, *Karrieren im Zwielicht. Hitlers Eliten nach 1945*, Frankfurt/M, 2001

Lothar Gall, "Richard Strauss und das Dritte Reich. Oder Wie der Künstler Strauss sich mißbrauchen ließ". Hanspeter Krellmann(Hg.), *Wer war Richard Strauss?*, Frankfurt am Main, 1999

Günther Haasch(Hg.), *Die Deutsch-Japanischen Gesellschaften 1888~1996*, Berlin, 1996

Micahel Kater, *Die mißbrauchte Muse: Musiker im Dritten Reich.* München, Wien, 1998

Harald Kleinschmidt, "Geschichte der Württembergisch-Japanischen Beziehungen. Dargestellt am Beispiel der Deutsch-Japanischen Gesellschaft Baden-Württemberg", in: Klaus Antoni (Hg.), *Referate der*

7. deutschen Japanologentage in Hamburg 11~13. Juni 1987, Hamburg, 1988

Michael Klundt/Gerd Wiegel u.a.(Hg.), *Erinnern Verdrängen, Vergessen. Geschichtspolitische Wege ins 21. Jahrhundert*, Gießen, 2003

Josef Kreiner(Hg.), *Japan und die Mittelmächte im ersten und in den zwanzier Jahren*, Bonn, 1986

Hanspeter Krellmann(Hg.), *Wer war Richard Strauss?*, Frankfurt am Main Insel-Verlag, 1999

Peter Muck(Hg.), *Einhundert Jahre Berliner Philharmonisches Orchester III*, Hans Schneider Verlag Tutzing, 1982

Thomas Prochazka, "Salzburger Theater-und Musiksommer 1942", *Richard Strauss Blätter*, Heft 28

Detlev Schauwecker, "Musik und Politik. Tokyo 1934~1944", Gerhard Krebs/ Bernhard Martin(Hg.), *Formierung und Fall der Achse Berlin-Tokyo*, München Iudicium Verlag, 1994

Ernst von Schuh, *Richard Strauss*, Berin Henschel Verlag, 1999

Gabriele Strauss(Hg.), *Lieber Collega! Richard Strauss im Briefwechsel mit zeitgenössischen Komponisten und Dirigenten*, Bd. 1 Henschel Verlag Berlin, 1996

Franz Trenner, *Richard Strauss Werkverzeichnis*, Wien, 1999

Franz Trenner, *Richard Strauss Chronik*, Wien, 2003

Kurt Wilhelm, *Richard Strauss persönlich. Eine Bildbiographie*, Henschel Verlag, Berlin, 1999

Kurt Wilhelm, *Fürs Wort brauch ich Hilfe*, München, 1988

Habakuk Traber/Elmar Weingarten, *Verdrängte Musik*, Berlin, 1987

Joseph Wulf, *Musik im Dritten Reich*, Gütersloch, 1963

Japaninstitut Berlin/Japanisch-deutscher-Kultur-Institut Tokio(Hg.), *Nippon, Zeitschrift für Japanologie*, Broermann Verlag Berlin, 1939~40

4. 음반 자료

안익태, 〈韓國幻想曲(Symphonic Fantasia KOREA)〉, Los Angeles Philharmonic Orchestra. 서라벌 레코드사, 1961

안익태, 〈한국 환상곡〉; 〈흰 백합화〉; 〈강천성악〉; 〈애국선열추도곡〉, 서울음반, 1991

안익태, 〈한국 환상곡〉; 차이코프스키, 〈1812년 서곡〉; 안익태, 〈아리랑 언덕〉 등, 한국 SKC음반, 1993

안익태, 〈코리아 판타지〉, E&E Media, 1996

안익태, 〈Korea Fantasie〉, 서울음반, 1998

안익태, 〈한국 환상곡〉; 나인용, 칸타타 〈대한민국-백두산아 금강산아 어화둥둥 한라산아〉, 해동음반, 1999

고노에 히데마로 외, 〈일본 오케스트라 선곡(Japanese Orchestral Favourites)〉, 2000년 동경 메틀로폴리탄 아트 스페이스에서 녹음한 낙소스 음반(8.555071)

5. 인터넷 자료

국사편찬위원회 www.history.go.kr

안익태 기념재단 www.ahneaktai.or.kr

한국 역사 정보 통합 시스템 www.kh2.koreanhistory.or.kr

독일 국립문서보관소 www.bundesarchiv.de
리하르트 슈트라우스 문서보관소 www.richard-strauss-institut.de
빈 필하모니 문서보관소 www.wienerphilharmoniker.at
빈 심포니 오케스트라 문서보관소 www.wiener-symphoniker.at
베를린 필하모니 문서보관소 www.berliner-philharmoniker.de
스위스 취리히대학 당대 역사 문서보관소 내 롤프 헨네 문서보관소 www.afz.ethz.ch
베를린 일독 문화센터 www.jdzb.de
뮌헨대학 도서관 www.uni-muenchen.de
베를린 훔볼트대학 도서관 www.hu-berlin.de
한스 아들러 연주 에이전시 www.musikadler.de

사진 출처

〈동아일보〉
〈조선일보〉
독립기념관
베를린 국립문서보관소
빈 심포니 오케스트라 문서보관소
베를린 필하모니 문서보관소
리하르트 슈트라우스 문서보관소
코블렌츠 국립문서보관소

안익태 연보■

1906년 12월 6일 평양 출생

1914년 평양보통학교 입학

1918년 숭실중학교 입학

1921년 세소쿠중학교 입학

1926년 동경고등음악학교 입학

1930년 동경고등음악학교 졸업

1930년 9월 도미하여 신시내티음악원 입학

1932/33년 필라델피아 커티스음악원 및 템플대학교 음악대학원 입학

1936년 6월 유럽 방문, 힌데미트, 바인가르트너와 만남

1937년 템플대학교 음악대학원 졸업

1938년 2월 더블린 방송교향악단 객원지휘. 그 후 1941년 가을까지 부다페스트에 정착

■ 안익태의 유년 시기, 일본 유학기, 미국 유학기에 관한 정보는 전정임의 《안익태》(시공사, 1998)와 일제강점기 국내 신문, 허영한의 〈미주 〈한인학생회보〉를 통해 본 안익태의 미국 유학 시절〉(《낭만음악》, 1998)을 참고했다. 제2차 세계대전 중 안익태의 활동은 필자가 발굴한 새 자료를 근거로 하였으며, 허영한의 〈자필 기록에 의한 안익태의 유럽활동 재구성〉(《낭만음악》, 2006)의 정보로 보완하여 더 자세하게 적었다.

1938년 10월 31일 베를린 방송교향악단 지휘

1939년 4월 30일 로마 방송교향악단 지휘

1940년 4월 로마 방송교향악단 지휘

1940년 5월 유고슬라비아 벨그라드 연주회

1940년 9월 부다페스트에서 연주회

1940년 10월 소피아에서 연주회

1940년 11월 부쿠레슈티에서 연주회

1941년 7월 11일 베를린 여름 꽃 전시회 행사 중 연주회

1941년 10월 10일 부다페스트에서 연주회. 일본으로 귀국하지 않고 유럽에 체류

1941년 11월 루마니아에서 연주회

1942년 2월 6일 하노버에서 연주회(일독회 행사)

1942년 3월 12일 빈에서 연주회(일독회 행사)

1942년 4월 파리에서 연주회(?)

1942년 9월 18일 베를린 〈만주국 축전곡〉 지휘(일독회 관여), 문화영화로 제작

1943년 1월 15일 취리히 방송교향악단 지휘

1943년 2월 11일 빈에서 연주회(일독회 행사)

1943년 4월 22일 함부르크에서 연주회(일독회 행사)

1943년 5월 21일 로마에서 만이(滿伊) 친선 연주회

1943년 8월 18일 베를린 필하모니 지휘(일독회 기획)

1944년 2월 부쿠레슈티에서 연주회

1944년 3월 스페인 바르셀로나 연주회

1944년 4월 파리에서 3회 베토벤 연주회

1944년 6월 전후 스페인으로 피신

1944년 12월 〈코리아 판타지〉 수정판 자필 악보 완성

1946년 롤리타 탈라베라와 결혼

1946년 마요르카 교향악단 상임지휘자

1948년 5월 13일 루가노 방송교향악단 지휘

1952년 멕시코 순회 연주

1955년 3월 첫 번째 고국 방문

1959년 7월 6일 런던 심포니 오케스트라 객원지휘

1960년 6월 15일 런던 필하모니 오케스트라 객원지휘

1960년 3월 두 번째 고국 방문(이승만 탄신 85회 기념음악회 지휘)

1962년 5월 서울에서 제1회 국제음악회 주관

1963년 5월 제2회 국제음악회 주관

1964년 5월 제3회 국제음악회 주관

1964년 10월 26일 동경 심포니 오케스트라 지휘

1965년 7월 4일 런던 뉴필하모니 오케스트라 지휘

1965년 9월 16일 스페인 바르셀로나 병원에서 사망

잃어버린 시간 1938~1944

세계적인 음악가 안익태의 숨겨진 삶을 찾아서

지은이 | 이경분

1판 1쇄 발행일 2007년 3월 5일
1판 2쇄 발행일 2019년 7월 22일

발행인 | 김학원
편집주간 | 김민기 황서현
기획 | 문성환 박상경 임은선 김보희 최윤영 전두현 최인영 정민애 김주원 이문경 임재희 이화령
디자인 | 김태형 유주현 구현석 박인규 한예슬
마케팅 | 김창규 김한밀 윤민영 김규빈 김수아 송희진
제작 | 이정수
저자 · 독자 서비스 | 조다영 윤경희 이현주 이령은(humanist@humanistbooks.com)
용지 | 화인페이퍼
인쇄 | 청아디앤피
제본 | 정민문화사

발행처 | (주)휴머니스트 출판그룹
출판등록 | 제313-2007-000007호(2007년 1월 5일)
주소 | (03991) 서울시 마포구 동교로23길 76(연남동)
전화 | 02-335-4422 팩스 | 02-334-3427
홈페이지 | www.humanistbooks.com

ISBN 978-89-5862-173-7 03910

만든 사람들

기획 | 선완규
편집 | 박민영
디자인 | AGI 황일선
문의 | 이문경(lmk2001@humanistbooks.com)